国家社科基金后期资助项目
出版说明

后期资助项目是国家社科基金设立的一类重要项目,旨在鼓励广大社科研究者潜心治学,支持基础研究多出优秀成果。它是经过严格评审,从接近完成的科研成果中遴选立项的。为扩大后期资助项目的影响,更好地推动学术发展,促进成果转化,全国哲学社会科学工作办公室按照"统一设计、统一标识、统一版式、形成系列"的总体要求,组织出版国家社科基金后期资助项目成果。

全国哲学社会科学工作办公室

国家社科基金
GUOJIA SHEKE JIJIN HOUQI ZIZHU XIANGMU
后期资助项目

中国海外投资企业
法律风险识别研究

Legal Risk Identification of
Chinese Enterprises' Overseas Investment

祝宁波　著

上海三联书店

序

随着经济和商业活动的全球化,合规管理已经成为国际化经营企业应对政府监管要求和社会公众期望的必然措施。多国纷纷出台关于企业风险管理或内部控制的监管准则。这些国家的监管机构也越来越多地对企业不合规范的行为处以高额罚金,并对失职高管追究刑事责任。在一些国际条约和国际组织的影响下,风险管理和合规管理理念正推广至全球,风险管理和合规管理的内容日益固定,逐步成为企业国际经营中的统一化行为准则。

2014 年,自国际标准化组织发布的 ISO19600《合规管理体系指南》强调企业合规应将风险应对作为基础方法以来,企业开展合规管理活动就与风险管理——特别是法律风险管理——密不可分。法律风险是企业在众多风险中关注的重点。法律风险是企业经营中常见、多发的风险之一。同时,企业合规管理义务不全面履行或者合规风险控制不到位也极易引发大量法律风险。所以,企业不能忽视对海外投资中的法律风险进行全面认识和管理。

企业开展跨国经营将身处不同于国内政治、经济、社会文化等的风险环境。若对国际法律风险环境及东道国国内法律环境缺乏深入了解和预判,企业将无法形成法律风险管理与合规管理的制度体系和行为管控体系,而且会因合规意识与理念缺乏或合规文化尚未形成而无法构筑起一道保障自身投资安全的屏障。

本书着眼于企业在追求国际化经营目标实现的过程中,如何看待企业所处的法律风险环境,以及如何用法律风险识别视角来认识企业海外投资的法律风险,进而为海外投资企业法律风险管理与合规管理提供实施依据,使企业经营活动能有机融入国际市场规则,避免盲目投资、非理性决策,避免违法、违规事件的发生。这一探索性管理活动不仅对企业避免或减少经营损失、争取长期稳固的投资环境具有特殊意义,也是维护中国企业和中国国家形象的重要举措之一。

有关海外企业法律风险识别的学术文献可谓寥若晨星。现有研究多将法律风险识别粗线条式地概括或隐没于法律风险管理或者企业合规管理的论述中。这将使法律风险识别容易被误认为在企业海外投资法律风险管理或者合规管理中微不足道、无足轻重。本书的研究表明,法律风险识别不仅是企业法律风险管理的关键环节,也是合规管理不可或缺的内容。法律风险识别的过程和识别结果不但影响企业法律风险管理与合规管理体系的建构,也是企业进行法律风险评估、选取不同风险解决方案的来源和依据。这项工作不但是企业法律风险管理与合规管理的基础性、前导性工作,而且也是法律风险管理与合规管理的重要内容,它与法律风险管理和合规管理密不可分、融为一体。

我很高兴将我的学生——华东理工大学法学院副教授祝宁波的这本著作推荐给广大读者。她长期深耕于企业海外投资法律风险管理领域的研究。2019年3月,她受聘成为农业农村部农业对外合作法律顾问专家组成员,这有助于她将长期研究应用于解决我国企业农业海外投资的法律风险管理和合规管理实践。可以说,她主持完成的农业农村部"俄罗斯联邦农业外资政策法律梳理与研究"项目以及"塔吉克斯坦农业外资政策法律梳理与研究"项目,正是她本人企业海外投资法律风险识别研究应用成果的充分展示。经过数十年理论研究的积累和实践鲜活案例的历练,我相信本书将有助于指导企业开展海外投资项目的法律风险管理与合规管理工作,也对法律风险管理与合规管理理论研究具有参考价值。通过阅读本书,法律风险管理与合规管理从业者可以较为系统地了解海外企业法律风险识别原理,并易于应用至企业合规风险——特别是法律风险——识别实践。同时,本书也有助于海外投资企业提高法律风险管理与合规管理意识,提高对国际化经营中法律风险环境的认识,提高从事国际投资法律风险评估和管理的行动自觉并减少投资盲目性。

积土成山,风雨兴焉。希望作者在国际投资领域和企业法律风险管理与合规管理领域精进不辍,不断开拓创新,为这一交叉学科的进一步繁荣作出更多贡献。

　　是为序。

丁伟

中共上海市委法律顾问

上海市人大常委会立法专家顾问

中国国际私法学会副会长

上海市人大常委会法制工作委员会原主任

上海市立法研究所原所长

法学教授、博士生导师

2025 年 3 月

目　　录

Legal Risk Identification of Chinese Enterprises' Overseas Investment

Chapter IV   Legal Risk Environment of Overseas Investment Enterprises

内容提要

当前,国际政治和经济形势波诡云谲。中美经贸博弈日趋严峻且具有长期性,中俄全面战略协作伙伴关系持续发展,"一带一路"倡议已成为构建人类命运共同体的重要载体,区域全面经济伙伴关系协定(RCEP)的正式签署使中国和亚洲在塑造新的全球贸易架构方面的引领作用凸显,中国正以更大的决心和力度推动改革开放、构建实施"双循环"战略。

与此同时,中国企业海外投资增量逐年递增、投资地域日益扩大、投资产业结构持续优化、投资形式更加多样、国际化进程不断加快。在海外投资高速增长态势的推动下,地方企业与民营企业的对外投资比重日益加大,海外投资主体多元化、形式多样化、结构复杂化的特征日益凸显。中国企业的海外投资已迈入深度发展阶段。

不过,与相对浅层接触的国际贸易相比,国际投资的资金和管理成本对海外投资企业不啻为一场严峻的考验。在加速"出海"的同时,我国越来越多海外项目陆续暴露出各类问题并引发大量纠纷,投资失败案例不胜枚举。特别是在"一带一路"沿线国家的基础设施投资项目和其他行业的绿地投资项目中,企业常常面临耗资巨大且回报缓慢的挑战,项目进程中产生的新问题不断加大投资风险,企业应对风险的压力倍增。鉴于此种状况,中国政府陆续出台相关政策,加强对企业海外投资行为的引导和合规管理要求。例如,2018 年 7 月 1 日出台的国家标准 GB/T 35770 - 2017《合规管理体系指南》、2018 年 12 月 26 日国家发改委等七部门联合发布实施的《企业境外经营合规管理指引》、2022 年 10 月 1 日颁布的《中央企业合规管理办法》等。受这些规定的影响,越来越多海外投资企业将风险管理、合规管理、防控海外投资风险作为企业对外投资的重要考量因素。中国企业对外投资逐步转向注重投资质量和投资效益的理性投资阶段。

企业海外投资面临的问题和挑战是多元的。国家主权利益保护是海外投资者面临的首个挑战。同时,政治风险、法律风险、自然和社会风险等构成的非商业性风险环境,日益成为我国企业海外投资的现实障碍。它们与投资项目的产业风险、商业风险交错共生，使企业不得不应对这种不同于国内的复杂风险环境。

虽然法律风险的提法在我国内地已经有十余年，我国海外投资企业也对加强包括法律风险管理在内的全面风险管理的理念广泛接受，但是中国海外投资企业的法律风险是什么？有哪些类型、特征和表现形式？这些风险产生的根源是什么？我们需要将视线置于多大范围的风险环境下去发现、辨识、分析这些风险？在海外投资企业中，法律风险识别对企业意味着什么？这项工作应当如何开展，以及有哪些工作内容？法律风险识别工作的成果是怎样的？若不能透彻理解法律风险、法律风险识别、法律风险管理这些早已耳熟能详却又语意模糊的词语并发现其内部规律，从而解决上述问题，进而建立满足海外企业投资需求的法律风险识别体系，就无法正确构筑应对法律风险的堤坝，法律风险管理、全面风险管理乃至合规管理就会如空中楼阁，无法真正落到实处。

法律风险识别是海外投资企业识别、评估和管理法律风险，开展合规管理的关键环节。我国企业日益重视采用风险识别的方式方法对海外投资中的风险进行辨析和分析评估。不过，由于理论研究的不足，对法律风险识别方法和管理等的理论研究，尚不能满足企业构建与实施法律风险识别和管理体系的现实需要。海外投资企业的法律风险识别活动还存在着识别范围和内容模糊、法律风险识别的系统性不足、识别方法缺乏针对性和协同性、识别人员配置不尽合理等问题。

为此，本书主要从以下几个方面展开研究：

第一，企业海外投资的法律风险基本理论研究，涉及中国企业海外投资状况与风险研究、海外投资法律风险研究。

第二，海外企业法律风险识别实施基础分析，涉及海外投资法律风险识别理论研究、企业海外投资法律风险识别主体研究，以及海外企业法律风险识别制度、实施现状和趋势分析。

第三，海外企业法律风险识别原则与识别框架研究，涉及海外企业法律风险识别原则和海外企业法律风险识别框架的重构与创新研究。

第四，海外企业法律风险环境研究，涉及法律风险识别与法律风险环境的关系研究，以及法律风险环境内涵、外延与作用研究。

第五，海外企业法律风险识别方法和实施步骤研究，主要从"沙特麦加轻轨项目"失利原因入手来分析海外企业法律风险识别方法的选择，并且探讨不同法律风险环境下，企业可以采用的不同法律风险识别方法。

第六，海外企业法律风险识别结果研究，重点研究海外企业法律风险清单与法律风险识别报告的功能和作用、特定内容、结果完整性要求等主题。

通过研究,笔者认为,我国现阶段企业海外投资扩张式的"走出去"模式,正一步步凸显海外投资企业的各种问题:投资轻质量、重数量现象明显;企业融资艰辛、融入东道国艰难;中国企业恶性竞争、同室操戈现象严重;一些企业缺乏大国声誉感、责任感等问题严重。海外投资大国演变为投资强国的重要路径之一,就是降低企业风险、提高投资成效。

法律风险具有与其他风险相伴而生、相互影响、贯穿始终的特点,它与其他风险互为因果、相互转化。应当抓住这些特性,利用法律风险是其他风险的最终、外化表现形式的优势,将法律风险的识别、应对措施和管理手段作为抓手,实现对其他风险的管控。为此,不能孤立分析我国海外企业法律风险识别问题,而应从我国海外投资利益角度出发,着眼于海外投资整体盈利水平低、投资冲突与摩擦事件频发等大背景,研究企业海外投资法律风险识别及管理问题。要将企业置于整个国家海外投资体系中,特别应当结合"一带一路"倡议和RCEP多边合作框架,将中国企业"走出去"的商业战略有机融入我国的国际合作。应借企业法律风险管理模式,建立日臻完善的政府—社会—企业多元联动的保护体系,在政府的顶层设计和统一协调下有序推进"走出去",使企业法律风险管理体系与国家不断完善的海外投资保障体系紧密结合,形成一整套促进企业"走出去"的综合投资保障体系。

法律风险识别是降低海外企业投资风险的关键环节。随着中国企业海外投资的深入,海外投资风险事件已经进入高发期。企业存在的各种问题都可以追溯到投资前期尽职调查不充分、投资管理期间不重视风险(法律风险)识别和管控等原因。法律风险识别的作用将随着中国企业国际投资问题的不断暴露而变得越来越重要。有鉴于此,海外投资企业法律风险识别绝对不能由企业孤立、封闭地完成。作为一个独立而复杂的系统,企业应当在充分认识自身情况和需求的基础上,构建法律风险识别体系。法律风险环境的多变性决定了法律风险识别体系的建设必须长期反复实施,并根据企业风险识别结果和出现的新情况、新变化予以调整、完善。

法律风险仅仅是法律风险识别的对象。企业不能孤立地看待海外投资中的各个法律风险。海外投资企业法律风险识别的范围是由各类法律风险组成的法律风险环境。海外投资的法律风险环境是更广泛意义的风险环境。应当重视对海外企业外部法律风险环境的识别和分析,不能忽略政治风险环境、经济风险环境、自然和社会风险环境对法律风险环境的影响。随着法律风险管理的研究视角从微观扩及整个法律风险环境对风险发生和损害事实的影响,海外投资企业的法律风险识别也应从宏观视角来考察企业在国际投资中遭受的综合风险影响。为此,识别应分别从企业内外部法律风险环境视角,考虑风险之间的内在关联性,宏观把握和分析企业法律风险识别及管理问题。

《企业法律风险管理指南》开启了我国法律风险管理的立法性尝试。作为通用标准,其对海外投资企业也有指导作用。海外企业法律风险识别框架应在充分吸收《企业法律风险管理指南》的法律风险识别框架基础上,重构以法律法规为核心的法律风险识别框架、以海外项目为核心的法律风险识别框架,以及不同法律领域的法律风险识别框架。同时,结合海外投资法律风险的特殊性,构建专门的政治法律风险识别框架和社会法律风险识别框架。

应当重视海外企业法律风险识别成果的沉淀和展示。要重视法律风险清单与法律风险识别报告的作用和内容撰写,避免因为对法律风险清单与法律风险识别报告功能定位的不当,引发类型不符、缺乏针对性、风险识别方法不足或使用不当、法律依据不准确或不全面、识别结论错误等问题。

法律风险管理是法学和风险管理学的交叉学科。法律风险识别是法律风险管理的前提和基础,也是法律风险管理的重要内容。企业海外投资的法律风险识别亟需借鉴法律风险管理的理论和实践经验,为海外投资安全保驾护航。本书通过对海外企业法律风险识别的深入研究,希望有助于我国企业海外投资法律风险管理与企业合规管理明确风险识别方向和识别内容,使风险管理措施有的放矢。

关键词:海外投资企业;法律风险识别;法律风险环境;合规管理

绪　　论

第一节　问题的提出

在国际政治和国际经济形势深刻变革的大背景下，我国企业海外投资已步入深度发展阶段。在企业国际化程度不断提升的同时，众多海外项目纠纷不断、问题层出不穷。其中，企业对境外直接投资评估不足，对投资地经济、社会与法律环境的认识不充分，缺乏风险意识及海外投资的全局战略等，是导致投资失利的重要原因。如何提高投资成功率，避免或减少海外投资风险，对于我国海外企业乃至国家都具有重要的战略意义。在当前国际竞争更加激烈、企业并购重组加剧的大趋势下，加强对企业海外投资法律风险的识别研究，是适应企业经营管理的现实选择。越来越多海外投资企业将风险管理、合规管理及防控海外投资的法律风险作为企业是否投资的重要考量因素。中国政府一直关注企业的海外投资活动，并逐步加强了对企业海外投资行为的引导，相关法律及合规管理规定密集出台。笔者在此背景下展开研究，希望本书有助于中国企业通过法律风险管理水平的提升，逐步提高海外投资质量和投资效益；同时，通过海外企业法律风险识别的跨学科理论研究，拓展企业法律风险管理研究的范围和内容。

第二节　研究意义和价值

一、学术研究价值

拓展并深化海外投资企业法律风险识别和管理理论研究。学界目前对企业海外投资法律风险管理的研究较为薄弱，这与相关法律风险识别研究不足不无关系。当前，全面风险管理与合规管理日益成为政府加强对企业监管的常规管理方式之一。法律风险识别的作用和功能应该被重视，它作为企业法律风险管理与合规管理的前提和基础,为法律风险管理与合规管理确立管理范围和对象、指明管理方向。同时,法律风险识别可从法律视角归纳风险的特征和发展规律,提高法律风险分析的针对性和有效性,为法律风险管理对策的提出奠定基础。中国企业国际化投资的法律风险识别和管理模式将验证合规管理与法律风险管理理论,并拓展其实践。

从法律风险识别视角充实我国海外投资安全保障机制研究。国际投资曾长期被发达国家主导,相应的国际投资理论学说大多建立在对发达国家企业行为规律的认知之上。对企业国际投资风险的控制也均出于确保企业利益的最大化,不过多考虑本国外部治理结构对企业的影响。着眼于对企业内部行为管控来识别和管理企业国际投资风险,进而确保国家海外投资利益的安全,可能适用于完全市场化的经济体。但是,对于政府起主导作用的市场经济环境下大批走出去的中国企业,在我国倡导的"人类命运共同体"理念日益被越来越多国家接受的大背景下,单纯的海外企业法律风险识别和管理手段是否能够实现风险管控,进而确保我国海外投资利益安全呢? 国内外多项研究结果表明,中国海外投资与东道国的政治风险和文化及制度距离有很强的关系。[①] 由此,中国海外企业法律风险识别和管理研究不应仅及于企业内部。相反,企业法律风险管理成效不但关系着企业生存,也对我国海外投资利益有着至关重要的影响。海外投资安全不仅是企业的自我需要和法律责任,也是我国政府和东道国政府共同关注与着力解决的重大问题。海外企业投资安全是我国海外投资利益保障的重要组成部分,对企业海外投资的法律风险识别和管理研究有助于我国海外投资利益保障体系的构建。以法律方式提高企业海外投资安全保障,是国际社会的常用手段。对海外投资企业法律风险识别的研究,不仅有助于拓展我国海外投资安全保障机制的方式和内容,也能够通过此项研究,促进对海外投资法律风险环境的研究,进而增强对投资目的地的国别研究,为海外投资安全保障研究提供基础数据。

二、实践应用价值

随着中国企业海外投资步伐的加大及对外投资的进一步深入,投资安全问题正日益凸显,对相关问题的具象分析和解决已迫在眉睫,海外投资

---

① 参见衣长军、刘晓丹、王玉敏、黄健:"制度距离与中国企业海外子公司生存——所有制与国际化经验的调节视角",载《国际贸易问题》2019 年第 9 期。另见刘晶:"高质量的双边投资协定有效防范了中国海外投资风险吗?",载《经济经纬》2020 年第 1 期。

企业法律风险识别的研究将具有非常重要的实践价值。

一方面,有助于指导海外企业深入开展法律风险识别活动,解决企业如何识别法律风险、多大范围内识别风险、风险识别结果如何呈现等问题;为海外企业提前发现风险,避免、减少和控制法律风险事件各项损失的发生,构建满足海外投资经营需要的法律风险管理体系和合规管理体系,奠定数据信息基础。

另一方面,有助于企业通过开展相关实践活动,培养国际化法律风险管理人才。企业法律风险管理实施的一大障碍,是合格法律风险管理人才的缺乏。研究成果涉足我国企业海外投资法律风险识别领域,细化法律风险识别框架、识别范围,并针对不同法律风险识别环境来探讨不同识别方法的实施,有助于推进相关领域的人才培养。

第三节　国内外研究综述

作为法律风险管理的一部分,法律风险识别的研究源于西方发达国家。以 1995 年澳大利亚和新西兰联合制定的风险管理标准(AS/NZS4360)为标志,美国《萨班斯法案》(Sarbanes-Oxley Act)、美国反欺诈财务报告委员会(The Committee of Sponsoring Organizations of the Treadway Commission,以下简称 COSO 委员会)COSO—ERM 框架(Enterprise Risk Management Framework,ERM)、2010 年巴塞尔协议Ⅲ(Basel Agreement III)、2018 年国际标准组织(ISO)ISO31000《风险管理指南》等不断推动风险管理及法律风险识别与管理的发展。法律风险识别、评估、监测、控制等方面的研究如火如荼地开展,并已形成如下共识:

第一,法律风险应被看作独立于其他风险的风险。尽管法律风险可能隐藏于其他风险中,但是至少某些特定种类的风险(如有缺陷的合同)是引起损失的根源,会使企业遭致损失。若不给予法律风险以独立地位,则无法消除风险隐患。正如英国学者 Roger McCormick 在讨论金融市场的风险时所强调的,在信息和通信技术普及、金融市场全球化和自由化的大背景下,日益复杂的金融创新产品时刻面临各类相互冲突的法律考验,法律风险应作为独立的风险予以重视。[1]

---

[1]　Roger McCormick: *Legal Risk in the Financial Markets*,胡滨译,载《金融市场中的法律风险》,社会科学文献出版社 2009 年版。

第二,应当用法律风险分析和管理方法来解决法律问题,只有准确识别法律风险,才能对法律风险进行有效管理。持此观点的学者将法律风险识别和管理应用于非常广泛的领域,并就具体问题提出相应解决方案。早在 2014 年,时任欧洲 EIPA(the European Institute of Public Administration)的首席法务官 Xavier Tracol 在研究欧盟组织内的法律风险防范时就提出,法律风险管理是欧盟各机构内的法律人士在应对组织内各类行为(如人力资源管理和各类运营活动)的法律问题时,可以采用的管理方法之一;它可依据欧盟内不同机构的需求和情况灵活调整,并有助于提高欧盟组织内的工作效率和职能发挥。[①] 韩国学者 Hyun Jun Park 等人在研究如何解决医院日益严峻的法律纠纷挑战时提出,可通过实施系统的法律风险管理体系来查明医疗服务中的法律风险因素,并对员工开展各类法律风险预防教育,建立医疗纠纷和医疗事故诉讼管理体系,创建合规性支持保障中心等。[②] 美国学者 Baxter Jr. 等人则在厘清企业风险管理与合规管理的界限时提出,企业对法律法规的合规性要求可融入企业风险管理框架中,这有助于避免机械地遵从法律规定所引起的企业内部责任划分不清、重复管理等弊端。[③] 国外也有学者将法律风险识别和管理应用于某类法律风险预防与应对。俄罗斯学者 Yazhlev 在分析俄罗斯国内企业面临的环境法律问题后提出,环境风险正不断威胁着企业财务安全和公民生存权;为此,应加强企业环境法律风险管理,引入环境保险等机制,加快和简化环境恢复进程,消除环境损害。[④] 乌克兰学者 Hnylytska 等人在研究腐败风险时,从理论上证实了对腐败风险识别、评估和管理的可实现性;并且,他们提出,由于腐败风险常存在于公司各种类型的欺诈行为中,如非法挪用资产、利益冲突导致的腐败、操纵财务数据等欺诈行为,因此政府管理腐败风险的重点

[①] Xavier Tracol: Legal Risk Management in EU Organizations, *European Public Law*, 2014, Vol. 20, No. 4.

[②] Hyun Jun Park; Duk Young Cho; Yong Sug Park; Sun Wook Kim; Jae-Hong Park; Nam Cheol Park: Controlling Legal Risk for Effective Hospital Management, *The World Journal of Men's Health*, 2016, Vol. 34, No. 1.

[③] Baxter Jr., Thomas C1; Chai, Won B2: Enterprise Risk Management: Where is Legal and Compliance?, *Banking Law Journal*, 2016, Vol. 133, No. 1.

[④] Yazhlev, I.; Boravskaya, T.; Korneeva, Y.: Regulatory and Legal Issues of Environmental Risk Management for Enterprises of the Ural Federal District and Kemerovo region, *E3S Web of Conferences*, 2018, Vol. 41.

应为识别腐败风险和评估企业反腐败措施的执行情况。[①] 波兰学者Jędrzej Jachira 针对波兰税法修改后企业面临的税收风险,提出应对税收风险进行风险管理,并探讨了税收风险管理的方式方法。[②]

国内学者的法律风险识别与管理研究,以及国际投资中的风险和应对研究,均对企业海外投资法律风险识别研究有所贡献。

吴江水[③]、向飞[④]等着眼于法律风险管理全程,并阐释了法律风险识别的内容及流程。任伊珊等人认为,法律风险管理根植于风险管理的相关理论,但有独立的法学理论、法律规范解释和司法实务研判支撑;同时,它必须借鉴管理学、经济学、统计学等诸多学科的分析框架和工具;法律风险识别则与法律风险评价、法律风险控制、风险机制测评等,共同构成法律风险管理的动态循环体系。[⑤] 蒋云贵在梳理企业法律风险理论和国内外研究现状的基础上,提出法律风险同时兼具建构性、可控性、规范性等法律属性,这为法律风险辨识、评价、预警和决策奠定了理论基础;我国企业法律风险现阶段存在的高不确定性、多样性、复杂性、广泛性、损失严重性、投机性、国际化等特征,决定了企业进行法律风险识别和管理的必要性与紧迫性;为此,应当关注法律风险辨识、估计、评价、预警和决策的相互关系,注重建构企业法律风险辨识的方法体系、企业法律风险估计的指标体系和方法体系等。[⑥] 法律风险识别方法关系着法律风险识别的成效,为此,我国多位学者运用风险识别方法来探索法律风险识别领域可适用的方法。郝新东、刘菲从法律风险识别的方法入手,探讨事件树法、德尔菲法运用于解决企业法律风险识别的具体问题[⑦];俞锋等从"吉利—沃尔沃并购案"入手,运用风险矩阵和 Borda 序值,识别出企业跨国并购中存在的 7 个法律

① Hnylytska, L. V. ; Ortynska, N. V. ; Blikhar, M. M. ; Andrienko, V. M. : MANAGEMENT OF CORRUPTION RISKS: LAW PROBLEMS OF IDENTIFICATION AND LEGALASSESSMENT OF PROBABILITY OF MANIFESTATION, *Financial & Credit Activity: Problems of Theory & Practice*, 2018, Vol. 4, No. 27.

② Jędrzej Jachira: Legal Aspects of Taxes Risk Management in Enterprises, *Przedsiębiorczosci Zarządzanie*, 2018, Vol. 19, No. 11Part3.

③ 吴江水:《完美的防范:法律风险管理中的识别、评估与解决方案》,北京大学出版社 2010 年版,第 123—183 页。

④ 向飞、陈友春:《企业法律风险评估:企业识别、评估、防范法律风险指南》,法律出版社 2006 年版,第 294—302 页。

⑤ 任伊珊、周悦丽:"谈我国企业法律风险管理及其体系构建",载《北京行政学院学报》2012 年第 2 期。

⑥ 蒋云贵:《企业法律风险管理论》,光明日报出版社 2013 年版。

⑦ 郝新东、刘菲:"事件树法与德尔菲法在企业法律风险识别中的契合",载《企业家天地》2010 年第 12 期。

风险因素①。王蕾、张月华②、周纯伟③等则从具体行业出发,诠释了银行、煤炭等特定行业的法律风险含义,提出识别理论在这些行业内的具体运用。也有学者从不同法律风险入手,开展专项法律风险管理研究。陈晓峰总结知识产权领域 100 余项法律风险并提出相应的风险防范建议。④ 张冬等在研究我国专利运营风险存在的关键性和阶段性特点后,提出专利运营法律风险的识别路径较为模糊,阻碍了专利运营的深度发展;识别风险不仅发生于专利申请阶段,而且潜存于"专利死亡之谷"阶段。⑤ 吴荣良等围绕企业各阶段存在的环境法律风险,结合案例,提出环境争议解决和环境法律风险防范建议。⑥

应用型研究有适用于企业法律风险识别和管理的一般研究。陈宏义分析了企业设立、经营到终止过程的常见法律风险,采用案例并结合法律法规及司法审判实践,对企业潜在法律风险给予防范建议。⑦ 侯鲜明则对民营企业在创业经营过程中的诸多法律风险开展识别、分析和预警研究。⑧ 也有学者基于不同领域或不同行业视角,开展专门性法律风险识别和管理研究。王中原等借助实际调研数据,运用 IFAHP—DEMATEL 方法,就我国军工企业存在的法律风险,探讨指标评估体系的构建,并由此识别和分析了军工企业法律风险的主要影响因素。⑨ 梁松认为,金融市场法律风险叠加、内涵丰富,可结合运用英国政府组建的金融法专家小组(Financial Law Panel,简称 FLP)的分类方法,将金融机构的法律风险分为组织的法律风险、法律方法的风险、商业行为的法律风险等;应加强法律风险识别,并针对决策、业务操作中及事后可能存在的法律风险进行有效控制。⑩ 黄枫围绕铁路企业法律风险管理与合规管理主题,从法律风险管理理论入手,阐述铁路企业法律风险管理体系建构与实施,并归纳了铁路

① 俞锋、池仁勇:"中国企业跨国并购法律风险评价及'浙江模式'总结",载《技术经济》2015 年第 5 期。

② 王蕾、张月华:"商业银行法律风险识别、评估与防范",载《大庆社会科学》2010 年第 2 期。

③ 周纯伟:"浅论煤炭企业资源扩张中法律风险的识别",载《企业导报》2010 年第 5 期。

④ 陈晓峰编著:《知识产权法律风险管理策略》,法律出版社 2011 年版。

⑤ 张冬、宋晓阳:"专利运营法律风险的识别路径",载《学术交流》2017 年第 10 期。

⑥ 吴荣良、万美、杜梦:《企业环境法律风险管理实务》,上海交通大学出版社 2016 年版。

⑦ 陈宏义主编:《完美的风险防范:企业常见法律风险识别与控制》,法律出版社 2017 年版。

⑧ 侯鲜明:《民营企业法律风险的识别与防范》,山东人民出版社 2017 年版。

⑨ 王中原、魏法杰:"基于 IFAHP—DEMATEL 的军工企业法律风险识别研究",载《管理评论》2015 年第 6 期。

⑩ 梁松:"论金融市场中法律风险的识别与控制——基于 FLP 法律风险分类",载《人民论坛·学术前沿》2017 年第 8 期。

企业合同合规管理及法律风险审查的各阶段风险表现与应对措施。① 在法律风险识别领域,越来越多的企业积极探索并不断总结实践成果。重庆烟草商业系统就在运行该系统内法律风险管理体系的过程中,按照层级与流程相结合的方式,将不同层级(公司)229 个工作岗位的法律风险点进行识别,列明具体风险可能引发的法律后果;同时,对高法律风险活动的关键节点开展法律风险流程控制。② 类似成果还有秦皇岛港股份有限公司梳理出覆盖公司主要业务的共 619 个法律风险点,分析风险原因,并提出防控措施和法律依据。上述企业在法律风险防控领域的经验积累,可为类似企业的法律风险识别活动提供参考。③

国内学者对海外投资法律风险的应对研究,几乎与我国企业对外投资的步伐保持一致。不过,学者们往往将研究视角聚焦于我国企业在某一领域投资或在某些国家投资所面临的法律风险及应对。叶小忠等立足我国企业境外工程承包的特点和主要模式,分析重要法律风险,提出相应的法律风险管理体系架构。④ 宣增益等认为,我国对外铁路工程总承包中的承包商会面临招标文件表述模糊、现场数据不够准确、合同履行未达到东道国本地化要求,以及劳工管理、环境保护等方面的风险;为此,应当重视相关风险的识别和预估,提高应对法律风险的能力。⑤ 胡忆楠等采用风险核对表法来识别"一带一路"沿线国家 PPP 项目的风险,并提出加强政治合作、完善 PPP 项目法律体制建设、建立风险控制体系、健全共同监督管理机制等应对措施。⑥ 陈艳红等从海外矿业投资管理特点出发,认为应就我国矿业企业海外投资风险的影响因素(如财务风险、跨文化风险、无形资产风险等)进行识别,以降低投资风险;为此,可选用三角模糊数理论来构建海外矿业投资风险评价指标体系,量化风险并确定各指标权重,建立海外矿业投资管理风险评价模型。⑦ 杨俊采用海外油气资源投资风险指标体系,对阿塞拜疆等 16 个"一带一路"沿线国家的油气资源投资风险进行实

① 黄枫:《铁路企业法律风险与合同合规管理》,中国铁道出版社 2020 年版。
② 重庆烟草商业企业法律风险研究项目组编:《重庆烟草商业企业法律风险识别清单》,重庆大学出版社 2015 年版。
③ 秦皇岛港股份有限公司:《法律风险识别与防控手册》,燕山大学出版社 2015 年版。
④ 叶小忠主编:《中国企业对外承包工程法律风险管理操作指引》,法律出版社 2015 年版。
⑤ 宣增益、郑一争:"对外铁路工程总承包的法律风险应对",载《中州学刊》2017 年第 4 期。
⑥ 胡忆楠、丁一兵、王铁山:"'一带一路'沿线国家 PPP 项目风险识别及应对",载《国际经济合作》2019 年第 3 期。
⑦ 陈艳红、郑明贵、程秋亭:"海外矿业投资管理风险评价研究",载《中国矿业》2015 年第 3 期。

证评价,提出不同风险等级国家应因地施策、推进"一带一路"能源合作机制建立并完善相关法律法规等建议。①

随着海外投资的深入,国别整体投资环境与法律制度研究及国别产业投资(风险)研究日益被学界重视。李玉璧、王兰从"一带一路"沿线国家法系和法治状况不同、市场化开放程度差异较大等现实状况出发,认为中国对外投资企业可能会遭遇市场准入、知识产权保护、金融交易、劳工、环境保护等方面的法律风险,应从政府和企业两个层面,加强对法律风险的认知和管控。② 樊增强认为,中国企业对非洲直接投资所面临的主要问题有:政局不稳、恐怖活动频发、腐败严重、基础设施建设滞后;中国政治风险担保机制不完善、中国企业在非洲声誉受损;西方国家抹黑中非关系等;应强化中非安全合作,完善中非合作论坛机制,加强风险预警,准确识别和有效应对各种风险。③ 韩露等分析了塔吉克斯坦经济发展特点和投资环境后指出,该国政局相对稳定、国家战略导向清晰,但存在执法薄弱、管理模式落后、基础设施老旧、周边不确定因素多等问题,从而影响投资回报。④ 多位学者(汪晶晶⑤、田泽等⑥、程云洁等⑦)运用不同的定量分析方法进行研究后认为,塔吉克斯坦综合农业投资环境属于中等适宜投资国家,但企业仍应谨慎投资。也有学者关注不同国家投资中所面临的专项风险及应对。杜征均等结合中亚国家劳动管理实践,分析了中亚国家劳动法律风险。⑧ 徐海燕针对咸海危机的环境问题,警示企业在该区域投资应关注环境风险,方能可持续发展。⑨ 于鹏、李丽认为,环境保护、劳工权益等社会责任风险与日俱增,成为影响中国企业海外投资的主要阻力和障碍;

---

① 杨俊:"'一带一路'沿线国家油气资源投资风险评价",载《中国矿业》2018 年第 12 期。

② 李玉璧、王兰:"'一带一路'建设中的法律风险识别及应对策略",载《国家行政学院学报》2017 年第 2 期。

③ 樊增强:"中国企业对非直接投资面临的风险及其化解",载《中国流通经济》2017 年第 3 期。

④ 韩露等:"塔吉克斯坦投资环境及中塔投资合作",载《国际经济合作》2017 年第 12 期。

⑤ 汪晶晶、马惠兰:"基于改进模糊 Borda 法的中亚农业投资环境组合评价分析",载《干旱区地理》2015 年第 5 期。

⑥ 田泽等:"'一带一路'背景下我国对中亚农业投资环境评价研究",载《宁夏大学学报(人文社会科学版)》2017 年第 5 期。

⑦ 程云洁、武杰:"巴基斯坦和中亚四国农业投资环境评析",载《克拉玛依学刊》2018 年第 3 期。

⑧ 杜征均等:"中资企业在中亚国家的劳动法律风险防范",载《东方企业文化》2015 年第 14 期。

⑨ 徐海燕:"绿色丝绸之路经济带建设与中亚生态环境问题——以咸海治理和塔吉克斯坦为例",载《俄罗斯东欧中亚研究》2016 年第 5 期。

企业应重视国际标准 ISO26000 关于利益相关方参与的内容对防范中国海外直接投资社会责任风险的重要作用,识别利益相关方及其参与的问题等。[①] 李瑞生[②]、塔依尔江·卡哈尔[③]等探讨了企业投资可能面临的宗教和恐怖主义因素所引发的安全风险。苏刚等指出,中国企业对"一带一路"国家投资需关注道路基础设施和通关风险等。[④]

　　海外投资离不开实务部门的引导和支持。在企业对外投资风险应对方面,商务部每年均主动向社会公开提供《对外投资合作国别(地区)指南》(以下简称《国别指南》)。《国别指南》全面介绍投资合作目的国(地区)概况、经济形势、政策法规、投资机遇和风险等内容。[⑤] 农业农村部也推出多本农业国别(法律)制度研究著作,帮助企业了解投资目的地国家的农业发展重点、农业投资法律制度、企业可能面临的法律风险等。[⑥]

　　以上学者为企业海外投资法律风险识别的研究提供了较为丰富的理论研究基础与实证分析素材。不过,目前的研究尚存在以下问题:

　　第一,对法律风险识别范围、识别框架、识别方法和内容的专门性、系统性研究不足。

　　第二,对海外投资企业的法律风险的特殊性研究不充分。由此,对海外投资企业的法律风险识别及其管理的实践问题之破解不充分。

　　第三,对海外企业法律风险识别结果研究不足。

第四节　研究思路、方法和主要内容

一、研究思路

　　本书将"企业海外投资的法律风险"作为研究起点,将"海外企业法律风险识别"作为重点,按照法律风险识别的"实施基础—识别原则—识别框

[①] 于鹏、李丽:"中国企业海外直接投资:社会责任风险管理与利益相关方参与",载《国际经济合作》2016 年第 7 期。

[②] 李瑞生:"塔吉克斯坦恐怖主义犯罪及其预防研究",载《政法学刊》2016 年第 5 期。

[③] 塔依尔江·卡哈尔:"中国与中亚国家反恐合作问题研究",新疆大学 2018 年博士学位论文。

[④] 苏刚、葛炬:"中国新疆对塔吉克斯坦物流走廊绩效研究",载《物流技术》2015 年第 8 期。

[⑤] 参见《对外投资合作国别(地区)指南》,中华人民共和国商务部"走出去"公共服务平台,http://fec.mofcom.gov.cn/article/gbdqzn/。

[⑥] 农业农村部对外经济合作中心编著:《俄罗斯农业外资政策法律制度研究》,中国农业出版社 2020 年版。农业农村部对外经济合作中心编著:《塔吉克斯坦农业外资政策法律制度研究》,中国农业出版社 2020 年版。

架—法律风险环境（识别范围）—识别方法和步骤—识别结果"之研究路径依次展开。

二、研究方法

本书综合运用文献分析法、个案研究法、外国法律规范分析方法、法社会学方法等进行研究。同时，研究期间，笔者曾多次前往政府机构、其他科研院所、多家海外投资企业进行调研、访谈，并于书稿完成中后期，开展近一个月的实地调研活动，采集信息及听取意见与建议。

本书有关企业海外投资法律风险识别的方法，如法律与文献梳理法、专家调查法、案例法、影随法、人员访谈法、现场调查法等，也曾被笔者应用于我国一家海外投资企业的法律风险识别与评估项目中，取得了较好的法律风险识别效果，为该企业后续法律风险管理与合规管理体系的实施奠定了稳固的实施基础。

三、主要内容

本书的主要内容和观点体现为以下几方面：

第一，企业海外投资的法律风险基本理论研究。通过对中国企业海外投资状况、投资障碍与问题的分析，归纳中国企业海外投资风险类型；同时，从法律风险的特征、构成要素及与其他风险的关系入手，展开法律风险基本理论研究。通过探讨海外投资法律风险存在的不确定性增强，与政治风险、社会风险交织，以及可控性较差、风险后果难以估量等特性，勾勒出海外投资法律风险的分类，明确法律风险识别的方向。

第二，海外企业法律风险识别实施基础分析。从海外企业法律风险识别的意义着手，通过分析法律风险识别不同于一般风险识别及海外投资法律风险识别也不同于国内法律风险识别的特性，确认海外企业法律风险识别奠定法律风险管理基础的价值与作用。由此，中国企业海外投资的法律风险识别主体应采用项目团队式的模式，由企业内部法律风险管理团队发挥主导作用，各部门全流程配合，外部专家从理论和实践经验等方面协助。

海外企业法律风险识别研究诞生于风险管理理论、法律风险管理理论及国际投资和国际投资法理论，它伴随着我国企业法律风险识别的探索和政府规范指引之发展而不断成熟。这不仅为法律风险识别理论积累了各类案例和实证数据，也催生了我国多项制度的建立。企业实施法律风险识别不仅是内在需要，也是企业履行法定义务和企业社会责任的现实选择。尽管法律风险识别及管理在许多海外企业尚未置于企业战略高度，法律风险识别和管理研究尚待加强,法律风险管理人才和合规人才仍相对匮乏,但伴随着海外企业对法律重视程度的增强,法律管理与企业经营管理日益融合,合规管理制度化、信息化水平稳步推进,法律人才培养机制日臻完善的大背景,海外企业法律风险识别必将带动企业法律风险管理与合规管理向纵深发展,法律管理组织体系将逐步完善,法律风险管理与合规管理理论也将进一步丰富,识别方法将更加多元,管理效果和作用必将凸显。

第三,海外企业法律风险识别原则与识别框架研究。海外企业法律风险识别应遵循全面、综合、适度原则,与政治风险识别、社会风险识别相结合原则,重视法律风险环境识别原则,贯彻法律风险立体识别体系原则和国内外法律专家、风险专家密切配合原则。在具体识别框架上,应充分借鉴《企业法律风险管理指南》中的法律风险识别框架,同时,结合海外企业法律风险的特性和分类,体现识别框架的引领功能、区分功能和构建与后期管理运用功能,重构以法律法规为核心、以海外项目为核心以及不同法律领域的海外企业法律风险识别框架,并创新构建政治法律风险识别框架和社会法律风险识别框架。

第四,海外企业法律风险环境研究。通过分析法律风险识别与法律风险环境的关系,重塑法律风险环境在法律风险识别中的作用。为此,中国海外投资企业进行法律风险识别时,应重视多元分散的宏观法律风险环境及直接影响企业运营的中观和微观法律风险环境。此外,海外企业内部法律风险环境同样需要重视,这是企业能够通过法律风险管理措施来主动避免和减少法律风险的环境,包括狭义法律风险环境、内部经营风险环境和内部文化风险环境。海外企业应对外部法律风险环境和企业内部法律风险环境分别加以识别。

国际法律风险环境是海外企业与国内企业最大的不同,也是海外企业投资中的法律风险识别短板。为此,企业应当重视对国际法律制度环境和国际法律文化环境的研究,不仅应关注东道国和投资母国的国内法律制度体系,也需结合国际条约与国际习惯制度体系。同时,不同国家的法律文化环境对法律制度的运行和影响是不同的,海外企业法律风险识别应当充分考虑到法律文化变化中的国际法律风险环境对法律风险识别结果的影响。

第五,海外企业法律风险识别方法和实施步骤研究。本书从"沙特麦加轻轨项目"失利原因入手,分析海外企业法律风险识别方法的选择。研究表明,不能忽视对外部法律风险环境的识别,同时也应重视企业内部法律风险环境,针对不同法律风险环境,采取不同的法律风险识别方法。在外部法律风险环境下，企业可多采用法律与文献梳理法、专家调查法及案例研究法；对于海外企业内部法律风险环境，可采用影随法、问卷调查法、人员访谈法、观察法、事故树分析法等不同方法。鉴于不同方法的局限性，法律风险识别应综合不同方法。法律风险识别一般经历风险信息收集与筛选、风险识别方法选择、企业法律风险分析、法律风险识别结果等若干阶段。本书分别探讨各阶段的实施重点。

第六，海外企业法律风险识别结果研究。海外企业法律风险识别工作是大量而系统的，将产生不同的法律风险识别结果。其中，海外企业的法律风险清单和法律风险识别报告是最重要的两个法律风险识别结果，因此应当正视它们对企业法律风险识别、评估和管理的功能与作用。应当对识别结果完整分析，体现全面"盘点"海外企业法律风险、全员法律风险防范警示教育、法律风险识别工作查漏补缺、法律风险识别人员基本技能培养等功能，避免结果缺乏针对性、识别方法不足或使用不当、识别依据不准确或不全面、识别结论误判等问题的出现。

第一章　企业海外投资的法律风险

第一节　海外投资与风险挑战

随着"走出去"战略和"一带一路"倡议的实施与深入推进,中国企业在海外投资的道路上经历了多个发展阶段,呈现出投资地域日趋广泛、产业结构持续优化、投资形式更加灵活多样、企业国际化程度不断提升、企业主体结构更趋合理、日益注重投资质量和投资效益等特点。然而,海外投资并非一帆风顺,立足企业发展现状和趋势,正视投资面临的各种障碍与挑战,审视企业自身问题,有助于全面认识中国企业海外投资的真实状况,更好地识别、评估海外投资中的风险类型和损害性结果。

一、机遇与风险并存的海外投资

1979 年,北京市友谊商业服务总公司与日本东京丸一商事株式会社在日本合资开办"京和股份有限公司"。自此,中国境外投资活动拉开帷幕,海外企业从无到有,大致经历了对外投资活动的初期探索阶段、稳步发展阶段和高速增长阶段。每一阶段的发展变化都伴随着海外投资相关法律制度的建立或者完善。

初期探索阶段,国家对海外投资实行审批制,企业对外投资活动仅在少数投资项目上获批。投资以亚洲地区为主,包括一些发展中国家和中国香港、中国澳门等地。投资多集中于工程承包、服务业、加工制造业、交通运输业等行业,投资规模较小,投资企业数量有限。调整这一阶段的法律法规包括对外经济贸易部《关于在境外开办非贸易性合资经营企业的审批程序权限和原则的通知》(1984)、《关于在境外开办非贸易性企业的审批程序和管理办法的实行规定》(1985)等。

稳步发展阶段大致从 20 世纪 90 年代开始。这一阶段,企业海外投资步伐明显加快,投资形式不断多样化,投资地域逐步扩大至大洋洲、欧洲、非洲、拉丁美洲等,投资行业进一步扩展;不过,也暴露出投资混乱、投资管理不合理等问题。这一阶段的法律法规,如《中国海外企业管理规定》(1993)、《海外企业办公室管理规定》(1997)等,初步奠定了中国海外投资管理制度的基础,审批制度上表现为管理部门职责分工和审批流程进一步明确、审批内容更加具体。制度的完善推动了各类海外投资的快速增长,特别是中国加入世界贸易组织后,中国企业对外直接投资需求进一步旺盛。

从 2005 年开始,中国海外投资进入高速增长阶段,对外直接投资净额首次突破百亿美元大关,并一直保持两位数的增长规模;2014 年,对外直接投资净额突破千亿美元大关[①];以后几年,中国对外投资高速增长的态势持续,对外直接投资流量和存量均稳居全球前列。截至 2019 年,我国对外直接投资流量规模仅次于日本,居全球第二;存量仅次于美国和荷兰,保持在全球第三。《2023 年度中国对外直接投资统计公报》显示,2023 年,我国对外投资规模继续保持世界前列,对外投资大国地位稳固。与此同时,中国在全球外国直接投资中的影响力不断扩大,并呈现出从传统行业向多领域发展,投资逐步分散、覆盖至全球 188 个国家和地区,以及"一带一路"沿线国家投资持续增长等趋势。中国海外投资制度也由审批制向备案制转变,由管理向服务转型。监管部门日益加强对境外投资的监管审查,遏制非理性投资,强化对央企和地方国企的监管,注重引导企业对东道国税收和就业的贡献度,防范对外投资风险。以 2019 年为例,中国境外企业的经营情况良好,超七成企业盈利或持平。[②]

(一)中国企业海外投资状况分析

2013 年,随着中国政府提出共建"一带一路"的倡议,越来越多的中国企业加入到实现这一加强沿线各国全方位、多层次互联互通的伟大愿景中。中国企业的海外投资也逐步呈现出以下特点和发展趋势:

1. 投资地域继续扩大,"一带一路"沿线国家投资比重增加。企业投资区域的选择与投资目的、投资行业密不可分。对东南亚国家与地区的投资,多数源于地理和文化接近;对发达国家投资能够学习先进技术和管理经验,同时对企业竞争力和管理水平提出更高要求。随着 2013 年秋季我

---

① 2014 年,中国对外直接投资 1231.2 亿美元,同比增长 14.2%;1.85 万家境内投资者设立对外直接投资企业近 3 万家,分布于 186 个国家(地区)。参见《2014 年度中国对外直接投资统计公报》,载商务部官网,http://fec. mofcom. gov. cn/article/tjsj/tjgb/201512/20151201223579. shtml。

② 参见商务部等部门联合发布的《2019 年度中国对外直接投资统计公报》,http://images. mofcom. gov. cn/hzs/202010/20201029172027652. pdf。

国提出"一带一路"的倡议得到越来越多国家的认可和响应,我国企业在"一带一路"沿线国家直接投资的增速明显。① 特别是 2020 年全球面临疫情影响,国际交流大大受阻,但中国对"一带一路"沿线国家的直接投资不但没有减少,反而成为倡议提出后投资最多的一年。这与中国重视债务可持续性管理、与相关国家共同推进能源转型发展有着密不可分的关系。基于中国现阶段发展面临的新环境、新特点,中国通过构建"双循环"的新发展格局,既可进一步促进中国国内经济增长,也为世界经济提供发展新动能。"一带一路"是我国构建"双循环"新发展格局的重要平台。依托这一国际合作平台,中国与"一带一路"沿线国家已在国际投资方面取得一系列重要成果。可以预见,中国与东盟十国、日本、韩国、澳大利亚、新西兰等国签署的《区域全面经济伙伴关系协定》(RCEP)的正式落地实施,对促进相关地区间的经济发展将产生重要的积极影响。②

2. 投资行业门类齐全,产业结构持续优化,新业态长足发展。目前,中国对外直接投资已涵盖国民经济的 18 个行业大类。其中,租赁和商务服务业、批发零售业、金融业、信息传输业、制造业存量占中国对外直接投资存量的七成。③ 同时,国家注重引导对外投资结构,遏制非理性投资。针对 2016 年我国企业跨国并购暴增,且不少投资集中于房地产、酒店、影城、娱乐业等领域的现象,国家监管机构出台系列规定,加强对外投资政策引导和项目真实性、合规性审核。④ 非理性对外投资得到有效遏制。在疫情全球大流行的困境下,互联网得到快速发展,直接催生不同形式的新业态发展。网上购物、网络教育、远程医疗、网络游戏等各类数字技术服务业引起各国普遍重视。中国在推进数字产业化和产业数字化快速发展的同时,也在为推进全球数字化转型发展发挥积极作用。利用先进数字技术产生的远程医疗、智慧农业、智能制造、智慧城市、信息产业等新业态对外投资活跃。

3. 投资形式更加灵活多样,企业国际化程度不断提升。企业对外投

---

① 参见"2020 年我对'一带一路'沿线国家投资合作情况",商务部网站,http://fec. mofcom. gov. cn/article/fwydyl/tjsj/202101/20210103033338. shtml。

② 参见"乘风破浪'克'疫而上——'一带一路'建设走向可持续发展",商务部网站,http://www. mofcom. gov. cn/article/i/jyjl/e/202102/20210203041501. shtml。

③ 参见商务部等部门联合发布的《2019 年度中国对外直接投资统计公报》,http://images. mofcom. gov. cn/hzs/202010/20201029172027652. pdf。

④ 参见国家发展改革委《境外投资敏感行业目录》(2018 年版),财政部《国有企业境外投资财务管理办法》,国家发展改革委、商务部、人民银行、外交部、全国工商联等五部门联合发布的《民营企业境外投资经营行为规范》等。

资形式日益多样，它们或者设立海外办事处、分公司、研发中心；或者建立海外营销渠道或品牌，设立海外营销中心、仓储中心、产品售后服务中心；或者直接开展股权、债权投资或并购，获取海外经营管理团队、营销渠道、市场份额、品牌或者先进技术等。越来越多企业在投资东道国建立境外经贸合作区，吸引更多企业在合作区内投资建厂、开展投资考察。合作区在带动产业项目落地、整合优势资源、降低投资风险方面，正发挥着越来越重要的作用。

企业大规模跨国并购是对外直接投资加速增长的重要原因之一。部分企业已从全球产业链的参与者向产业链主导者转变，并通过投资上下游产业链，实现全球范围内的产业整合。例如，我国多家建筑企业已从国际项目分包商的角色日益转变为以 EPC（Engineering Procurement and Construction）为代表的总承包商和以 BOT（Build-Operate-Transfer）为代表的工程承包与项目融资方等。

4.“国”“民”携手，共同成为投资东道国纳税和解决就业的重要力量。长期以来，中国海外投资以国有企业为主，中央企业是投资的主力。近些年，地方国企投资步伐明显加快。民营企业成为对外投资增速最快的群体，正逐步成长为对外投资中越来越重要的组成部分。同时，国有企业与民营企业开始组成联合体投资，发挥各自优势并分担风险，增强中资企业在海外投资的整体影响力。

5. 海外投资向注重投资质量和投资效益化方向发展。随着国家出台一系列简政放权、提高企业境外投资便利度的政策[①]，并不断提高各类境外投资服务水平，企业获得前所未有的投资安全保障支持。中国企业也开始注重海外投资长远规划和对自身“软实力”的培养，关注品牌认知度的提升和企业社会责任的履行。在促进中国文化元素国际化的同时，重视与投资地相关利益方的沟通。此外，投资效益日益成为企业对外投资决策的重要考量因素。

（二）中国企业海外投资挑战与问题分析

世界经济复苏步伐加快、中国经济结构调整与转型升级迅速、“一带一路”倡议的深入推进等，都为中国企业国际化发展提供了十分有利的外部环境和内部支撑。不过，与老牌发达国家的对外投资相比，中国的对外投

---

① 参见《境外投资管理办法》，该办法实施“备案为主、核准为辅”的新型管理模式，除对我国企业在敏感国家和地区、敏感行业的投资实行核准管理外，其余均实行备案，http://www.mofcom.gov.cn/article/b/c/201409/20140900723361.shtml。

资尚处于初级阶段。从投资存量和投资效能上看,中国与发达国家的差距也还很大。作为发展中的对外投资大国,中国要从投资大国向投资强国转变,政府和企业仍需面对国际投资中的复杂情况、困难、障碍,认识自身问题并加以解决。

1. 企业海外投资面临的挑战

国家主权利益保护是中国投资者面对的首个挑战。能源和资源项目一直是中国企业对外投资的重点。然而,在"自然资源永久主权原则"和西方"新殖民主义"思潮的影响下,中国这些领域的海外投资屡屡受挫。[①]"自然资源永久主权原则"作为"国家主权原则"在国际投资法上的具体体现,保障各国对资源行使管理权且不受任何外力干涉。各国政府往往通过市场准入措施,或者采用烦琐的审批程序或较高投资条件等,保护本国自然资源,或者限制外资进入这些领域。发展中能源国家甚至将能源视为立国之本、国家利益之核心,因此往往不开放此类产业投资,或者设置过高准入门槛、规定严格审批制度。同时,此类投资在各环节都要与东道国政府或其授权企业发生关系,容易成为纠纷发生的"重灾区"。面对严峻的国际投资环境,中国企业经受资源国家政策、制度的约束和严格审查将不可避免。除能源、资源类投资外,企业其他境外投资因遭遇东道国主权利益审查和挑战而折戟沉沙的案例也越来越多。

企业"身份"常常成为境外投资的另一个重要影响因素。尽管中国对外投资主体已由最初的"国营企业唱主角,民营企业敲边鼓"转变为"国民并重"局面,但国有企业在资金规模上仍然占据绝对优势。这种状况容易招致东道国政府及民众的无端猜忌和恐慌,将中国企业海外投资误认为是中国国家或者政府的对外扩张行为,从而遭遇东道国社会和政策排斥。[②]西方媒体对中国的负面宣传也加剧了中国企业的投资阻力。一些中国企业对美国企业几次重大并购交易就是因美国政府以"国家安全"为名禁止

---

① 例如,2005 年中海油竞购美国尤尼科失败案、2008 年中铝收购澳大利亚力拓股权毁约案和 2009 年平安—富通案等。

② 2002 年 12 月,俄罗斯下院国家杜马通过决议,不允许任何外国政府控股实体参与竞拍斯拉夫石油公司股权,从而阻止了中国石油天然气集团公司收购斯拉夫石油公司股权。2008 年 4 月,俄罗斯总统普京签署《关于外国资本对保障国防和国家安全具有战略意义的经营公司进行投资的程序法》(以下简称《战略行业外商投资法》),确定了 46 项对俄罗斯国家安全具有战略意义的行业,并针对外国及其控制组织在俄罗斯战略行业的投资,在投资比例、投资主体、投资对象、投资程序等方面作出更为严格的禁止性或限制性规定。

交易而受阻。① 在以品牌和技术为目的的跨国并购案中,美欧等国和地区的安全审查尤为明显,多数并购案件在接受相关国家安全审查时遭到否决的理由,均为交易可能"危及被收购企业国家的公共秩序与安全"。②

非商业性风险日益成为我国海外投资企业的重要障碍。政治风险、法律风险、环境保护及其他各类社会风险,越来越深刻地影响中国企业境外投资进程。由于企业境外投资区域日益广泛,以及对营商环境较差的发展中国家投资步伐加快,中国企业遭遇的非商业性风险事件逐年上升且类型多样。一种商业性风险往往是他种非商业性风险的产生原因或者隐患,风险传导、风险叠加特征明显。

虽然不同行业、不同类型企业境外投资面临的挑战和具体障碍存在差异性,但上述障碍几乎影响中国大多数对外投资企业。当然,中国企业自身存在的问题,也需要正视并加以解决。

2. 中国企业自身问题

由于我国对外投资企业普遍具有国际化经营期限不长、发展速度较快、国际化经营管理经验积累不充分等特征,在海外投资进程中,企业自身存在各式各样的问题,影响投资整体质量和效益。

首先,中国企业的海外投资仍然具有大而不强,投资区域、行业及主体结构不尽合理等问题。虽然我国企业的海外投资几乎覆盖了世界上绝大多数的国家或地区,但投资分布不均匀且主要集中于亚洲和广大发展中国家,在风险较低的发达国家投资存量较小。海外投资行业也面临分布聚集性高、结构严重失衡的问题。例如,我国农业对外投资金额和项目数量占比较小,不利于满足我国民众日益增长的农产品需求。采矿业过分集中于澳洲、非洲等地,不利于分散风险。在制造业领域的投资总额占比偏低,国际竞争力不足,与中国世界制造大国的地位不符。资金、劳动密集型产业仍然是对外投资的主力,常常遭遇东道国劳工签证许可或者配额限制。另

---

① 例如,1990 年 2 月,美国商务部外国投资委员会援引《埃克森—佛罗里奥修正案》,要求中国航空技术进出口公司限期退出收购美国 MSMCO 航空公司的交易;2005 年,中远太平洋有限公司收购洛杉矶长滩废弃码头的交易失败;2005 年,美国以国家安全为由,反对中海油收购美国优尼科石油公司等。

② 例如,国家集成电路产业投资基金股份有限公司支持的财团收购美国专业半导体测试设备商 Xcerra 交易、湖北鑫炎股份投资合伙企业收购美国半导体测试设备商 Xcerra、深圳市新纶科技股份有限公司收购美国阿克伦聚合物系统公司(Akron Polymer Systems, Inc.)45％股权、深圳广田集团股份有限公司收购美国帕玛斯迪利沙(Permasteelisa Group)交易等,均受到美国外国投资委员会(CFIUS)否决或阻扰。再如,烟台市台海集团有限公司收购德国莱菲尔德金属旋压机制造公司(Leifeld Metal Spinning)交易被德国政府否决。

外,技术密集型产业的投资比例过低,且投资回报率偏低。从投资主体上看,国际社会对外投资的主力通常是私营企业,而我国国有企业仍然是海外投资的重要主体。国有企业自身存在的某些弊端在海外投资中若监管不当,极易导致大量国有资产流失,也容易使投资东道国对中国企业的投资意图产生猜忌,为所谓"中国威胁论"提供"佐证",影响中国企业整体声誉。

其次,海外投资的总体战略规划仍然较弱,企业风险应对能力不强,投资绩效差。企业是否需要国际化、如何国际化、如何参与全球竞争等,都应当制定相应的战略规划,否则企业即使在海外投资设厂或并购外国企业,也会因缺乏海外投资中长期规划而导致盲目投资、扎堆投资,或者并购后的目标公司整合困难,导致预期协同效益难以实现。在风险应对方面,目前中国对外投资管理体系、政策促进体系,以及投资服务保障体系、风险控制体系等,尚无法满足企业海外投资的需要。同时,企业普遍应对海外投资风险能力较弱。风险事件一旦暴发,损害性后果几乎无法避免。当前,全球经济面临多重不确定性,作为投资增长点的众多"一带一路"沿线国家又多为新兴经济体,这些国家的整体经济基础较为薄弱,部分国家地缘政治复杂且法律风险环境不佳。这些都预示着企业投资可能面临更大的风险挑战。联合国贸易和发展会议(UNCTAD)对外直接投资绩效指数(OND)也显示,中国近些年的 OND 指数排名一直处于落后位置,不但低于发达国家水平,而且远低于许多发展中国家。不佳的投资业绩指数排名与增长迅速的对外投资形成鲜明对比,时刻提醒我们不能沉浸于对外投资绝对值增长的表面成绩中。

再次,海外企业的本土化、国际化水平较低。企业的国际化水平不仅反映在企业生产、销售等方面,还体现在管理和人才的国际化,以及企业承担社会责任和处理投资地各类社会关系的能力等方面。中国海外企业国际化人才匮乏,是阻碍企业走向国际化的突出问题之一。企业相当一部分管理者缺乏国际化经营管理经验、不熟悉投资地环境、不了解当地文化风俗,而企业又无法及时招募到合适的当地居民,因此只能将国内员工外派至投资地企业。这种状况容易导致在对境外企业管理上,企业要么缺乏全球化的组织架构或者思维模式,仅将国内管理经验照搬至海外企业;要么缺乏跨文化整合能力,造成各种社会文化风险和管理风险隐患,极易引起东道国政府和民众不满。海外投资不仅是资金、技术、装备的"走出去",良好的企业道德行为和国家形象也要"走出去"。尽管中国企业在海外投资中必须履行一定的社会责任,但是一些企业在履行社会责任方面随意性大，没有将社会责任的履行上升至企业长远和可持续发展的高度，因而缺乏完整规划和具体部署。部分企业对所在国缺乏了解，履行社会责任的效果不佳，一些企业对履行完毕的社会责任成果缺乏有效宣传和介绍。中国企业的国际化水平还反映在处理东道国复杂政治、社会关系方面。部分企业重视发展与东道国政府的关系，忽视与议会、政党、反对派、非政府组织（NGO）与非营利组织（NPO）、工会、当地民众、媒体等的接触，容易导致东道国民众的猜忌，或者在环境保护、劳工保障等方面产生冲突，加剧纠纷解决的难度，危及海外投资安全。

企业除了自身存在的上述问题外，中资企业间在对外直接投资中相互拆台、低价营销、恶性竞争等缺乏合作的情况也时有发生。企业海外投资所需的中国政府的外交、军事、文化、中介服务等方面的支持，尚需要进一步加强。知己知彼，方能百战百胜。正确认识中国海外投资状况与障碍、企业存在的问题及海外投资中面临的风险并及时加以解决，有助于提高企业国际竞争力、确保投资收益，使它们既能"走出去"，又能健康地"活下来"。

二、海外投资风险

最近一些年，"风险"（Risk）一词充斥在各行各业和社会生活的各个角落。大到政府管理国家，中到企业开展经营，小到人们日常生活，都离不开有关"风险"的讨论。"风险"被逐渐抽象为具有统一内涵及特征的术语。例如，《布莱克法律词典》将"风险"定义为"结果、发生或损失的不确定性""伤害、损坏或损失发生的可能性"。[①] 奈特（Night）在《风险、不确定性和利润》中认为，"风险"是指可度量的不确定性，而"不确定性"指不可度量的风险。[②] 由此可见，风险是一种人们可推断其概率分布的不确定。人们根据过往经验，可以推测出未来发生的可能性。这一相对抽象的命题具体到现实生活，就是对某一有害事件何时发生、发生的可能性有多大及将导致何种后果的一种描述。

在全球经济一体化的今天，任何一个国家或地区无论是否愿意，都难以置身于整个世界经济发展潮流之外。中国企业对外投资早已不是讨论"要不要投资"的问题，而是"以何种方式"，"低风险"地对外投资的问题。

---

① Bryan A. Garne: *Black's Law Dictionary*. 8th ed. group：4135.

② ［美］弗兰克·H. 奈特：《风险、不确定性和利润》，安佳译，商务印书馆 2017 年版，第 21—50 页。

随着中国企业走向国际化的步伐加快,投资区域和规模不断扩大,投资形式也日益多样化。海外投资收益和投资风险相伴而生、同时共存。海外投资是"馅饼"还是"陷阱"? 一系列中国企业海外投资巨亏案例[1]不断为企业敲响警钟,提醒人们在海外投资中不能被巨额收益迷惑,从而忽视海外投资风险。显然,企业在海外市场上的生产经营活动所面临的各种不确定性,远超其在国内的各类投资活动。与国内投资风险相似,海外投资风险也是具体的、复杂的。从不同视角出发来认知海外投资风险或对其进行分类,才能为海外企业积极应对风险、进行风险管理和法律风险管理提供参考依据。

(一)风险含义

"风险"一词可追溯至远古时期以打鱼为生的渔民,长期的捕捞实践使他们认为"风"会带来无法预测或者无法确定的危险。因此,出海前,渔民和他们的亲人都要祈祷神灵保佑风平浪静、满载而归。此时的"风"与"险"相伴,由此出现了"风险"一词。我国传统文献,如《辞海》和《辞源》,虽然没有"风险"的词条,但中华文化却蕴含着丰富而深刻的风险思想。《说文解字》对"风"的解释不仅指空气与地球表面的平行运动和风俗、风化之义,更用来象征来无影去无踪、瞬息万变却又难以预料的不确定性。"风"也多带有隐喻性色彩,如"风波""风浪"等;"险","阻难也",基本与"危"同义,既指外在的、客观的艰难险阻,也包含主观的、与特定主体相关的困难或障碍,有时还指对人极具破坏性之物。[2] 现代意义的"风险"一词源自西方。英语"Risk"一词来源于意大利语的"Risco"或"Rischio",意为航海中可能遇到的暗礁(Reef)或礁石(Rock),一方面指个体将经受的危险(Danger),另一方面指进行的冒险活动(Venture)。[3] 可见,风险最初强调客观的危险,如自然灾害或者人类航海遇到的礁石、风暴等客观事件。随着人类趋利避害能力的提高,风险含义逐步超出"遇到自然界客观存在的各种危险"的范畴,更强调"遇到破坏或损失的机会或者可能性"。

---

[1]　2004 年,中航油金融衍生品交易亏损 5.5 亿美元;2008 年,中信泰富投资澳洲铁矿石项目并炒外汇亏损 155 亿港元;2009 年,中国铝业集团联合美铝投资力拓遭受缩水损失巨亏人民币 750 亿元;2009 年,中国铁建集团投资"沙特麦加轻轨项目"亏损人民币 41 亿元等。

[2]　潘斌:"风险:一个概念史的批判性考察",载陈虹、谢耘耕主编:《新媒体与社会》(第三辑),社会科学文献出版社 2012 年版,第 90—102 页。

[3]　德国学者乌尔里希·贝克和英国社会学家安东尼·吉登斯等认为,风险概念可能来自航海术语,那时的风险往往被理解为冒险。参见[德]乌尔里希·贝克等:《自由与资本主义》,路国林译,浙江人民出版社 2001 年版,第 119 页;[英]安东尼·吉登斯:《现代性:吉登斯访谈录》,尹宏毅译,新华出版社 2000 年版,第 75 页。

　　"风险"是当今社会人们使用频率越来越高的词，在哲学、经济学、社会学甚至文化艺术等领域被赋予更鲜明、丰富的特色和含义。以保险制度为例，保险制度的发明和完善正是风险制度化的过程，反映了人与风险之间正从被动承受逐步转变为认识和改造。伴随着国际社会一系列重大事件（如切尔诺贝利事件、"9·11"恐怖袭击、疫情在全球的肆虐等）冲击、影响着整个世界，"风险"越来越成为各国政府和民众持续关注的中心话题。当今社会也由此被认为已经步入"风险社会"。

　　1. 风险的定义

　　风险的概念和内涵在不同社会领域与不同学科的解读及运用各不相同。1921 年，奈特通过对风险与不确定性的区分研究，解析了人的行为对风险本身的影响，并认为风险是指可以确定其结果的概率的情况，即风险是可测定的不确定性，而不可测定的不确定性是客观概率完全不可知的情况，这才是真正意义上的不确定性。① 1964 年，威廉斯（C. Arthur Williams, Jr.）等人的风险定义则强调风险是客观存在的状态，而不确定性是风险认识主体的主观判断。②

　　我国国家标准 GB/T 23694 – 2013《风险管理术语》（Risk Management-Vocabulary，简称 GB/T 23694 – 2013）采用国际标准化组织《风险管理术语在标准中的使用指南》的风险定义，将"风险"定义为不确定性对目标的影响（Effect of Uncertainty on Objectives）。该定义也被《风险管理国际标准 ISO31000：2009》和《风险管理国际标准 ISO31000：2018》采纳。其中，"影响"是指与预期的偏差，它可以是积极的、消极的或两者兼而有之，并且可以锁定、创造机遇或导致危险。"目标"可以是不同方面（如财务、健康与安全、环境等）和类别（如战略、组织、项目、产品、过程等）的目标，并且可以在不同的层面应用。"不确定性"是指对事件及其后果或可能性的信息缺失或者了解片面的状况。风险通常用风险源、潜在事件、后果及其可能性表示。③ 采用与国际风险管理标准一致的风险术语和定义，意味着我国境内统一了"风险"定义。这有助于企业或者其他风险管理主体在制定风险管理文件或实施风险管理过程中，使用统一的风险管理术语，并用连贯的方法和一致的理解来描述风险管理活动。

---

　　① ［美］弗兰克·H. 奈特：《风险、不确定性和利润》，安佳译，商务印书馆 2017 年版，第 21—50 页。

　　② ［美］C. 小阿瑟·威廉斯等：《风险管理与保险》，马从辉、刘国翰译，经济科学出版社 2000 年版。

　　③ 参见中国 GB/T 23694 – 2013《风险管理术语》和《风险管理国际标准 ISO31000：2018》。

风险与"危险"（Danger）、"危害"（Hazard）等术语密切关联，但又有明显区别。

危险往往是由于自然、社会等非主观原因造成的客观危害，而风险则源于人们对未来社会的认知与主观判断。风险可能与"机会、危险、灾难、不确定性"等相结合而产生不同的后果，后果的差异取决于主体认知水平、思维方式及所采取的措施的差异。风险常包含"危险"和"机遇"双重内涵，二者的区别在于，危险所致损害由外部因素决定，风险更多取决于人的主观判断，是否导致损害性后果多由人的决策来决定。

风险也不同于"危害"。危害主要指自然实体或实践活动招致的损害或者伤害。无论是否关涉人的利益，危害都是一种真实的客观实在，是基于某些原因确定的损害性结果，而风险只是某种危害发生的概率。风险是否可承担或要避开等后续管理规划是计算风险概率的目的。风险本质上是主客体相互关联的主体认知与价值判断，它更多依赖于主体的风险意识、风险心理与风险认知的成熟程度。风险既指威胁与损失，也意味着机遇与无限的可能，而危害则指损害、破坏等负效应。

2. 风险的特征

风险本质上是以主体性为依托的主客体相统一的关系性范畴。对风险特征的描述，有助于从本质上把握风险，进而识别、评估并控制风险。尽管不同领域和不同情境下，风险的定义会因理解不同而存在差异，但是几乎所有领域都普遍认同风险具有以下特征：

（1）风险具有普遍性。风险无处不在、无时不在。在现代社会，无论是个人还是群体，总会面临着各式各样的风险。随着人类认识自然和社会的能力之提升，部分风险可能会被消灭或者降低，但是又会产生新的问题、新的风险。新风险事件一旦发生，可能造成更大的破坏。例如，无人驾驶汽车、无人驾驶轮船未来将大大提高效率、节省人力与物力成本，也方便了人们的出行，同时可降低人为驾驶交通工具发生事故和人员伤亡的概率。但是，这类运输工具一旦发生系统故障，产生的损害将不再是单个车辆本身，而是整个运行网络上的安全，其灾难性后果远远大于有人驾驶交通工具产生的损害性后果。风险的普遍性还可以从风险发生的原因上溯源。世间万事万物都是普遍联系的整体。这种互相联系、互相依存、互相制约的关系使不同类型的风险总是相互勾连，并一直处于变化之中。一旦满足特定条件，不同风险会互相转化。

（2）风险具有客观实在性。风险客观存在，尽管风险是否存在及风险大小的判断取决于人们的主观判断，但是并非人们不知晓风险或意识不到风险,风险就不存在。对于风险,人们只能通过一定的技术手段、经济手段或者措施来认知风险、预测风险发生的频率和损失程度。

(3)风险往往具有损害性。风险一旦发生,往往造成损害性结果。这种损失可能是人身伤亡或者财产损失,也可能是非财产性损失,如名誉、商誉、社会影响等方面的损害。为此,人们才会对风险展开各类研究,试图通过探究风险的种类、风险产生的原因和发展、风险发生频率及造成的损失等各方面,提出风险应对的各种措施,减少或避免风险的发生。

(4)风险具有不确定性。不确定性是风险的根本特征,表现在空间方面、时间方面及损害程度方面的不确定性。就个体而言,这种不确定性往往表现为风险是一种偶发性事件。此外,自然环境与社会环境的改变也会引起风险的变化。这些变化大大增加了认识风险的难度,也加剧了风险的不确定性。

(5)风险具有可预测性。单个风险的发生虽然是偶然的,但是同质的个体风险在一定时期或特定阶段的发生又具有客观规律性。风险的发生概率可以根据过去发生的大量风险资料统计分析得出。此时,风险的期望值是风险发生的概率与损失的乘积。风险的可预测性特征为人们战胜风险提供了信心和源动力,也为风险控制提供了理论探索的依据。根据对风险的认识与估计结果,人们可以采取不同措施来预防风险。

以上特征是从风险的不同侧面对其进行"画像"。将这些特征关联起来看,部分特征似乎还相互矛盾。正是如"谜"一样存在,风险才吸引着人们不断去探索、发现,学会与其和平共处,使其不危害人间。

3. 风险的构成要素

风险是由风险因素、风险事故和损失三者构成的统一体。风险因素引起或增加风险事故,风险事故的发生可能造成损失。在这些要素的共同作用下产生了风险,并决定着风险的发展变化。

风险因素是不能事先加以控制的因素。这些因素是促使某一特定损失发生或者增加其发生的可能性或扩大其损失程度的原因或者条件。[①]风险因素是风险事故发生的潜在原因,通常分为有形风险因素和无形风险因素两类。

有形风险因素是直接影响事物物理功能的物质性风险因素,它是某一标的自身具有的足以引起损失发生、增加损失机会或加重损失程度的因素。例如,某一类汽车的刹车系统的可靠性、地壳的异常变化、恶劣的气

---

① 朱文革编著:《保险公司风险管理》,上海财经大学出版社 2016 年版,第 20 页。

候、疾病传染等,都属于有形风险因素。这类风险因素,有些可以在一定程度上予以控制,有些在一定时期内无能为力。

无形风险因素是文化、习俗、生活态度等非物质的、影响损失发生可能性和受损程度的因素,又可进一步分为道德风险因素和心理风险因素。道德风险因素是指与人的品德修养有关的因素,即由于人们不诚实、不正直或有不轨企图,故意促使风险事故发生,从而引发财产损失和人身伤亡的因素,如欺诈、纵火等都属于道德风险因素。在保险业务中,保险人对因投保人或被保险人的道德风险因素而引起的损失,不承担赔偿或给付责任。心理风险因素是与人的心理状态有关的因素,即由于人们的疏忽或过失,以及主观上不注意、不关心、心存侥幸,从而增加风险事故发生的机会和加大损失的严重性的因素。例如,企业或个人投保财产保险后放松对财物的保护、物品乱堆乱放、吸烟随意抛弃烟蒂等,都属于心理风险因素。

风险事故是直接引起生命、财产损失的意外事件,是造成损失的直接的或外在的原因,它是使风险造成损失的可能性转化成现实性的媒介。换言之,只有发生风险事故,才会产生损失。风险因素和风险事故容易在生活中发生理解偏差。例如,一位心脏病患者投保了意外伤害险,某日他被突如其来的汽车紧急刹车声惊吓而亡,那么其保险受益人能否据此获得意外伤害保险赔偿? 答案是否定的。因为汽车紧急刹车只是风险因素,不是风险事故。引起被保险人死亡的直接原因是心脏病。由于死者并没有发生诸如车祸致死或者致伤等风险事故,因此不能获得意外伤害险的赔偿。由此可见,风险事故是造成损失的直接原因,是损失的媒介。若某一事件只是造成损失的间接原因,它便是风险因素。

损失是非故意的、非预期的和非计划的经济价值或其他利益的减少或者消失,它不限于丧失所有权、预期利益、支出费用、承担某种责任等范围内。

(二)海外投资风险界定及类型分析

国际投资本身就是在充满风险的环境下进行的。当越来越多的中国企业扬帆远航、积极拓展广阔的海外发展空间时,投资中的诸多风险也纷至沓来。企业海外投资风险是指在特定环境与特定时期客观存在的,足以导致企业在海外直接投资活动中发生的各类损失的可能性。企业国际直接投资是一项复杂的系统工程。由于东道国投资环境、投资行业、投资方式等的差异,不同企业在对外直接投资的过程中面临的风险及风险因素各有不同。海外投资企业从事国际经营的经验、能力,投资决策的正确与否,投资东道国的政策与法律、基础设施建设状况、劳动者的数量与素质状况等因素,都可能成为企业从事国际化经营中的风险并由此产生各类损失。企业从事海外投资的风险多样,按照不同视角,企业海外投资风险可作不同分类:

1. 依据风险来源和范围的分类

按照风险来源的不同,海外企业风险可分为外部风险和内部风险。

外部风险包括宏观的政治风险、经济风险、法律风险、社会风险、自然风险等,也包括中观的行业风险、微观风险(如客户信用风险、竞争对手风险)等,它们相互联系、相互影响。通常,一个政治相对稳定的投资目的地国家的法律制度体系也会相对稳定,企业往往能够在相对公平的营商环境下开展经营活动。企业的经营决策和行动将更具可预期性,大大降低企业外部风险的发生概率。

企业内部风险包括战略风险、财务税务风险、经营风险、产品质量风险、知识产权风险、合同风险、劳动人事风险、股权结构及治理风险等源自企业自身经营活动的风险。由于企业从事国际化经营,其内部风险的复杂程度将成几何倍数增长,这将大大增加风险发生的频率。

与外部风险相比,企业内部风险一般更容易识别和管理。甚至企业往往仅能对来自本企业内部的风险采取积极措施,避免或者减少风险的发生。面对外部风险挑战,企业则无论在风险信息获取还是在风险识别、评估方面都面临着较大困难,能够采取的应对措施也往往集中于信息获取和回避策略方面。

2. 依据风险因素的分类

按照风险产生的原因和对企业产生的影响程度的不同,海外投资企业风险可分为市场风险和非市场风险。市场风险,又称为市场经营风险,是由于企业及其所属行业的国际环境、东道国国内营商环境、原材料价格、汇率等的变化,导致企业实现海外投资收益、安全、客户服务、商业信誉、业务运作等各项预期目标中断或受影响的可能性。非市场风险则是市场风险之外的其他风险,包括政治风险、法律风险、自然风险、社会文化风险等。

(1)市场风险

市场风险通常是在企业国际化运营中发生的产量减少、价格涨跌、企业利润减少等风险。这类风险是企业无时无刻不在努力发现、克服并减少的风险。不同行业及企业在国际投资中面临的市场风险有所不同。市场预期失误风险、财务风险、运营风险、外汇风险、利率风险、技术风险、原材料采购风险、产品销售风险、劳务风险等,都是企业投资中常见的市场风险。

财务风险包括利率和汇率的变动、原材料或产品价格波动、信用政策等不确定因素对企业现金流的影响，以及公司在理财方面的行为对企业财务目标的影响。

运营风险包括国际化经营中供应链的管理、资源的合理调配、员工的流动、法律合规、监督检查等涉及境外公司运营方面的不确定性因素对运营目标方面的影响。

外汇风险，亦称汇率风险，是因汇率变化导致投资者以外币计价的资产（或债权）与负债（或债务）的变动而引起价值涨跌的不确定性。从事海外投资活动的主体，因在国际范围内收付大量外汇，当汇率变化时，一定数量的某种外汇在兑换或折算成其他币种时，数量就会发生变化。这种变化可能会使海外企业获利，也可能遭受损失。汇率风险会基于企业自身原因而产生（如在外汇买卖过程中因汇率变化带来风险），或由于企业间用外币结算而发生，也可能因国家外汇管制而引发。海外企业一般不愿意让经营成果蒙受这种自身无法预料和控制的汇率变化的影响，因此会将外汇风险防范作为风险管理的重点之一。

利率风险是一定时期内，由于利率的变化而导致国际投资者在资本筹集与运用中资产的价值发生变化。利率变化包括投资者在借款和贷款活动时的利率变化、不同国家的利率变化、不同市场和不同币种的利率变化等。利率变化对海外企业的影响，直接反映在其生产成本上。

技术风险是伴随科学技术的发展与生产方式的改变而发生的风险。技术风险是海外企业在一定时间内能否成功开发新产品或者能否勘探开发既定矿产资源的不确定性。技术风险不仅指因技术上的随机性因素导致技术开发工作失败的可能性，也包括经济因素，即一种新产品被开发出来后能否获得经济上的收益等。与东道国技术标准的差异是导致中国企业在海外直接投资中亏损的主要原因，东道国技术壁垒也会使中国企业面临极大的技术挑战。不同行业技术风险的产生原因、表现形式和后果不同。例如，作为"高投入、高产出、高风险"的能源资源类企业，技术风险直接决定企业投资是否成功。又如，机械制造类企业会因技术不过关或者技术达不到东道国技术标准而导致投资风险。

（2）非市场风险

从我国近年海外投资的实践来看，非市场风险已经成为我国企业海外投资中的重要威胁。政治风险、法律风险、自然风险和社会风险正越来越多地成为企业风险应对的重点。

政治风险是因东道国的政治环境发生变化（如政局变化、政权更替）、某些政府的行为（如政府法令和决定的颁布实施），以及种族和宗教冲突、叛乱、战争等引起社会动荡或政府政策的不连续性，导致在当地经营的国际企业经营环境变化造成损害的风险或不确定性。政治风险既有因国内军事政变、种族或宗教冲突、资产国有化等导致的极端政治风险[①]，也有因东道国政策变动、政府腐败、东道国投资安全审查或政治阻挠等引发的较为隐蔽的政治风险。[②] 政治风险的发生使境外投资项目变得不可行或盈利能力下降，甚至可能使投资者彻底失去在建项目。政治风险按照表现形式或者发生原因，又可分为征收征用风险、外汇禁兑风险、政府违约风险、战争战乱风险等。

征收征用风险，也称为国有化风险、财产剥夺型风险，是东道国政府基于国家和社会公共利益的需要，对企业或行业实行的征用、没收、国有化等措施，以达到保护民族产业、支持本国企业、改善国际收支等目的。虽然这类风险是政治风险中对外资企业影响最大、损失最为严重的一种风险，但是这种风险出现的概率最低。相比较而言，东道国常常通过出台各类经济政策（如价格管制、关税及非关税壁垒等），对外国企业的经营活动设置各种障碍。这些限制性风险的隐蔽性较强，且较为常见，企业应予以关注。

外汇禁兑风险主要发生在经济往来过程中。海外投资企业可能会因东道国政府的外汇管制政策或歧视行为而无法将投资的本金、利润及其他正当合法收益兑换成希望兑换的货币或将其自由汇出。

政府违约风险是东道国政府解除投资协议或者违反或不履行与投资者签订的合同项下的义务，而投资者无法或者无法及时求助于司法机关或仲裁机构，或者虽有裁决但无法申请执行而产生的风险。

战争战乱风险是由于战争、革命、东道国政府领导层非正常更迭、社会各阶层利益冲突、宗教派别争斗和民族纠纷、恐怖主义事件等引起东道国局势动荡而给外国投资企业造成直接或间接损失的可能性。此类风险虽然发生概率较小，但破坏性强、影响范围广，且不确定性较大。

与市场风险相比，政治风险是企业对外直接投资中无法控制的风险，

[①] 例如，利比亚政局动乱造成中国企业高达 200 亿美元的经济损失。

[②] 例如，乌克兰近些年的政局动荡直接影响我国企业于 2013 年与其达成的有关乌克兰 5% 土地租赁协议的履行。再如，我国企业在缅甸投资的缅甸密松水电站项目和缅中蒙育瓦的莱比塘铜矿开采项目因缅甸各利益团体的角逐而被搁置数年等。参见五月："境外投资的政治风险"，载《国企》2014 年第 4 期。埃及变、苏丹内乱升级等引发劫掠、凶杀等犯罪率的迅速攀升，危及投资安全。参见徐俊杰、单敏飞："中国海外投资面临哪些政治风险，如何防范"，载《人民论坛》2016 第 31 期。

对投资金额大、周期长的农业类、能源类、公用事业和基础设施工程承包类的海外项目影响巨大。政治风险所致损失不仅包括企业收益、各项财产损失和员工伤亡,投资母国也可能因提供政治风险担保或动用政治风险基金而承受较大的财政负担。在大数据、人工智能越来越多影响海外投资活动的大背景下,以海量数据和超强算法为核心的高端技术嵌入不同国家政治体系时会引发不确定性后果,这决定了大数据、人工智能引发的政治风险可能会成为新型的政治风险。①

法律风险是企业海外投资遭遇的另一重大风险。站在企业角度,对外投资至少面临三个层面的法律规则,即国际投资条约和双边投资条约、东道国国内法律,以及我国海外投资法律。在国际投资法层面,国际社会虽然不断进行着国际投资立法的完善,但与国际贸易法相比,国际投资法律碎片化明显。在东道国国内法方面,投资者面临多方面法律义务要求和各类法律审查。外资准入、税收、自然资源获取、劳动雇佣、设备材料进出口、环保许可、建设许可、融资、外汇汇兑、知识产权保护等制度,对企业海外投资至关重要。在投资经营中,东道国执法部门选择性执法、执法不公等都会引发各类法律风险。东道国政府对投资争议解决的态度和相关裁判的承认与执行,也直接影响海外投资者投资利益是否得到保障。作为投资母国的我国政府,尽管在海外投资法律方面出台或完善了多项境外投资管理制度和投资指引②,但是系统性规定仍有待完善。上述原因都会导致海外投资企业面临各类法律风险。

自然风险是因东道国自然力的不规则变化而引发的自然灾害、自然环境突变导致危害企业生产或人员生命安全的风险,如地震、洪水、海啸、火山喷发、泥石流、虫灾、流行性疾病灾害等。自然风险的形成具有不可控性、突发性,造成的损失巨大,影响对象广泛,往往成为企业承保较多的一类风险。中国企业海外投资地域广大,且多分布于自然环境脆弱地区,很多投资项目集中分布于污染较重行业③,产生自然风险和环境风险的概率较大。投资时,企业若忽略东道国自然风险及环境风险,实施损害当地生

---

① 郑容坤、汪伟全:"人工智能政治风险的意蕴与生成",载《江西社会科学》2020 年第 5 期。

② 例如,我国定期发布《对外投资国别产业导向目录》《对外承包工程国别产业导向目录》等指导性文件,鼓励金融机构为境外合作项目提供信贷支持和金融服务;通过定期发布《对外投资合作国别(地区)指南》《国别贸易投资环境报告》《国别投资经营障碍报告》《中国居民赴某国家(地区)投资税收指南》等,完善对外投资合作信息服务体系。

③ 中国海外投资在采矿业和制造业的存量与流量皆呈快速上升趋势,这些产业往往需要在自然环境中直接掘取资源和能源,或者需要大量使用能源及资源,环境问题较其他行业的海外投资更为突出。

态环境的行为,容易被视为破坏当地环境与生物多样性的元凶而广受指责和批评。另一方面,随着国际社会对环境保护的重视,各类环境保护标准不断提高,国际环境法及东道国国内环境法规不断完善,加重了企业海外投资的成本。一些国际环境保护团体、东道国环境保护机构等对外国投资产生的环境影响非常关注,往往会将环境保护上升至生存权和人权保护的高度。环境保护问题若不妥善处理,会引发海外投资者和当地居民关系的紧张与冲突,并可能迫使东道国政府采取环境规制措施,影响企业经济利益的实现。[①]

社会风险是由于个人行为反常或不可预测的团体过失、疏忽、侥幸、恶意等不当行为所导致的损害性风险。因自然灾害、瘟疫等导致的社会风险不容忽视。中国在非洲的直接投资曾经因几内亚、塞拉利昂、利比里亚等西非国家埃博拉病毒的肆虐受到重大影响,很多项目不得不陷入停滞状态。文化是知识、信仰、艺术、法律、道德、风俗及人类作为社会成员所获得的其他能力和习惯的复杂整体。与一般商业风险可以通过企业自身行为的调整逐渐改善不同,社会风险与文化风险具有复杂性和潜在性,若处理不当,极易以社会动乱、罢工、法律纠纷乃至投资失败等商业风险及非商业风险的形式体现出来,动辄影响到国际关系,并可能导致投资不可持续。中国海外企业多重视防范东道国市场风险,忽视其社会风俗、传统礼仪、宗教信仰等文化背景的差异性。这些潜在的文化差异导致的摩擦一旦被放大、升级,常常引发法律纠纷,造成经济损失,影响企业形象。在并购企业中,文化的不相容极易引发企业文化风险,带来并购失败的结果。

3. 依据风险损害对象的分类

从风险损害的对象来看,海外投资风险可细分为财产风险、人身风险、责任风险、信用风险等。

财产风险是导致企业财产发生毁损、灭失、贬值和减少的风险,如厂房遭受火灾、洪水而导致坍塌、设备毁损的风险,机动车发生车祸的车辆损失风险,企业逃税可能遭遇罚款风险等。财产损失风险是企业各类风险所致损失中最直接也最常见的,通常也是企业应对和防控的主要风险。

---

① 例如,柬埔寨当地政府曾因环境问题,收回了中国投资者的森林采伐权。在纳米比亚,由于当地和国际环境组织的抗议,一家中国公司的鱼翅烘干项目没有获得政府批准。2011 年,紫金矿业被指没有披露里奥布兰科矿项目的重大环境和社会风险,当地的环境保护机构对紫金矿业当地公司及其高层处以罚款。中石油和中石化在蒙古、印度尼西亚、墨西哥及加蓬的某些项目也遭遇当地环保组织的抵制与政府环境规制限制。参见韩秀丽:"中国海外投资中的环境保护问题",载《国际问题研究》2013 年第 5 期。

人身风险是指企业员工因生病、伤残、死亡等导致损失的风险。海外投资中的众多风险都可能危及企业员工生命健康安全,造成企业乃至国家无法挽回的损失。随着中国企业对外投资项目的增多,对外交流频次加大,人员流动也日益加快,流向日趋复杂。海外投资的东道国境内发生内乱、暴动、罢工等社会治安风险容易导致抢劫、绑架等暴力犯罪事件,引发驻外企业及其员工人身或财产损失的风险。恐怖主义风险、卫生健康风险、项目施工和建设过程中的安全风险等都可能导致各类人员伤亡。人员安全是海外投资安全的重要方面。中资企业一方面要密切关注东道国政府及中国驻外使领馆的安全提示信息,特别是社会治安预警通告;另一方面也需提前进行风险评估和应对准备。例如,对外派员工与本地员工进行安全培训和各项安全及疾病防范意识提醒;定期接种相关疫苗,严防人员感染疾病;必要时,企业可以选择求助当地政府保卫力量或雇用专业的安保团队。

责任风险是指海外企业因违反法律规定、合同约定或者道德义务,构成各类违法行为及其他侵权或违约行为,需要对因此所致人身伤亡或财产损失承担的各项责任的风险。责任风险通常又可细分为民事责任、行政责任、刑事责任等。随着国际社会对企业社会责任的关注,越来越多海外投资企业注重通过履行社会责任来化解东道国社会政治风险。但是,可能受东道国复杂多变的社会制度影响,这些企业没有或不当承担社会责任也将遭遇其与环境、企业本地员工、消费者和其他利益相关者的各类责任风险,并可能遭受企业信用或财产受损等连锁风险影响。[1]

企业信用风险是企业因管理或经营行为不当而产生危及企业商誉和信用的各种信誉风险。信用风险一旦产生,往往使企业在社会上的可信度下降,遭致民众猜忌、怀疑甚至抵制。中国企业的信用风险主要涉及企业之间相互拖欠货款、企业合同违约率高、价格欺诈、知识产权侵权、制售假冒伪劣产品、不注重环境保护、拖欠税款等方面。信用风险若不加重视,可能造成海外企业资金链断裂,影响企业资金安全,使商业信用缺失和企业形象受损,最终危及企业生存和发展。

由于人们认识视角的不同或者自身需求的不同,风险会在不同的划分标准下作不同分类。各类风险或者同一类风险之间并非泾渭分明。以上几种风险的分类是海外投资企业经常使用的分类方法。实践中,海外投资

---

① 陈菁泉、王永玲、张晶:"考虑社会责任的跨国企业对外投资社会政治风险防控博弈分析",载《系统工程理论与实践》2021第1期。

企业通常从自身情况和需要出发,对海外投资风险进行分类或者进一步细化风险分类,以便针对不同类型的风险,采用不同应对和管理措施,或者由不同部门或人员分类管理。

海外投资风险还可以从风险性质的角度划分为纯粹风险和投机风险。此种分类为保险行业选择何种投保对象提供了参考。纯粹风险是只有损失可能而无获利机会(收益)的风险。在现实生活中,纯粹风险普遍存在,一旦发生风险事故,可能导致企业遭受各类损害,由此成为保险的主要对象。投机风险(又称机会风险)是既可能造成损害,也可能产生收益的风险。海外投资的大多数风险都属于此类风险,它因具有诱惑性,成为企业为获得海外投资收益而自愿承受或采取措施规避的风险。

站在风险管理便利性的视角,企业还可以将风险细分为决策风险和操作风险。决策风险指因提供战略决策、业务决策或财务决策的信息不全面、不真实或者管理层没有正确决断而造成的管理决策损失风险。操作风险则是企业投资运营程序没有有效实施导致无法实现经营目标所致风险。2006年国务院国有资产监督管理委员会出台的《中央企业全面风险管理指引》将企业风险分为战略风险、财务风险、市场风险、运营风险、法律风险五种。[①] 这种国际通用的分类方式,将企业主要风险按照风险内容进行归类。此外,风险还可按照风险产生的环境划分为静态风险与动态风险等。[②] 无论对海外投资风险进行何种分类,都是为了更加全面、深入地认识和了解风险,进而有效识别和管理风险。总之,风险的分类是风险识别的重要基础。

第二节　海外投资与法律风险

海外投资是企业将有形或无形资产投资于国外,以获取特定利益为目的的经营活动。从企业依照投资母国相关制度走出国门并根据东道国法律设立新企业或并购当地企业开始,海外企业的任何行为都要接受不同法

---

① 参见2006年国务院国有资产监督管理委员会《中央企业全面风险管理指引》(国资发改革〔2006〕108号)第3条。

② 静态风险(Static Risk)是一种经济条件没有变化的情况下,自然力的不规则变动或人们的过失行为导致的损失可能性。静态风险对社会无任何益处,但其具有一定的规律性,往往可以预测。反之,动态风险(Dynamic Risk)则是基于社会、经济、科技或政治变动产生的各类风险。这类风险短期内可能因缺乏规律性而难以预测。从长远看,动态风险会使社会受益。参见许谨良:《风险管理》,上海财经大学出版社2016年版,第3页。

律的"评判",从而发生大量法律关系。法律不仅是海外企业从事各项活动的准则,也对企业国际化发展具有举足轻重的意义。企业法律行为蕴含各类法律风险。企业需要对法律风险的含义、特征及构成要素有着较为清醒的认识。对海外投资法律风险不同于国内投资的特殊性与类别作出准确定位,方能开展后续法律风险识别和管理活动,更好地为跨国投资保驾护航。

一、法律风险含义

法律风险自法律诞生之日起便已存在。[①] 随着人们对法律的日益重视,"法律风险"(Legal Risk)一词越来越频繁地出现在人们的视野中。对法律风险含义、特征与构成要素的把握,有助于更好地了解法律风险,加深对这一研究对象的认识。

（一）法律风险特征及构成要素

1. 法律风险的定义

对法律风险的准确界定,有助于企业明确法律风险的内涵,区分法律风险和其他风险的界限,为法律风险管理提供明确的目标和管理对象。然而,什么是法律风险、法律风险存在于哪里,并没有一个普遍的、广泛接受的概念。实践中,人们往往从特定企业或某一领域出发,对法律风险加以界定。

国际律师协会(IBA)认为,法律风险是指因经营活动不符合法律规定或者外部法律事件导致风险损失的可能性。[②]《巴塞尔新资本协议》将法律风险定义为特殊类型的操作风险,包括但不限于因监管措施和解决民商事争议而支付的罚款、罚金或者惩罚性赔偿所导致的风险敞口。此外,外国不同政府部门对法律风险的理解也有较明显的差异。英国金融服务局(FSA)从金融法律制度层面理解法律风险,美国金融监管部门则从金融交易层面界定法律风险。[③]

1998 年,中国人民银行《贷款风险分类指导原则(试行)》附件《贷款风险分类操作说明》首次在法律规范中使用"法律风险"一词。之后,这一词语多次出现在我国金融领域的法律文件中,并多以列举的方式罗列银行法

---

① 吴江水:《完美的防范:法律风险管理中的识别、评估与解决方案》,北京大学出版社 2010 年版,第 1 页。

② Donald C. Langevoort; Robert K. Rasmussen: Skewing the result: the role of lawyers in transmitting legal rules, 5 *S. Cal. Interdis. L. J.*, p.375.

③ 赵燕:"商业银行法律风险的防范与控制",载《现代金融》2007 年第 8 期。

律风险种类。[①] 2012 年 2 月 1 日,国家标准化管理委员会发布并实施《企业法律风险管理指南》(GB/T 27914 - 2011),明确企业法律风险是指基于法律规定、监管要求或合同约定,由于企业外部环境及其变化,或者企业及其利益相关者的作为或不作为,对企业目标产生的影响。[②] 这是我国第一次较为明确地界定法律风险概念。不过,它仅界定了企业法律风险的概念,并非对法律风险的完整界定。

实务部门对法律风险概念的不统一认识,不断引起学界对此问题的探索。有学者认为,法律风险是基于法律规定,对个人或组织将要采取的行动方案带来损失的可能性。[③] 也有学者认为,法律风险是指在特定的法律风险体系管辖范围内,法律规范对人们的各种行为有着具体的禁止、允许、授权自行约定等规定,当人们的作为或者不作为与这些规定或基于这些规定的约定存在差异时,行为主体就存在因违反法律禁止性规定或基于法律规范相关规定的约定,或者由于未能充分利用法律所赋予的权利,从而承担不利后果的可能性。[④]

虽然理论界和实务界对法律风险并未形成普遍共识,但是均从法律风险发生根源及法律风险造成的损害两方面阐述了法律风险,即法律风险的发生总是与法律法规相关,随外部法律环境的变化及企业或其行为等的变化而变化。从法律风险产生的结果来看,企业不但要承担法律后果(包括民事责任、经济责任、行政责任,甚至刑事责任),而且也有承担某些非法律后果(如形象、名誉、声誉等受损)的可能。综合以上分析,笔者认为,法律风险是在特定法律风险环境下,企业基于直接或者间接法律原因,为或者不为某一行为或遭遇某个法律事件而引发各种法律后果的可能性。这种可能性大多表现为损害性的法律后果,但并非只是损害性后果。

2. 法律风险的特征

对法律风险特征的分析,有助于进一步理解法律风险的内涵。尽管法律风险因主体的多元性、表现形式的多样化而较难给出准确的定义,但是

[①] 2007 年,中国银监会在《商业银行操作风险管理指引》中,将法律风险的外延扩大列举解释为"法律风险包括但不限于下列风险:1. 商业银行签订的合同因违反法律或行政法规可能被依法撤销或者确认无效的;2. 商业银行因违约、侵权或者其他事由被提起诉讼或者申请仲裁,依法可能承担赔偿责任的;3. 商业银行的业务活动违反法律或行政法规,依法可能承担行政责任或者刑事责任的"。

[②] 参见《企业法律风险管理指南》(GB/T 27914 - 2011)第 3 条。

[③] 陈玉和、姜秀娟等编著:《风险评价》,中国标准出版社 2009 年版,第 11 页。

[④] 吴江水:《完美的防范:法律风险管理中的识别、评估与解决方案》,北京大学出版社 2010 年版,第 5 页。

法律风险作为风险的一种类型,不仅具有风险的一般特征,而且有异于其他风险的特性存在:

(1)法律风险具有广泛性。企业法律风险的广泛性源于风险的普遍性。国际社会与国内社会日益向规则化、体系化方向发展,这种大环境使企业所有行为都离不开法律规范的调整和制约。法律关系广泛、深入地渗透到企业生产经营的方方面面,决定了企业法律风险广泛存在于企业各个经营管理部门、各个管理层级、各个运营管理环节和各项活动之中,并贯穿企业经营活动的全过程。企业管理者作出某项决定时,需要判断是否符合法律规定。法律作为企业经营的辅助工具或者经营参谋,成为必要。于是,企业建立法务部门或聘请法律顾问,将偶然性法律服务变为常规法律服务。

(2)法律风险与特定法律法规或者当事人之间的协议相关。法律法规是发生法律风险的基本条件。法律风险的产生、变化或者避免,要么与特定法律规则的作用有关,要么与法律事实的发生、变更有关,这是法律风险区别于其他风险的根本特征。

(3)法律风险产生的结果具有强制性。法律具有强制适用的特征。企业的所有行为都受法律规定或合同约定的授权或者约束,由此产生的法律风险将不依人们主观感受而客观存在。若不遵守或者不采取必要措施加以应对,企业往往需要承担民事责任、行政责任、刑事责任等强制性法律后果,即法律风险产生的损害性结果往往对企业的影响较一般风险更高。对企业强制性的法律后果,往往成为企业不得不重视法律风险的根本原因。在法律纠纷处理中,无论是协商、调解,还是仲裁、诉讼,都处处体现了法律的强制性。

(4)法律风险的可预见性和可控性较强。法律风险的产生和发展会受到企业、风险环境、企业法律风险行为等多种因素的影响。但是,这些因素都处于特定法律法规构成的风险环境中。法律的可预见性特征使大量法律风险的存在与变化可以通过分析法律规则及其运行状况,预测法律风险发生的边界和可能遭致损失性后果的极点。通过对企业相关法律事实的分析和管理,可以有效判断出法律风险点及风险因素,进而提出相应对策。例如,企业可以通过严格遵守国家法律的规定来减少违法行为的发生,从而降低法律风险的发生概率。企业也可以通过改变企业内相关规定和做法,适应国家法律的调整、变化。企业同样可以通过购买商业或非商业保险等方式来分担风险,或者通过合同条款设计来转移风险。企业上述承受和规避法律风险的行为,体现了法律风险的可控性。[①] 法律风险较其他风险更强的可预见性和可控性,也为企业识别、分析、评估这类风险提供了实施依据,增加了企业对其进行管控的信心。

3. 法律风险的构成要素

法律关系并非孤立于整个社会关系之外。若仅根据法律风险的定义和特征来辨识法律风险,实践中仍然存在着困难。从法律风险构成要素的角度来分析,有助于把握法律风险与企业战略风险、财务风险、市场风险、文化风险、自然风险等其他风险的不同,解决法律风险与其他风险界限模糊、边界不清的问题。换言之,一项风险是否属于法律风险,可以从以下三个方面来把握:

(1)法律风险环境是法律风险产生的环境要件。法律风险环境是指企业所处的足以影响法律风险后果的各类处境和状况的总称。企业任何法律风险的产生,总是与特定的法律规范体系、当事人之间的协议安排、法律执行情况、社会法治观念等因素相关。法律风险是否发生,需要根据特定社会法治观念下的特定的法律规定或者合同约定来判断。司法机关或者行政机关对法律的理解和执行,以及该特定地区人们对法律规范及合同约定的尊重与遵守的情况,也或多或少地影响着法律风险最终的结果。换言之,企业是否存在法律风险,其行为属于何种法律风险,以及涉及哪些部门,与行为关涉的法律规定或者合同约定直接相关。企业法律风险的管理也应着眼于企业所处的整个法律风险环境,评估法律风险环境对企业的综合影响,而非仅关注单一法律风险的影响和损害结果。

(2)法律行为或事件是法律风险产生、变化与消灭的条件要件。在特定的法律风险环境下,企业实施作为或不作为等具体行为或者发生了非基于企业原因的意外事件,是导致法律风险产生实质性不利后果的直接的或外在的原因。在法律行为或者事件发生之前,法律风险只是一种不确定的状态。法律行为或者事件是使法律风险损害可能性转化成现实的媒介。例如,某商家因供应商违反合同约定,提供质量不合格产品,导致消费者索赔。其中,供应商提供质量不合格产品的行为是法律风险产生的原因之一,消费者向商家提起索赔纠纷是法律风险事故。如果没有供应商提供质量不合格产品这一行为,就不会发生消费者索赔纠纷。若消费者没有基于购买不合格产品向商家提起索赔纠纷的法律风险事故,则商家可能无须承担赔偿责任。由此可见,损害性后果的发生可能是多个法律风险因素的耦

[①] 于兴江:"对企业法律风险概念的再分析",载《新西部》2010 年第 18 期。

合作用的结果。企业切不可因为之前类似情况下没有发生损害结果,就放松对相应法律风险的识别和管理。

(3)损失或者承担法律责任是法律风险的结果要件。法律风险是对企业产生各种法律后果的可能性。这种可能性转化为现实时,不仅包括企业可能遭受的各类损失,也包括其可能承担的各类法律责任。当然,损失既指物质损失,也包括名誉、信誉等非物质损失。法律责任则既包括民事责任、行政责任、经济责任,也包括刑事责任等。

对法律风险要素的分析,有助于企业将法律风险从其他风险中剥离出来,并借助法律手段来设置各项风险评估指标,提出相应的管理措施和方案。这种剥离对企业判别某一风险事件是否应纳入法律风险的监控范围并开展法律风险管理工作具有重要意义。企业从事法律风险管理行为时,首先就需要确定其管理的对象,即甄别出哪些风险属于法律风险。在实际的法律风险管理中,明确区分出法律风险并不是一件容易完成的工作,甚至不要指望"精准地"将企业法律风险同其他风险区别开来。[①] 为此,对法律风险的甄别不但要结合法律风险的特征和构成要素加以分析,而且要考虑企业的管理需求和实际情况,尽可能划分出法律风险与其他风险的界限,为法律风险主管部门提供明确的工作范围和工作内容。

(二)法律风险与其他风险的关系

企业面临的风险往往是多方面的,可能包括自然风险、投资风险、技术风险、市场风险、经营风险、财务风险、法律风险等。不同风险虽然都有各自的特征和表现形式,但并非孤立存在,而是相互交叉与重叠,互为因果并互相转化。其中,法律风险的交叉重叠性表现得更为明显,往往居于其他风险的核心。法治社会是现代社会的特征之一,任何社会主体都必须依法行事。这就意味着,任何社会主体的任何行为,都可以用法律的视角来审视。这些行为所产生的任何风险均可以表现为法律风险,并最终以法律责任的形式来承担。例如,企业的任何商业投资活动都可以被认定为存在运营风险。但是,国家对投资行为及活动有相应的法律法规来规范公司的活动,若企业在投资中违反法律规定,则不仅存在商业风险,而且具有法律风险;后果不仅包括可能的经济损失,还可能承担相应的法律责任。从这个意义出发,企业关注的风险往往离不开法律风险。企业风险管理的重要领域之一,就是对法律风险的管理与控制。法律风险与其他风险的关系常常

---

① 任伊珊、周悦丽:"谈我国企业法律风险管理及其体系构建",载《北京行政学院学报》2012年第2期。

体现为：

1. 法律风险与其他风险总是相伴而生、相互影响、贯穿始终。任何一种风险都不可能孤立存在,总是以某一种风险为主,其他风险相伴共存。法律关系是包含权利和义务内容的社会关系。在企业的各类风险中,法律风险并非独立于其他风险而单独存在。法律关系的广泛性使法律风险与其他各类风险的联系最为密切,关联度最高。在企业的其他风险中,往往隐含着法律风险或者最终转化为法律风险。例如,企业推出新产品可能同时面临市场风险和知识产权风险。再如,某建筑工地施工期间遭遇地震及次生灾害等自然风险,该自然风险导致企业发生人员伤亡、财产损失及工期延误,企业将面临财务风险、经营风险,同时也隐含着工期延误的法律风险。通过解决这一法律风险,确认该自然灾害属于该企业与合同缔约方事先约定的不可抗力事件,故不计入工期内,企业化解了工期延误的法律风险,不承担该工期延误所致的经济损失,减少了该企业的经营风险。上述例子充分证明,法律风险往往是企业整个风险管理体系中最需要防范的基本风险,并总是与其他风险相伴。

2. 法律风险是其他风险的最终、外化表现形式。法律关系是以法律上的权利与义务为纽带而形成的社会关系,它是法律规范在社会关系中的体现,形成法律上的权利义务关系。当今社会,法律规范几乎涵盖了社会生活的方方面面,并且随着新法的不断出台,法律关系的广泛性也将不断被扩展。可以说,企业的法律风险无处不在、无时不在。企业任何风险的处理方法和结果,都可能涉及行为的合法性问题,产生相应的法律后果或者责任。企业的任何风险若无法及时预见、防范并化解,都将转化为法律风险。至于是否产生损害性结果,则需要用法律规范来判定,用法律纠纷的解决方式加以解决。因此,法律风险的应对措施也经常成为其他风险的最终解决途径。

3. 法律风险与其他风险互为因果、相互转化。如前所述,企业风险可能会以法律风险的形式表现出来。若法律风险识别、评估不当,可能产生损害性的法律后果,引起企业的其他风险,如财务风险、运营风险等,甚至引发企业的投资失败风险。

法律风险与企业其他风险存在着辩证统一的关系。法律风险只是企业各种风险的一类,但企业任何一类风险最终都会以法律风险的形式表现出来。对法律风险的准确识别、评估,并采取措施加以解决,往往成为避免或者减少其他风险的最终途径和措施。因此,企业的法律风险管理表面上是对法律风险本身的管理,但从深层次看,甚至是对企业全面风险的法律管理。企业的法律风险管理体系也由此成为企业全面风险管理系统中不可或缺的重要环节。

正是由于法律风险与其他风险关系密切,企业在实践中往往很难准确区分风险。由此导致的极端结果是,企业全部的风险都可以归为法律风险,或者无法分类的风险被视为法律风险。这样会导致法律风险识别和法律风险管理工作变得极为困难。[①] 因此,认识、评估乃至解决企业的法律风险,不能孤立地考虑法律风险这一种风险,而应综合其他风险,建立全面风险管理系统。当然,应对及防控法律风险也不能仅依赖法律这一种解决方式。法律以外的专业问题,如技术问题、财务管理问题、投资决策问题等,依然需要相关部门采用专业的方式与方法加以化解。法律部门不可能应对企业全部风险,也无应对企业全部风险的能力。否则,企业的法律风险管理工作必将产生无序化的后果。正确的方式可能是,企业可以将法律风险管理作为抓手,借助其管理模式和手段,在管理法律风险时,兼顾其他风险的管理与控制,实现企业全面风险管理目的。

二、海外投资法律风险的特殊性

随着经济发展和社会交往的增加,法律风险的外在表现形态日益复杂、种类日益多样。企业从事海外投资活动面临着更为复杂的投资环境,随时可能遭遇商业风险、政治风险、社会风险、文化风险等各类风险的考验,而且这些风险大多会演化为法律风险,并与其他风险相互交织、相互转化。

与国内投资相比,企业海外直接投资活动及其利益保护的法律属性更强[②]。这是因为,整个海外投资活动和海外投资利益保护都同时受到东道国与投资母国国内法、相关国际条约与双边条约,以及海外投资者与东道国政府或与东道国企业的合同之调整和支配。因此,整个海外投资活动几乎就在这些法律框架体系内实施。[③] 从事海外投资活动的企业、个体,以及投资母国政府或东道国政府,都必须围绕着这些法律、规则及众多合同来设立(或允许设立)海外投资主体、从事(或管理)海外投资活动,并使

---

① 任伊珊、周悦丽:"谈我国企业法律风险管理及其体系构建",载《北京行政学院学报》2012年第 2 期。

② 苏长和在归纳中国海外利益的特征时,强调它具有国际契约性。苏长和:"论中国海外利益",载《世界经济与政治》2009 第 8 期。

③ Salacuse, Jeswald W. : *The Three Laws of International Investment : National, Contractual, and International Frameworks for Foreign Capital*, OUP Oxford, 2013, p. 121.

海外投资利益不受他国政府、组织、个人的非法侵害。海外投资的法律属性增强了投资交易的可预见性，减少了交易成本，直接或间接地影响着国际投资资本的流动及流向。投资者的权利、义务与责任都直接源于法律的规定或者法律规则的设定，并成为日后解决海外投资争端及维护海外投资利益的重要手段。

国际投资法律关系的广泛性，决定了企业海外投资的法律风险势必与其他各类风险的联系更为密切且关联度更高。因而，法律风险是海外投资企业整个风险管理体系中最需要防范的基本风险。当企业以法律风险管理为抓手时，能够将企业投资及经营活动与东道国和投资母国的法律、政策规定，以及双边协议、多边协议下承担的国际条约义务相对照，采取避免和减少海外投资风险发生的各类措施，达到切实保护海外投资利益的目的。另一方面，一旦海外投资风险发生实质性的损害或者损害威胁，如东道国违反投资协议，海外投资企业也可以启动法律风险管理的相应措施，采取协商、诉讼、仲裁等途径来维护海外投资利益。

与国内法律风险不同，企业从事海外投资面临的法律风险具有如下特点：

（一）法律风险的不确定性增强

法律风险尽管是一种客观存在，但是就具体的法律风险而言，它的发生在时间、引发的法律后果及影响上均具有偶然性。这一特性在中国海外投资企业中表现得尤为明显。由于中资企业进入国际市场时间较短，不能完全适应快速变化的投资环境，或者不能完全融入东道国人文环境，加上对法律风险管控的重要性缺乏足够的认知和全面的理解，可能遭遇的法律风险比别国跨国企业更大。目前，中国企业越来越多投资于"一带一路"沿线的新兴经济体国家。这些国家大多处于政治转型中，经济发展水平不平衡、市场开放难度大、法律制度和政策变化快，加上民族宗教矛盾复杂、各类不安全因素突出，在这样的法律风险环境下投资，企业识别和评估法律风险的难度大大增加。即使部分法律风险能够被企业发现和辨识，是否发生法律风险事件，以及将以何种方式体现损害性后果，都存在着较大的变数。法律风险的这种不确定性，容易导致企业在这些国家投资时忽视法律的作用，忽视对风险的识别与管理工作，进而缺乏判定相关法律风险后果的数据和信息积累。这将进一步增加预测法律风险的难度，也成为加大海外投资法律风险不确定性的因素之一。

（二）法律风险与政治风险、社会风险交织

现代社会的政治风险，如蚕食式征用风险（Creeping Expropriation）、第三国干预风险、政治暴力风险等,更为隐蔽、难以预测、破坏力大。这些政治风险直接影响着投资东道国的政治与法律制度的稳定性,海外投资企业往往无法提前获知或者及时采取风险规避措施。这方面的案例比比皆是。2004 年,五矿集团以现金方式收购加拿大诺兰达矿业公司,由于加拿大政府的阻挠,交易失败;2009 年,中国铝业入股力拓公司,同样因政治原因被拖延调查多日,给力拓摆脱财政危机提供了契机;2014 年 11 月,墨西哥突然撤销与中国高铁公司签订的价值数十亿美元的高铁合同①;此外,还有中资企业境外人员遭劫持、绑架等突发袭击事件。这些政治风险事件常常披着"合法"外衣。例如,发达国家频频动用"国家安全审查"法案,对中国企业并购申请进行阻挠,理由常常是有损害"国家安全",而这一理由带有较强的政治判断色彩。再如,东道国政府在实施国有化或者征收之前,往往会先从与投资者签署的合同条款中或者投资者履约行为中寻找不符合该国法律甚至国际条约的情况,作为修改或者终止协议的理由。当政治风险事件出现后,投资者通过类似多边投资担保机构的保险救济手段或者投资争端解决途径保护自身权益。此时,政治风险就转变为法律风险;换言之,此类风险就是政治性的法律风险。再以墨西哥撤销与中国公司高铁合同案为例,中国公司之后就墨西哥政府单方面违约的事实提出索赔。此案随即从一起政治风险事件转化为法律风险事件。②

　　地缘政治、法律文化、企业社会责任等因素,也使海外投资法律风险呈现不同于以往的特点。企业承担的社会责任、环境义务、遵守当地国家法律监管的合规义务等,成为海外投资企业不得不积极应对的"非传统风险"。2012 年,奥地利联邦商会就依据本国企业的投诉及查明的一些中国企业的可疑经营行为,在商会系统内部首次公布了一份涉及近 30 家中国企业的"黑名单",称这些企业是"虚拟企业",警告本国企业谨防被骗。此事在欧洲工商界引发轩然大波。③ 这起事件凸显东道国对投资企业越来越严苛的合规要求。境外企业法律风险管理不得不延伸至合规管理的

---

　　① 2014 年 11 月 7 日,墨西哥总统涅托突然宣布取消 2014 年 11 月 3 日的墨西哥高铁投标结果,决定重启投标程序。墨西哥此举是为避免出现对投标程序合法性和透明度的怀疑。因为此次投标筹备时间过短,最终竞标的仅中国铁路建设集团。即使墨西哥政府声称中国铁路建设集团可参与新一轮高铁招标,然而因为在开标后,中方的标书细节已经被披露,这仍然令中国铁建联合体处于明显不公平的地位。参见赵嘉妮:"中铁建回应墨西哥取消中标:必要时诉诸法律",载《新京报》,http://news.hexun.com/2014-11-10/170206121.html。

　　② 参见王晓易:"墨西哥将因取消高铁项目赔偿中国铁建 131 万美元",http://money.163.com/15/0522/14/AQ7NQV6K00254R91.html。

　　③ 参见刘钢、孙韶华:"'黑名单'敲响我海外投资新警钟",载《经济参考报》,转引自搜狐网,http://business.sohu.com/20120906/n352433562.shtml。

范围。

（三）法律风险的可控性较差

相比商业风险、自然风险等以市场或不可抗力为基础的风险，法律风险因以宏观政策和市场规则为基础，具有一定的可控性。当然，这种可控性取决于东道国政治与法律环境的稳定程度。对于法治健全、法律文明程度高的发达国家，法律风险的可控性程度自然较高；而对于政局动荡、市场经济发育不完全的发展中国家，法律风险的可控性则较差。与其他国家跨国企业投资目的地不同的是，我国企业海外投资的东道国中，有相当数量的发展中国家。这一特点伴随着"一带一路"倡议的推进将更加明显。这些国家政权更替频繁、社会经济形势变动快、法治不健全等问题，直接影响着法律与政策的通贯执行。此外，即使企业在一些营商环境较好的国家和政局相对稳定的发展中国家投资，这些国家出于保护本国经济及利益的考虑，也会通过临时改变外资政策及产业政策的方式，限制外资进入或者外国企业经营。2002 年 12 月，中国石油天然气股份有限公司参与俄罗斯斯拉夫石油公司的拍卖，由于俄罗斯临时修改法律，反对将实行私有化的国有公司股出售给外国公司、法人和自然人，中石油被迫退出竞购。①

当然，中国企业对海外投资法律风险的控制能力不强，也是导致海外投资法律风险可控性差的重要原因。相当部分的中国海外企业经营管理层对投资东道国法律环境、经营环境不熟悉，企业短视且投资缺少完整的本地化运营战略，部分企业"重项目投资、轻投资效果"，企业的国际化经营风险防范体系与境外资产管控体系不健全，加上缺乏足量的国际化人才等，都是导致法律风险防控不佳的重要原因。投资地国家民众对中国企业承建工程、中国制造产品的抵制等社会风险，加剧了法律风险的复杂性，法律风险的可控性进一步削弱。

（四）法律风险所致后果难以估量

海外企业在跨国经营中需要承担多重法律义务，面临信息不对称、歧视性危害、亲密性关系欠缺等"先天缺陷"，这使得国际投资经验不充足的中国企业常常处于劣势地位。中国企业不仅在获取东道国国情、制度、投资环境、文化等信息方面面临困难，而且将为此承担较大的成本。多项研究表明，东道国与母国之间的制度距离越大，跨国企业理解东道国制度环

---

① 参见王以超："中石油兵败俄罗斯收购石油公司股权再次夭折"，新浪网，http://finance.sina. com. cn/g/20030228/1206315592. shtml。

境、文化、宗教信仰和其他隐性社会规范的难度就越大。由此,企业活动的合法性及合规性判断的准确度将呈下降趋势。对中国和中国企业不当宣传导致的歧视性危害将推高企业的合规成本。新进入投资东道国的中国企业,在尚未与当地政府、供应商、消费者、社区等利益相关者建立有效的紧密关系之前,面临企业与东道国各方之间的信息传递和互信关系受阻的局面几乎难以避免。[①] 在这样的投资大背景下,中国企业若沉醉于将国内处理同类事务的经验照搬在海外经营活动中,发生法律风险事件的概率不但大大增加,而且将面临施策不当或者法律后果远超预期的结果。首钢集团有限公司于 1992 年收购秘鲁国有铁矿公司后,因忽视秘鲁工会文化,仅因劳资纠纷就引发一连串罢工事件,不但影响企业生产,也使原计划的 1500 万吨产量的目标远远低于预期。在中铁波兰高速公路项目中,由于对波兰自然环境和法律的要求理解不全面,使项目预算与实际履约成本及费用差别过大,发生巨额亏损。利比亚战乱致使 188 亿美元的中资项目全部搁浅,同样是一个惨痛的教训。投资失利的后果,不仅会给企业造成经济损失,更会使企业声誉乃至国家形象受损。[②]

三、海外投资法律风险的分类

企业境外投资将面临纷繁复杂的法律环境,遭遇各种法律问题,面临各类法律风险挑战。大到调整投资的国际条约、双边协定,小到国家法律、行业规定、投资地区的乡规民约等,都是海外企业需要了解和掌握的制度与规定。从内容上看,海外企业既需要关注与企业密切相关的行业规范,以及企业从设立到退出的组织规范、经营行为规范,也需要了解交通运输、医疗卫生、员工签证、知识产权、餐饮业等包罗万象的法律法规。否则,在这些规范作用下,隐藏于各处的法律风险就可能演变为各式各样的法律风险事件,令企业应接不暇。为更好地认识海外企业法律风险的内涵及表现形式,研究不同类别法律风险的特征和规律,为企业构建法律风险管理体系奠定良好基础,结合海外企业法律风险的特点及大多数海外企业法律风险管理的目标和要求,海外企业法律风险可用下列标准进行分类:

---

① 宋林、彬彬、乔小乐:"制度距离对中国海外投资企业社会责任影响研究——基于国际经验的调节作用",载《北京工商大学学报(社会科学版)》2019 年第 2 期。

② 例如,中色非洲矿业公司在赞比亚投资谦比西铜矿项目后,劳资矛盾尖锐、罢工事件不断,曾经发生矿工袭击中国管理人员住所、破坏公司财产的行为。曾有政协委员评论,"中国支援坦赞铁路获得的荣誉和光辉被这个公司抹掉了"。参见叶一剑:"全国政协外事委员会主任赵启正:要对'走出去'的企业提出公共外交要求",搜狐网,http://roll.sohu.com/20120820/n351099895.shtml。

（一）依据法律风险的发生阶段

海外投资法律风险分布于企业投资的各个阶段。不过，从企业设立阶段到实质经营管理阶段再到企业退出，各阶段法律风险各有特点。按投资阶段区分法律风险，有助于企业分步骤、有重点地实施法律风险管理方案和风险应对措施。

1. 海外投资前期准备阶段。鉴于各国法律制度不尽相同，对东道国法律风险环境的调研至关重要。某一项目能否投资、投资环境好坏、东道国是否允许外国投资者独资经营、是否允许外国企业或个人成为本国某些产业的企业控股方等，都要企业调查清楚，才能进行投资决策。在此阶段，企业至少需要考虑以下法律风险：

（1）东道国市场准入法律风险。市场准入是一国允许外国的货物、劳务与资本参与国内市场的程度。在国际投资领域，各国有权从政治体制、项目审批、反垄断审查、运营许可证、产权、公司制度、税收、国内外贸易、环境保护、劳动关系、知识产权、争议解决、行政和司法体系等方面，对外国投资者资格、投资领域、出资方式、出资比例等作出规定。若投资者事先对此缺乏了解，将会引发难以承受的系统风险。例如，曾有中国企业投资刚果民主共和国（刚果［金］）的矿产资源。项目投产后才发现，该国有原矿不能出口，必须深加工才能出口的规定。但是，该企业又不具备原矿深加工条件。此外，不少国家严格限定外国资本的投资份额。例如，肯尼亚《渔业法》规定，外国企业拥有渔业公司有表决权的股份不得超过 49％[1]；又如，柬埔寨《投资法》规定，用于投资活动的土地，其所有权必须由柬埔寨籍自然人，或者柬埔寨籍自然人或法人直接持有 51％以上股份的法人所有[2]。这些出资比例的规定，限制了外国投资者的经营决策权，为企业经营埋下风险隐患。东道国的市场准入限制可能体现在东道国宏观政策、法律上，也可能使企业在办理某项许可证方面遭遇门槛。

（2）企业构建方式和架构的法律风险。海外企业采用何种方式成立，面临不同的法律风险。绿地投资使海外投资者依照东道国法律，设置部分或全部资产所有权归投资者所有的企业。母公司对海外企业拥有较大的主动权，可在利润分配、营销策略等方面实施有效的内部控制。但是，初创企业会面临筹备周期长、对当地投资环境不熟悉、较高的运营风险等问题。

---

[1]　商务部国际贸易经济合作研究院等编制：《对外投资合作国别（地区）指南：肯尼亚》，第48 页。

[2]　商务部国际贸易经济合作研究院等编制：《对外投资合作国别（地区）指南：柬埔寨》，第30 页。

收购、合并、参股等方式设立的海外企业能够获取现成的销售渠道、合格的劳动力并缩短企业筹备周期,但会面临并购中的税务风险、知识产权风险、人才与企业文化整合风险。此外,中外财务系统的不匹配风险、有形与无形资产的定价风险等,都会影响并购项目预定的盈利目标。大规模并购行为遭遇东道国反垄断法和国家安全审查的风险较高。

海外企业架构容易被企业忽视,从而引发相应的法律风险。海外投资是设立子公司还是分公司,抑或通过中间控股公司来间接投资设立等,在东道国国家安全审查、企业税收减免、资本退出的便利性、利润损失等方面均存在明显不同。选择税务效益最高、最适应企业未来全球发展战略的投资架构,能够有效提高海外投资的回报率,并增加企业整体价值。[1]

（3）审批风险。海外企业面临的审批风险来自两个方面:一方面是来自东道国政府;另一方面是来自投资母国政府。东道国政府的审批风险主要体现在其国家安全审查及反垄断等制度上。许多国家设立专门的安全审查机构来评判外国投资是否威胁本国国家安全,如美国外国投资委员会（Committee on Foreign Investment in the United State, CFIUS）、加拿大外国投资审查局（Canadian Foreign Investment Review Agency, FIRA）、澳大利亚外国投资审查委员会（The Foreign Investment Review Board, FIRB）等。这些国家通常在投资安全审查中缺乏对"国家安全"的完整界定,也对具体的审查标准缺乏明确规定。[2] 这往往会成为海外投资项目中不确定性风险因素的来源之一。[3] 许多国家还建立了反垄断审查机制。若某项交易对东道国市场的公平竞争产生不当影响,海外投资项目可能会被禁止交易或附条件批准。若交易未获审查批准的话,企业不得不承担交易失败的法律后果。审批风险还可能来自投资母国。近年来,中国政府不断下放核准权限、简化核准程序,进一步提高企业海外投资便利化水平,但这并不意味着放弃对企业任何海外投资的审查和监管。那些必须审批或者报备的境外投资项目没有履行相关手续,或者企业直接用

---

① 参见李晓晖:"海外投资架构的税务分析（上）",载《金融实务》2009 年第 1 期,转引自 http://magazine. caixin. com/2009-01-04/100087744. html。

② 据智通财经 APP 讯,2020 年 12 月 22 日,山东黄金公司收到加拿大 FIRA 的决定,就该公司收购特麦克资源公司（TMAC RESOURCES INC.）的交易,出于保护国家安全的目的,不予批准,这一决定致使该公司被迫放弃此次收购交易,https://www. 360kuai. com/pc/ 9eacd02fa85bc0e12? cota=3&kuai_so=1&tj_url=so_vip&sign=360_57c3bbd1&refer_scene= so_1。

③ 张庆麟、黄洁琼:"加拿大外国投资法中外资审查的'净效益'标准探析",载《国际经济法学刊》2018 年第 1 期。

境外资金再投资,或者在境外设立用于投资的离岸公司或项目公司,以逃避政府监管的,可能得不到中国政府的外交保护,或者为企业上市或转让埋下风险隐患。

(4)合作伙伴甄别的法律风险。在英美法律体系中,信息披露是合作方的重要义务,否则可能构成欺诈。但是,披露义务往往以请求方是否提出为前提,否则任何由此产生的风险只能由请求方自负。在海外投资中,对合作伙伴的全面而细致地甄别是必要和重要的。企业必须独立开展对交易对方和合作方的信誉调查与实地调查(特别是现场调查),不能轻信合作方陈述。不能将调查仅限于资料审查,而应采用多种调查方式,如与目标公司的管理层、员工及投资东道国政府部门开展较为广泛的访谈活动,努力发现重大风险隐患。尽职调查的内容应全面、具体。有关项目是否适合投资,收购资产的合法性及权属是否存在问题,以及合作方是否具有丰富的行业经验,是否有必要的资金、技术,是否对项目经营产生不利影响等,都是调查的重点。通过深入的尽职调查,不但能够为是否参与投资提供决策依据,而且能及时发现投资目标可能存在的问题,并在之后的合作谈判、交易结构设计等环节上,降低或消除风险。

2. 投资运营阶段。海外企业运营阶段会面临方方面面的法律风险,这些风险可根据企业管理需要作不同分类,如政策与法律变动风险、企业内部经营管理法律风险、不同领域的法律风险等。投资运营阶段是企业全生命周期中最重要的阶段,也是法律风险孕育、暴发的主要阶段。

国家基于国内外政治、经济环境的变化,会在不同时期调整或改变政策。实践中经常发生的政策与法律的变动,可能源于政权更替、国内外经济社会环境变化、基于保护本国利益或者民族企业等因素。其中,政权交替后,新政府不承认过去政府与企业之间的协议的案例,在国际投资中较为常见。2018年5月,新上任的马来西亚总理马哈蒂尔曾宣布取消新隆高铁计划,该计划是其前任纳吉布总理与新加坡总理李显龙达成的。若计划取消,马方必须赔偿新加坡5亿令吉。同时,若取消该高铁项目,可能会给包括中国铁路总公司在内的多家国际企业、财团等带来项目竞标损失。[①] 东道国政策法律的调整有时也会带来商机。以俄罗斯近些年采取的进口替代政策为例,该政策是俄罗斯在全球能源价格低迷的大背景下调

① 卫嘉:"马来西亚总理马哈蒂尔改口:新隆高铁是推迟不是取消",参考消息网,http://www.cankaoxiaoxi.com/world/20180613/2280248_2.shtml。

整经济结构的产物。俄罗斯政府为实施农产品进口替代政策,不断出台各项鼓励政策发展农业,并通过加大对农业的扶持力度,促进农业全面发展。同时,俄罗斯政府也鼓励海外投资者投资俄罗斯农业及其相关产业。政策的变化为中国企业对俄罗斯农业投资带来发展机遇,俄罗斯作为投资目的地,已日益引起中国投资者的关注。

企业内部经营管理法律风险与企业面临的外部法律风险相对,本书将在后文详述。企业运营阶段也会涉及不同领域的法律风险,如合同法律风险、知识产权风险、劳动风险、环境法律风险、税务法律风险、海关法律风险等。本书将在"依据法律风险的发生领域"部分详述。

3. 投资退出阶段。海外企业投资失败,或者受东道国政局、政策影响,或者投资者认为企业发展到一定阶段,需要退出东道国市场的,有必要选择合适方式(如出售或回购资产、申请破产),终止海外企业并撤出投资。企业退出阶段的法律风险不容小觑。很多企业在海外投资过程中,往往只注重经营,对如何兑现投资收益或如何退出投资考虑较少。殊不知,善始善终,良性退出也是企业海外投资成功与否的重要考量标准。退出阶段的法律风险管理同样是确保投资成功的关键步骤。海外企业退出大致分为两种情况:一是企业因项目执行完毕而终止,或者因经营不善、业绩不佳而退出东道国市场;二是因东道国政策变动或者违约行为而被迫终止经营。针对前者,企业需要关注东道国有关企业破产或者清算的法律规定,避免不必要的风险发生。另外,企业转让其在东道国企业的股权时,需要考虑资本利得税风险。一些国家的法律对企业的股权转让所得会征收这类税,特别是在该企业持有矿山、采矿权等不动产的情况下。[1] 同时,东道国往往对企业资本和收益汇出有外汇限制。企业股权转让过程中的合同签订和履行风险同样需要关注。针对后者,企业需要关注东道国国有化法律风险,即东道国依据本国法律或者政策,将原属于外国企业的资产强制收归东道国政府所有的行为。国有化是对海外投资企业利益的严重损害。各国一般都在本国法律或者双边协定中承诺,不对国际投资采取国有化。但是,海外企业依然不能放松对此类风险的关注,以及由此产生的投资者与东道国之间投资争端(ISDS)的法律风险。[2]

当然,企业在设立、运营和退出阶段的法律风险并没有明显的界限,总

---

[1]　龚志刚:"中国企业海外投资控股架构税务考量",载《纳税》2019 年第 12 期。

[2]　李猛:"'一带一路'中我国企业海外投资风险的法律防范及争端解决",载《中国流通经济》2018 年第 8 期。

是紧密相连、相互影响。一个阶段的风险可能在其他阶段已经孕育，只是在特定阶段凸显而已。由此，企业法律风险在管理时，应谋定而后动，不能"铁路警察，各管一段"。

（二）依据法律风险的发生领域

不同法律部门、不同法律学科有着特定的调整范围和调整方法，由此产生的法律风险也各具特点。海外投资企业经常遭遇的法律风险集中于合同、税收、劳动人事管理、环境保护、知识产权等领域。

1. 合同法律风险。合同既是企业从事海外经济活动并取得经济效益的纽带和载体，也是引发纠纷和法律风险的重要源头。合同风险包括签约风险，因为企业的所有经营活动必须通过签订合同来固定各自的权利与义务，并通过履行来落实各项条款内容。因此，合同形式、合同当事人资格审查与履约能力甄别等方面都容易发生各类法律风险。在海外工程建设项目中，企业采用国际通用合同示范文本有助于避免部分法律风险。对于缔约对方是外国国家的合同，中国企业应注意这类"国家合同"的特殊风险，关注这类合同当事方既是东道国国家又是商事主体的双重属性。为避免东道国集"运动员""裁判员"及"规则制定者"于一身的特殊风险，企业必须在合同争端解决条款和法律适用条款上给予特别关注，并增加非商业风险保险机制的设计。合同风险还涉及合同管理风险，企业经营中的义务履行进度跟踪、合作伙伴资信持续关注、法律文件和资料管理、印章管理等，都是合同管理的重要方面。

2. 企业税收法律风险。海外企业不仅要受东道国税法的属地管辖，而且受投资母国税法的属人管辖。不同国家实施不同的税务体系和税收征管办法，对企业税务的汇报和缴付都有不同标准。为此，海外企业必须对投资地税种和税率了然于胸，并进行全面的税务尽职调查。此外，下列风险也应关注：因东道国、投资母国税务法律差异而导致的双重征税风险；东道国税制和税务管理中的流转税与其他税种的不确定性及变动风险；东道国与投资母国税收监管风险，以及企业因偷逃税款而产生的对经营和声誉影响的风险等。①

3. 劳动法律风险。不同国家的用工文化和各国劳动法律制度千差万别，为海外企业劳动用工埋下诸多法律隐患。众多企业海外投资失败都直接或间接地与劳动或人力资源风险有关。企业劳动法律风险可能由下列

---

① 李晓晖："海外投资架构的税务分析（上）"，载《金融实务》2009 年第 1 期。

因素引发：由工会组织行使权利所致[①]；由员工行使罢工权所致；由东道国严苛的劳动用工制度所致；由雇用本地员工和外国员工差异所致；由员工解雇及裁员条件苛刻所致；由高昂的经济补偿要求所致[②]；由员工福利和保险保障不到位所致；由员工各项事务管理产生的劳动法律风险及投资东道国移民和签证政策所致等。[③] 此外，在政权动荡或者社会治安状况不好的地区投资的企业，可能还面临员工安全风险的考验。个别员工劳动法律风险处理不当，容易引发群体性劳动风险事件，甚至成为社会风险暴发的导火索。

4. 环境法律风险。随着环境保护观念的深入人心，环境法律风险比其他风险更容易吸引公众眼球。一系列重大环境污染损害事件[④]使国际社会将环境法律风险的防控提到前所未有的高度。环境法律风险包括自然环境导致的潜在风险、因环境标准或者法律要求而产生的污染清理费用风险、环境保护不当导致的民事责任与刑事责任风险，以及企业未达到环境保护标准的环境责任风险等。[⑤] 一旦发生环境风险事件，海外企业可能面临被迫停止业务活动、暂停许可证等行政处罚措施，进而导致企业丧失在东道国的投资经营许可；企业也可能面临漫长烦琐的民事诉讼和巨额损失赔偿；企业还可能面临东道国政府、民众、非政府组织等多方环境保护诉求，处理不当将影响企业公众形象。以 2011 年雪佛龙公司巴西漏油事件为例，由于雪佛龙巴西公司弗雷德油田（Frade Field）出现漏油事件，巴西政府根据相关环保法律，采取一系列应对措施。例如，巴西总统立刻要求对事故原因进行严格调查；巴西政府决定对美国雪佛龙公司罚款 5000 万雷亚尔（约合 2800 万美元）；巴西石油管理署宣布暂停雪佛龙在巴西的石油勘探开发许可等。弗雷德油田的停止开发，不仅给雪佛龙公司带来数十亿美元的直接经济损失，还影响了雪佛龙在巴西的未来石油勘探业务。该案所反映出的环境法律风险值得每个海外企业关注。当前，国际社会对环

---

① 例如，在 2006 年上汽集团收购韩国双龙案中，因为忽视工会的地位，上汽投资失败，损失 5 亿美元投资。又如，在首钢收购秘鲁 Hierro 铁矿案中，北京首都钢铁公司忽视工会提出的增加员工日薪的要求，致使工会带领旷工，员工集体罢工 42 天，造成直接经济损失高达 351 万美元；事后，虽然首钢秘铁恢复生产，但是劳工隐患依然存在。

② 例如，在 2004 年 TCL 收购汤姆逊案中，为符合法国劳动法的规定，TCL 因裁员，被迫支付 2.7 亿欧元的整体解聘费用。

③ 参见姜俊禄："'走出去'中国企业遇到的劳工问题研究"，载《全球化》2012 年第 3 期。

④ 例如，英国石油（BP）公司墨西哥湾漏油事件、康菲公司渤海湾漏油事件、雪佛龙巴西公司弗雷德油田漏油事故等。

⑤ 参见梁庆昌："中国企业海外并购的环境责任风险"，http://blog.sina.com.cn/s/blog_85fb75390100sxvr.html。

境侵权责任的处罚和赔偿不设上限已经成为大势所趋,海外企业建立环境法律风险管理体系与环境合规体系势在必行。

5. 知识产权法律风险。由于不同国家和地区的知识产权法律法规在授予专利的客体及其例外、授予条件、所需程序、权利的范围和权利解释、对专利(国际)转让的管制、侵权损害赔偿标准等方面存在差异,且不同国家和地区对知识产权执法与保护力度不同,海外企业面临十分艰巨的知识产权保护压力。对于中国海外企业而言,因知识产权纠纷而被迫应诉的案例已屡见不鲜。企业海外投资中的知识产权风险是多样的,主要涉及四个方面:知识产权的商业利用策略缺失或不健全引发的法律风险;知识产权交易管理混乱所引发的法律风险;缺乏针对专有技术和商业秘密的内部保护机制造成的无形资产流失风险;以及海外知识产权保护规则差异所引发的法律风险。知识产权风险往往与企业技术风险和商业风险叠加,因而极易被竞争对手利用,成为打击企业的有力手段,它们直接影响海外企业知识产权价值的发挥或企业商业利益。一旦发生风险事件,企业将直接产生严重的经济损失,甚至不得不退出东道国市场。

依据不同领域对法律风险进行分类,顺应了法律专业化分工的潮流,有助于充分发挥专业法律风险识别人员的特长,更加深入开展法律风险识别和管理工作。结合不同专业领域法律法规,对不同类别的法律风险归类后,构建专项风险识别和管理体系,不但能体现不同类别法律风险的特性,也有助于满足企业不同的管理需求。

(三)依据法律风险的产生范围

根据引发法律风险的因素来源和范围,可以将海外企业法律风险分为外部法律风险和企业内部法律风险。

外部法律风险是由国际政治与经济环境,以及海外企业所处的东道国政治与经济环境、法治环境、社会人文环境等因素引发的法律风险。例如,政治风险、自然风险、国家经济宏观调控风险、东道国执法不透明风险等。这些风险诱发的法律风险或产生的法律后果,一般都不为海外企业所掌控,因而企业从根本上无法杜绝外部法律风险的发生。外部法律风险的影响要素还包括海外企业所处的行业环境风险、市场竞争情况、竞争对手情况、企业利益相关者情况等。企业对外部法律风险可以依据风险来源线索,进一步细分风险类别,选择承受风险,或者购买保险或通过各类合同条款来转移风险。

内部法律风险是在企业内部,企业设立、运营、管理过程中发生的法律风险。与外部法律风险不同,此类风险可能发生在企业各个管理和运营部门与各层级,也会因企业战略目标、治理结构、业务模式、经营管理流程设置不合理等引发。海外投资从前期筹备、谈判签约到项目实施,是一个复杂、漫长的系统工程,必须建立严格的企业或项目流程管理体系,否则企业可能因决策程序、考核激励、内部监督制度及管理方面不到位而影响投资项目的执行效率,造成谈判失利或者引发违约法律风险。企业内部法律风险还体现在企业股东之间的股权纠纷风险,以及因国内母公司与海外公司管理机构设置不合理而产生关联交易风险等。此外,内部治理目前已经成为某些发达国家对企业规范化经营的要求。企业不进行内部治理,本身就可能引发违反东道国监管要求的法律风险。相对于外部法律风险,内部法律风险的发生因素多来源于企业内部,是企业能够掌控的风险。所以,内部法律风险是海外企业法律风险管理的重点。若企业内部法律风险管理机制合理,对内部法律风险有较明晰的认识,其法律风险管理工作将更为主动,一定程度上会降低外部法律风险的发生概率。

（四）依据法律风险的表现形式

海外投资的法律风险常常与政治风险、商业风险、自然风险和社会风险交织叠加,而非孤立存在。从海外投资法律风险的形成原因和表现形式上看,大致可以分为直接法律风险和间接法律风险。

直接法律风险是由法律法规导致的,或者海外企业的经营管理活动缺乏法律依据所引发的各类法律风险。例如,企业在海外项目投标中的合同风险,以及企业运营中的专利侵权风险、税务法律风险、劳动法律风险、海外企业负责人向外国政府公职人员贿赂的风险等。这些法律风险往往具有法律关系较为明晰、法律后果较为明显等特征。企业遭遇这类风险,往往面临民事责任、行政责任甚至刑事责任的追究。

间接法律风险是非法律因素的风险发生后,产生或者转化为法律风险的风险。这类风险在海外投资中最为常见,数量众多。事实上,大量的法律风险总是与企业其他风险相伴而生,并以法律风险的形式体现出来,或者表现为法律责任的承担。因此,企业面临的政治风险、运营风险、外汇风险、技术风险、财务风险、战略风险等,最终都可能以法律风险的面目出现。例如,东道国战争、动乱导致海外企业的财产损失赔偿风险;东道国地震导致企业厂房崩塌引起的员工伤亡索赔;企业生产产品质量达不到东道国质量标准导致的产品质量风险引发的消费者索赔诉讼等。当前,越来越多的风险最终可能以法律风险的形式表现出来,并用法律手段予以解决。以企业遭遇的政治风险为例,由于政治风险具有涉及面广、损失大的特点,各国早在第二次世界大战后就陆续推广海外投资保险制度（Overseas

Investment Insurance System)来鼓励本国海外投资者向投资母国保险机构投保政治风险,以降低风险发生的概率并减小企业损失。同时,各国也在双边投资条约中约定,减少或者不实行包括国有化在内的相关措施。国际层面上,依据《多边投资担保机构公约》(Multilateral Investment Guarantee Agency,MIGA)成立的多边投资担保机构,专门针对东道国为发展中国家的海外投资承保政治风险。为吸引投资,东道国也会在本国外资法,或者与海外投资者缔结的投资协议或特别投资保证合同中承诺,一般不实行国有化。以上一系列的法律举措为政治风险构筑起一道法律防线,避免企业面对政治风险的严重后果。企业一旦遭遇这类政治风险,就意味着法律风险事件发生。企业启动相应法律保障措施,就能够应对政治风险引发的法律风险。

法律风险防控管理因事而异。直接法律风险往往可以通过提高法律意识与企业法务部门管理能力加以预防。间接法律风险则由于产生原因多元、制约因素多样、涉及人员众多,相应的管理和应对措施需要企业各部门共同参与。这类法律风险的应对方案或者手段往往是穷尽其他风险解决方案后,不得已而为之。企业有时甚至需要专业咨询机构和国家的帮助与配合,才能达到应对这类风险的目的。

(五)依据法律风险的产生结果

海外企业法律风险也可以按照是否发生损害性后果及发生何种法律后果进行分类。依据是否发生损害性后果,海外投资法律风险可分为纯粹法律风险和投机法律风险。纯粹法律风险又可以进一步细分为显性法律风险和隐性法律风险。

纯粹法律风险(Pure Legal Risk)是只产生不利后果的法律风险,投机法律风险(Speculative Legal Risk)是可能产生有利结果和不利结果的法律风险。所有的违法行为从法律意义上都将受到否定评价,都会产生损失。不过,企业行为除具有法律意义外,往往还具有商业价值。投机法律风险就在一定意上肯定了人们的冒险行为,是一种机会性风险。这种法律风险首先必须是合法条件下的法律风险。区分纯粹法律风险和投机法律风险的意义在于,这两类风险不应一概作否定性评价,而应当采用不同的控制手段与方法。投机法律风险常常是企业自愿承担的,也可能是企业无意间的行为所引发的结果。例如,前述政策变动风险可能带给企业更多的投资机会。这类法律风险若一概否定,可能束缚企业发展的脚步。为此,应当进行有效管理,充分发掘其有益成分和作用,减少其转化为纯粹法律风险并产生损害性后果的可能。在否定性评价对企业不当影响过大时,企业就应考虑这种投机是否还有必要性。①

显性法律风险(Dominant Legal Risk)是人们能够明显预见到法律后果及其范围和影响程度的法律风险。这类风险较易为人们所感知,如发生纠纷、产生诉讼等。企业往往不需要借助特殊的科学手段就可判断,容易引起重视。隐性法律风险(Recessive Legal Risk)则具有隐蔽性,缺乏较为明显的表现形式,或者有一段时间的"潜伏期"。企业若不经过周密的法律风险识别和评估,较难认知这类风险的存在,或者难以判断其可能产生的法律风险后果大小,如企业文化风险、东道国社会风险、企业信用风险等,它们往往具有隐性法律风险的特点或者就是隐性法律风险。隐性法律风险若不及时、妥善解决,极有可能发展成为显性法律风险。不过,显性法律风险并非全部都是由隐性法律风险发展而来。例如,违法风险一开始就属于显性法律风险,较易为人们所认知。再如,企业海外投资中的商业风险,如财务风险、运营风险等,往往同时蕴含着法律风险,违规经营或者不履行合同的行为可能需要经过一段时间,其法律风险的特性才逐步显现出来,最终都可能令企业承担民事、经济甚至刑事法律责任。对法律风险作显性和隐性区分的意义在于,提示企业不仅要管理显性法律风险,更应该关注隐性法律风险。只有将那些隐性法律风险尽早识别出来并加以解决,才能为法律风险预防和风险处理赢得时间,提高法律风险防范的效益。

海外投资法律风险的分类对于海外企业法律风险管理工作而言是一个复杂而关键的问题。法律风险的分类并非绝对的、一成不变的。不同行业、不同性质的企业,在不同阶段会基于不同的考量因素,对面临的法律风险作不同分类。

除上述常见分类外,很多企业会依据法律风险发生的概率、损失度、影响范围等因素,将法律风险作等级划分,对不同等级的法律风险进行不同的响应。

企业也可以按照法律风险引发的法律责任形式,将法律风险划分为民事法律风险、经济法律风险、行政法律风险、刑事法律风险等。此种分类还可以进一步细化,如刑事法律风险可按照主体分为企业股东、董事、管理层的刑事法律风险;刑事法律风险也可按照海外企业的经营行为分为虚假出资、抽逃资金的刑事法律风险,非法融资的刑事法律风险,内部交易、泄露内部消息的刑事法律风险,合同诈骗的刑事法律风险,行贿的刑事法律风险,侵犯知识产权的刑事法律风险等。

---

① 袁帅:"企业法律风险管理研究",载《经济研究导刊》2011年第25期。

　　企业还可以按照业务模式和管理流程、管理职能和管理部门等,对法律风险进行归类,如可分为劳动人力资源部门的法律风险;生产、产品质量检验部门的法律风险;知识产权管理部门的法律风险;财务部门的法律风险等。这种分类可以契合公司现有的管理体系和管理流程,方便管理责任落实到部门,由各部门分工负责实施针对性的法律风险应对管理策略。

　　海外投资面临大量制度规范及其适用问题。企业同样可以按照法律制度风险与法律适用风险的不同,围绕静态法律制度风险和动态法律适用风险,设计和构建相应的法律风险管理体系。

第二章　海外投资企业法律风险识别理论与实施基础

凡事预则立,不预则废。当人类产生风险意识时,就有了对风险识别(Risk Identification)的探索和研究。什么是风险,如何管理风险,采用何种方式或者手段才能准确、高效地识别风险,是风险管理领域的学者一直致力于研究并持续探索的课题。对风险的认识与理解程度,取决于人们认知风险的能力与手段,取决于识别主体认识风险水平的高低。

企业最大的风险是不知道风险在哪里,以及不知道如何应对层出不穷的风险。企业能否在市场竞争中生存并持续发展,很大程度上取决于其是否具备快速应对市场变化、有效识别与管理风险及法律风险的能力。换言之,企业首先需要考虑的不是回避风险,而是如何积极发现风险、控制风险,保持对风险判断的敏感性和警觉度。

在国际投资机遇与风险并存的大背景下,海外投资企业不仅要经受比国内市场更为复杂多样的市场风险考验,更需时刻警惕来自东道国政治风险、社会风险、法律风险等非市场风险的考验。其中,法律风险已成为影响海外企业发展的重要因素,对企业投资安全构成现实威胁。由于法律风险的特殊性,认识和识别法律风险的难度往往会比一般风险要高。海外企业仅仅知悉法律风险的含义、特征、类型和产生原因还远远不够,必须考虑其特殊性,在识别主体、识别对象、识别原则、识别范围、识别方法及流程等各方面满足法律风险识别要求,为进行法律风险评估和提出应对及管理策略奠定扎实基础。

法律风险防控属于企业风险管理与合规管理的范畴。现代经济与商事法律不断约束和规范着企业的经营管理行为。企业必须持续不断地评估法律环境变化对企业经营管理产生的影响,提前感知法律风险,通过积极的事前防控,把东道国和投资母国的法律要求与法律赋予的权利,能动地融入其生产经营管理活动,增强企业海外投资的信心和核心竞争力。

伴随着企业法律风险防控工作的深入开展,中国海外投资企业的法律风险防控工作也取得了长足进展。现阶段,法律风险识别所需的理论基础和实施条件日渐完备,越来越多企业对法律风险识别的意义和价值有了较为深刻的理解与认识,并已通过大量实践,积累了丰富的法律风险识别经验。尽管企业的风险识别和预警工作在特殊的海外风险环境下遇到各式各样的问题,但仍然取得了较为突出的成果,在企业海外投资的稳健运营方面发挥了应有作用。

第一节　海外企业法律风险识别的意义

法律对海外企业的作用,不是偶尔提供法律服务来满足企业临时性需求,或者作为企业国际化经营中的辅助工具,它更应当是企业法律风险管理体系的组成部分,有机融入企业战略管理和日常管理,以增加海外企业的无形资产。与国内经营相比,从事境外经营的海外投资企业开展法律风险识别活动,至少具有以下意义和价值:

一、企业提早防范海外投资法律风险

海外企业法律风险识别有助于提早防范法律风险,避免、减少和控制企业各项损失的发生,提高海外投资决策的准确性。海外投资项目风险的不确定因素是多种多样、错综复杂的,企业若不经历风险识别的过程,就无法将各类复杂的风险因素区分清楚,从而判断其性质及产生的条件,并据此衡量风险的大小,制定法律风险应对策略。以海外企业遭遇的政治风险为例,政治风险是海外投资中最大、最不可预测的风险,也是企业自身无法控制的风险。目前,一些东道国政府往往对经济项目进行政治化处理,动用法律或政策手段来直接干涉投资项目。政治法律风险也成为中国企业对外投资的最大威胁。为此,企业应尽早识别这类风险。通过法律风险识别工作,企业面临的隐性政治法律风险就可提早预测,为风险预防和处理风险赢得时间,降低风险防范的成本,提高风险防范的效益。[①] 尽早识别法律风险还体现在对海外企业投资结构安排和股权结构安排上。若在海外项目尽职调查前,企业能够了解东道国投资准入、投资退出、海关、税收等规定,并识别出可能遭遇的法律风险,企业就能通过投资结构的设计与安排,减少或降低相应风险。同理,若企业根据东道国对不同行业外国股

---

① 吴建功、米家龙:"对外贸易风险识别问题探讨",载《商业时代》2008 年第 5 期。

东的法律规定和限制,及早安排合理的股东持股比例,则可能在税负承担、风险转移、企业退出等方面赢得主动。

识别法律风险对避免、减少和控制企业各项损失的发生也是十分必要的。一些西方国家在制定对外投资战略前的许多年,就着手调查与分析目标国家的各类情况,包括投资障碍、风险状况等,并采取政府援助、缔结条约等方式,为本国投资者尽可能扫清投资障碍。当前,中国众多海外投资项目都具有金额大、周期长、投资地域风险较高等特点。企业实施国际化战略前,通过风险识别工作,将对可能遭遇的各类风险形成较为充分的认识和评估,以决定是否在相关国家投资,或者为投资风险制定相应的风险应对措施。这些措施越早实施,企业越能争取主动。定期、常规的风险识别监控机制,也有助于企业及时发现各类风险、跟踪风险的变化情况、研究风险规律,从而拥有更充分的时间来制定风险预案,减少各类损失的发生。

二、全面把握法律风险环境和风险总体状况

海外企业法律风险识别有助于全面认识东道国法律风险环境,把握企业法律风险的总体状况。企业进军东道国就意味着市场竞争的范围由国内市场走向国际市场,企业不但要面对一系列扑朔迷离、变幻莫测的市场与非市场风险,而且必须面对与本国完全不同的陌生的法律环境,法律风险暴露的几率大大增加。特别是在判例法传统的国家投资,企业不仅需要熟悉各项法律规定,对与项目密切相关的判例也必须跟踪掌握,了解各种变化对企业经营行为可能产生的影响和风险变化。世界各国法律的发展使东道国对外国投资呈现鼓励与限制并存态势,投资政策经常处于频繁变动之中,对企业的各项监管也日趋严格。企业只有持续不断地开展法律风险识别活动,才能对法律风险的数量、类型、风险性质与分布、法律风险涉及的领域、风险等级、法律风险可能的损失度等内容有全面深入的认识和分析,掌握海外投资行为中的法律风险总体状况,提高风险免疫力,增强企业竞争力,确保企业在东道国健康和持续地经营及发展。

三、满足企业法律风险管理与合规管理之需

法律风险识别有助于企业构建并实施满足海外投资经营需要的法律风险管理体系。与国内企业相比,海外投资企业建立专用于海外投资的法律风险管理体系,进行法律风险识别具有特别重要的意义和价值。这不仅与我国企业海外投资所处的风险环境复杂、非商业风险多等因素有关,我国政府尚未建立统一的海外投资保护制度体系和协调机制也是非常重要

的原因之一。虽然我国政府正不断加强对企业海外投资的信息、服务等的支持与提供,但对于单个企业而言,获取海外投资的商务信息和相关政策法规的搜集与传递,尚缺乏有效的渠道。这就导致企业在对外投资时,存在较大的盲目性和随意性。企业与企业之间各自为政、互相拆台、恶性竞争的情况频频发生,给我国企业乃至国家的声誉造成极大影响,客观上也影响了我国境外投资整体效益的实现。更为关键的是,我国尚未建立完善的境外投资保险机制。我国与大多数国家订立的投资保护协定也存在着文本陈旧①、条款用语弹性较大、相关概念界定不清②、投资者赋予的投资待遇偏低③、投资争端解决条款不合时宜④等问题。这些都将抑制我国企业对外开展直接投资的积极性,也是从事海外投资的中国企业需要面对的严峻挑战和考验。为此,海外企业构建符合自身情况的法律风险管理体系至关重要、必不可少。

法律风险识别制度化、体系化的工作,有助于海外企业准确评估与控制法律风险,并采取针对性的管理措施。海外企业不熟悉东道国文化、传统、法律等,若不进行扎实的当地情况调查和经济与政治环境的详尽评估,必将在投资时机、投资及运营方式方面存在风险。法律风险识别不仅需要依赖识别人员对企业法律风险的经验和主观判断,还要凭借全面、可靠的调研数据和相关信息,更要结合企业内部运行情况的分析,开展全方位、结构化的识别工作。只有这样,企业才能将海外经营中大量隐性层面的法律风险揭示出来,使法律风险管理"植入"到企业从组织高层到业务程序和系统之中,进而无论是企业管理高层还是各业务部门,都能清楚地认识到法律风险管理工作的价值,促进法律事务和业务的相互融合与吸收。

企业海外投资至少要经历项目准备和实施两个阶段。任何阶段与环节都需要进行包括法律风险在内的风险识别和评估工作。海外企业在项目实施前,应对东道国的政治风险、投资环境、司法状况等开展风险识别和评估;在项目实施中,应持续关注东道国的政治和法律环境、企业内部风险状况等情况。海外企业进行法律风险管理既要识别风险,也要发现机会。虽然法律风险识别和管理的主要目的在于识别企业的各种风险,但是并不排

---

① 李奈:"双边投资协定中的保护伞条款",载《中国战略新兴产业》2019 年第 10 期。

② 沈梦溪:"以高水平双边投资协定体系推动形成对外开放新格局",载《国际经济合作》2018 年第 12 期。

③ 毛旭霞:"双边投资协定中环境条款的完善",载《经济与社会发展研究》2020 年第 29 期。

④ 郭玲:"'一带一路'背景下我国双边投资保护协定代位条款研究",载《上海金融》2020 第 7 期。

斥通过考虑整个识别范围内的潜在事项,促使企业发现并积极把握商机。放弃机会同样是企业的风险之一。企业通过法律风险识别活动,不论识别出风险还是机会,都需要及时反馈到企业管理层,帮助提高决策的准确度。

法律风险管理逐步成长为一门跨学科、跨领域的回应法学之一时,其自身会不断结合社会现实需要,解决企业实践中的新问题,吸纳其他学科的合理成分。其中,法律风险管理越来越体现出与我国企业合规管理相融合的特征。2018 年,国务院国资委颁布《中央企业合规管理指引(试行)》。随后,国家发展改革委、外交部、商务部、人民银行、国资委、外汇局、全国工商联联合下发《企业境外经营合规管理指引》,标志着企业全面风险管理向合规管理阶段的转变。至此,企业所需要遵守的不再仅仅是法律,还包括监管规定、行业准则、商业惯例、道德规范,以及企业内部依法制定的章程及规章制度等。企业风险管理领域的重心也已从法律风险管理提升为更加全面的合规管理。无论是法律风险管理还是合规管理,企业的法律风险识别都是必不可少的步骤。法律风险识别将为法律风险管理与合规管理指明方向,并且确定管理的内容和范围。

四、完善海外投资企业内控制度和管理流程

海外企业的风险来自两大部分:一是违背外部强制性的规定和相关合同约定;二是内部管理系统的适应性。前者将使企业承担违规、违约责任,导致企业财产和信誉受损;后者将增加企业投资回报的不确定性。为确保企业内控系统和流程正常运转,企业需要识别和评估上述风险及其控制情况,需要全面细致地梳理与风险相关的一批关键制度和流程。将这些制度和流程落实的过程,就是将风险控制的职责分解到风险的各个源头岗位,并将风险控制活动融入企业具体的经营管理活动之中,真正实现对法律风险的事前防范。

五、增强海外企业全员法律风险管理意识

企业实施法律风险识别和管理活动,将有助于增强企业的凝聚力。海外企业制定的法律风险管理制度和实施的各项法律风险识别活动,有助于体现企业精神面貌、价值观等企业文化,提升全员法律风险意识,加强企业内部监督与制约机制,促进各部门、各岗位人员的风险信息交流和沟通。受地域限制,海外企业与国内母公司各部门之间会存在沟通不全面、信息不对称等问题。通过全员的参与及配合,企业的法律风险识别方能落到实处,并强化企业内外对法律风险的理解,促进各单位或各部门之间信息的对称和透明,加强部门之间在授权、不相容职务相分离、独立业务审核、资产和记录的接近限制等具体控制环节的协作与配合。法律风险识别将各个法律风险细化为若干个风险管控行为的做法,也容易确立企业不同业务岗位和人员的权责。一旦某个具体的业务环节出现了法律风险,企业就能追究到直接责任人员,从而加强各岗位和人员的责任意识,并落实责任承担机制。

第二节　海外企业法律风险识别的理论依据

作为风险识别的一种,法律风险识别有别于一般的风险识别。海外企业处于不同于国内投资的法律风险环境中,因此海外投资的法律风险识别也具有特殊性。海外企业从事法律风险识别工作,不能忽视这项工作与法律风险管理之间的关系。企业法律风险识别和管理工作具有系统性、全面性要求,法律风险识别主体应形成以法律风险管理部门为主导、企业其他部门和全员配合实施、由外部专家提供指导的工作机制。

随着企业对法律风险识别和管理的内生性需求越来越强,以及适应越来越多投资东道国的法律与制度要求,企业构建并落实法律风险管理体系逐步变为其迎接复杂市场环境的现实选择。这项工作对于企业而言并非无章可循,国内外法律风险管理理论研究和其他企业的大量经验可为企业提供参考。

一、海外企业法律风险识别定位

对海外企业法律风险识别的讨论,源于对风险识别和法律风险识别的认识与理解。风险识别是体系化、制度化的工作过程,它不能一蹴而就,需要长期地、持续性地感知风险和分析风险。企业海外投资的法律风险识别具有专业性,它在风险识别对象与识别方法上具有独特性。在识别结果上,海外企业法律风险相对于国内法律风险而言,确定性特征有所削弱,但并不减损企业从事此项工作的意义与价值。法律风险识别是法律风险管理的基础和重要内容。海外企业不能孤立地看待法律风险识别,割裂它与法律风险管理的内在联系。

(一)法律风险识别是特殊的风险识别

1. 风险识别的定义

如果说风险管理是从大处着眼的话,那么风险识别就是从小处着手。

风险往往是以一个个细小的风险点的形式呈现出来的。人们常说,魔鬼隐藏于细节之中。魔鬼的恐怖不仅仅在于外形,更源于它带来的灾难性后果,而在魔鬼现身为祸人间之前,细节正是其最好的藏身之所。① 通过对细节的仔细观察和缜密分析,在魔鬼尚未引起灾难性后果之前,将其消灭或者控制在笼子里,魔鬼就无法再搅起血雨腥风。我们若把风险比作魔鬼,找出隐藏于细节中的魔鬼的过程就是风险识别的过程。由此可见,风险识别是对面临的或潜在的风险进行判断、分类,并对风险特征和风险后果作出定性的估计,最终形成合理的风险清单的过程。② 风险识别需要运用一定的方法,收集风险因素、风险事故、损失暴露等方面的信息,对存在的及潜在的各种风险源和风险因素进行系统判断、归类,并甄别风险性质。也就是要通过分析,找出风险之所在和引起风险的主要因素,并对其后果作出估计。③ 针对风险识别的定义,可从以下方面理解:

(1) 风险识别是体系化、制度化的工作。企业风险具有多元、复杂的特点,它广泛分布于企业各层面、各条线,以各种形式表现出来。不同类别的风险均具有专业特性。企业不论大小,都需要具有发现风险信息的"慧眼"和评价风险要素的"大脑"。因此,风险识别不是风险管理部门的工作,也并非由一个或者几个风险识别人员就可完成,它需要举全员之力,企业战略部门、生产部门、财务部门、信息处理部门、人事部门等通力配合,有组织、有步骤地实施,才能准确、全面地识别风险。风险识别是否全面、准确,直接影响后续风险管理工作的开展和管理成效。另一方面,风险总是随着环境的改变而不断变化,风险识别人员必须持续不断地从事风险识别工作,密切观察原有风险的变化,并留心新风险的出现。没有制度化、成体系的风险识别,无法达到企业风险识别要求。④ 系统性的风险识别工作有助于观察企业不同阶段、不同活动的方方面面,并完整系统地展现给企业的管理者。

(2) 风险识别是长期的、持续的过程。客观存在的风险从风险要素到风险事故的发生,有一个"量变"到"质变"的过程。单一风险要素有时并不能导致某一风险事故的发生。只有风险因素聚集、累加到一定程度,或者在综合作用下,才会产生特定结果。在这一变化过程中,风险识别人员需要进行长期跟踪、观察,在大量调查基础上,方能形成较为准确的判断。由

---

① 王锡健、刘毓:"风险识别:魔鬼隐藏在细节中",http://news.mbalib.com/story/14632。
② 何湘玲、郭红霞:"企业风险及风险识别研究综述",载《现代经济信息》2009 年第 20 期。
③ 祝连波:"大型建筑施工企业信息化水平评价研究",重庆大学 2008 年博士学位论文。
④ 左美云、周彬编著:《实用项目管理与图解》,清华大学出版社 2002 年版,第 248 页。

此,风险识别是一个认识事物的过程,包含了收集风险信息、分析整理风险信息、风险归类与分析等各个步骤。风险识别工作需要长期、持续开展,以应对随时发生的风险变化。同时,企业持续性地开展风险识别工作,也能掌握不断更新的风险状况,积累感受和评估风险的经验,使风险管理者能据此调整风险应对和管理方案。由此可见,企业稳健发展离不开连续的、不间断的风险识别。

(3)风险识别的目的是度量风险和分析风险。风险识别是风险量化与评估的基础,为度量风险和处理风险提供依据与方向。[①] 风险识别是风险管理的第一步,也是风险管理的基础,在风险管理过程中占据重要地位。只有正确识别出企业面临的各类风险,才能有的放矢,对风险作出正确反应并采取有效处置方法。风险识别不但需要借助人们的感性认识和历史经验进行判断,而且需要采用多种方法对信息、资料、记录等分析、归纳和整理,找出企业明显和潜在的风险种类及其风险点。不过,风险识别具有主观性。受识别人员的专业知识水平(包括风险管理知识)、实践经验、对企业熟悉程度等方面的限制,不同识别人员或者识别团队的识别结果可能存在较大的差异。

(4)风险识别包含感知风险和分析风险两个环节。感知风险是风险识别的基础。企业通过调查和了解活动,确认存在风险。只有通过感知风险,才能进一步在此基础上分析、查找导致风险暴露的因素。例如,企业签订合同前,应调查合同缔约方是否具有资信能力,以确认或者排除缔约方资信能力上是否存在风险会影响其缔约能力。

分析风险是分析引起风险事故的各种因素。通过分析,企业可确认风险性质及其产生原因和风险暴发条件。分析风险是风险识别的关键,也为风险评估奠定了基础。仍以上述情况为例,合同缔约方是否具有缔约能力受多个因素影响。缔约方是否具有资信能力的风险判断又取决于多个要素,如企业的信用状况、以往履约状况、贷款记录情况、是否有重大经济纠纷、与母公司的关系、偿债能力、营运情况等。这些都可成为"缔约方资信能力"风险的重要分析要素。同时,风险识别人员还需分析和考虑"缔约方资信能力"风险在什么情况下会影响合同缔约方的缔约能力,即该风险转变为风险事故的条件是怎样的,以及上述风险因素何者最为关键、足以影响"资信能力"的风险判断等。分析风险的过程为企业是否与该缔约方签订合同,是否需要缔约方提供其他证明材料,或者是否需要增加对缔约方

[①]　马丽华、周灿主编:《风险管理原理与实务操作》,中南大学出版社 2014 年版,第 19 页。

的进一步调查等,提供了实施依据。

感知风险和分析风险也可以被视为风险识别的基本内容,它们并非泾渭分明、具有明显的阶段性,而是相辅相成、互为条件。只有感知并确认风险的存在,才能积极主动地分析风险,研究影响风险存在和风险事故发生的条件。相反,风险识别者若对某类或某个风险已经掌握了相关经验或者具备一定的理论,也有助于为查找风险信息提供思路和线索。

2. 法律风险识别的界定

相比于风险识别,学界对法律风险识别(Legal Risk Identification)的研究较少,有关法律风险识别并未形成统一的定义。国内学者,如吴江水,并没有对何谓法律风险识别进行解释,而是仅从法律风险管理角度,梳理了法律风险识别的内容及流程。[①] 向飞等将管理学知识与法律结合,从企业法律风险的具体表现来研究法律风险识别的过程与内容。[②] 王蕾、张月华、刘超举、周纯伟、孟飞等则从具体行业出发,对特定领域的法律风险识别提出看法。[③]

通过对风险识别的认识和理解,结合法律风险的特征,不难看出,法律风险识别是站在特定企业视角,围绕该企业法律风险管理目标,依据法律观点或者法律概念,对企业所处的法律风险环境、法律风险对象、法律风险行为等客观现象或事实采用分析、判断或者归类的方式,将其现实的或潜在的法律风险及其性质、特征、后果等定性、归类的法律风险认识过程。这一过程包括收集法律风险信息、确定是否存在法律风险、确认存在何种性质的法律风险、判断引起法律风险的因素是否有遗漏、分析法律风险演化为法律风险事件的概率和可能的结果等。因此,识别并发现法律风险是法律风险管理的出发点,也是制定法律风险管理措施及监控法律风险的核心和基础。只有正确识别出企业自身面临的法律风险,人们才能够主动选择适当有效的方法进行处理。法律风险识别的过程,既有对某些事实或者某类风险用法律去解释的一面,又有依据这种法律解释去判定有关事实或法

---

① 吴江水:《完美的防范:法律风险管理中的识别、评估与解决方案》,北京大学出版社 2010 年版,第 61—119 页。

② 向飞、陈友春:《企业法律风险评估:企业识别、评估、防范法律风险指南》,法律出版社 2006 年版,第 95—286 页。

③ 陈岩、王蕾:"全面风险管理在我国商业银行中的运用",载《市场周刊(财经论坛)》2004 年第 5 期;张月华:"企业风险管理框架解读——基于虚假按揭贷款分析",载《财会通讯(学术版)》2006 年第 1 期;刘超举:"商业银行法律风险识别、评估与防范",载《现代商业》2010 年第 11 期;周纯伟:"浅论煤炭企业资源扩张中法律风险的识别",载《企业导报》2010 年第 5 期;孟飞:"金融衍生品信用风险管理与制度设计的法律问题",载《上海金融》2008 第 9 期。

律风险应归入哪一类法律风险并对其进行风险管理的另一面。以上两方面总是紧密交织在一起。

（二）海外投资法律风险识别的特殊性

鉴于海外企业法律风险具有不同于其他风险的特征和表现形式，以及其可能产生的较为严重的损害性后果，企业必须重视对海外投资法律风险的识别工作。海外投资法律风险识别是确定是否存在法律风险、区分法律风险的种类、衡量法律风险的程度、采取有针对性的风险控制措施及进行风险管理决策的前提。与一般风险识别相比，海外企业法律风险识别在特征、识别原则、识别主体等方面都有不同。法律风险识别与法律风险管理的密切关系也决定了，法律风险识别不能脱离法律风险管理的大背景而孤立实施。海外投资法律风险识别具有下列特点：

1. 海外投资法律风险识别的专业性。海外企业的法律风险不同于一般风险，需要大量法律专业知识，特别是国际与国别法律知识；同时，不同企业所属行业不同，行业政策、法律均具有本行业特点。法律风险识别的专业性还体现在企业自身，即不同企业的法律风险与企业日常经营管理密不可分，法律风险识别还需体现企业特点和需要。为此，法律风险识别人员不仅需要具备较强的法学相关理论知识，还应当熟悉企业所处行业环境和企业内部情况，具备丰富的法务或者企业国际化经营管理与实践操作经验。单靠某一个或某几个人员不能满足国际投资法律风险识别专业化要求，而是需要由外部法律专家、行业专家与企业法务管理、业务管理、企业经营管理人员的共同配合方能完成。

2. 海外投资法律风险识别对象与识别方法的独特性。与其他领域的风险识别相比，法律风险识别有其特有的识别对象与识别方法。一国（主要是东道国）政策、法律制度规定是判断是否存在法律风险的基础，也是法律风险识别的重要依据。同时，法律诉讼、仲裁案例及其他法律风险管理案例将被经常、大量地用于法律风险识别工作。此外，法律风险与企业其他风险具有不可分性，法律风险识别也需要考虑企业其他风险（如战略风险、财务风险、运营风险等）因素对法律风险的影响，综合全盘识别海外投资的法律风险。从法律风险识别方法来看，单纯使用识别直接法律风险的方法，本身就存在法律风险。例如，法律风险识别人员仅从法律规范体系架构和法律规定梳理角度为海外企业排查法律风险。这种思路和方法对法律制度层面的风险识别较为有效，但对法律适用层面和社会法律心理方面的法律风险则效果乏力。况且，受不同法律专业背景知识所限，熟悉海外企业税收法律的专业人士未必能够胜任知识产权法律风险的识别工作。

若风险识别人员仅从企业主要业务领域或者重点环节视角去排查法律风险，又容易陷入先入为主的窘境，无法达到海外法律风险识别的全面性要求。而且，不同企业的重点领域或者法律风险管理的关键环节具有差异性。同一企业在不同发展时期的重点领域或者法律风险管理的关键环节也有相对性。因此，海外企业法律风险识别方法的选择不能拘泥于一般风险识别方法，也不能简单沿用以往法律风险识别方法，而应因时因事，对不同类型企业与不同管理需要的企业采取不同的风险识别方法。

3. 海外投资法律风险识别结果的相对确定性。与其他风险识别结果的不确定性特点不同，法律风险识别的调整对象具有可预见性和一定的可控性特点，企业可以事先对特定司法环境下可能产生的某种法律风险行为作出预测，从而能够较为准确地判断出法律风险类型、风险等级、风险发生频率、风险的影响程度等风险信息。法律风险识别往往能够针对较为确定的研究对象，采用相对固定的识别手段和风险识别方法，产生较为准确的法律风险预测结论。当人们根据法律风险识别结论来采取相应的法律风险应对措施时，如通过加强企业自律、规范经营管理行为，使其符合法律规定或者合同约定，常常可以起到避免或者减少法律风险发生的目的。这一特性进一步增强了企业法律风险管理的必要性。不过，由于海外投资法律风险的复杂性较高，以及导致法律风险发生的不确定性因素较多，对海外投资法律风险的识别结果的全面判断有时又带有较大的不确定性。企业在海外投资中，需要考虑投资母国（中国）的法律风险环境，还要经受东道国的国内法律环境和国际法律环境之考验。在进行法律风险识别时，不能仅从投资母国的法律观点或者法律概念出发，企业还需站在东道国法律观念的视角，对投资中可能产生的法律风险展开识别活动。东道国法律与投资母国对同一事实或问题的法律观点或者法律概念可能不尽相同，这令企业法律风险识别依据存在多元性，增加了法律风险识别的难度和复杂性。海外企业所处的投资环境、东道国的执法效率与执法人员素质甚至法律风险识别人员的理论素养、处理国际法律纠纷经验等，都可能影响法律风险识别结果，使得法律风险识别结论与最终法律风险事件之间存在一定的差异性。

（三）法律风险识别奠定企业法律风险管理与合规管理基础

法律风险管理是对海外企业生产经营或者管理的各个环节及各类行为，结合行业特点、法律环境、自身状况等因素进行系统性归纳和层次性分析后，围绕海外企业总体战略目标，采取综合、系统的手段，在企业各个领域，全面、全程预防法律风险，或者抑制法律风险不利后果或负面影响的一整套管理体系。从微观角度来看,法律风险管理是将法律风险的预防与控制工作有机结合进企业海外经营管理,事先、主动发现问题并预先提出解决方案后,再去实施的具体管理行为。

由于法律风险具有客观性、广泛性和可转化性的特点,法律风险管理在减少和控制海外企业法律风险、规范海外企业行为等方面发挥着积极、重要的作用,在海外企业全面风险管理中也占据特殊地位。基于海外企业法律风险的广泛分布,法律风险管理具有同海外企业全面风险管理与合规管理一样的效果。法律风险的伴生性和转化性,使海外企业法律风险管理呈现与全面风险管理一样的整体性、综合性。海外投资法律风险的相对客观性也使实施法律风险管理科学合理、操作明了、效果明显,容易被相关部门和人员接受。此外,法律风险管理体系会涉及海外企业各项管理制度、工作流程,易于渗透到海外企业管理的每个环节,并注重各环节、各项内容及海外企业各实施部门的协调统一与融合。因此,法律风险管理必将成为海外企业全面风险管理与合规管理的切入点,并推动海外企业管理体系向纵深发展。作为法律风险管理的重要一环,法律风险识别是海外企业法律风险管理的重要内容,也是海外企业进行法律风险管理的前提和基础。法律风险识别为海外企业法律风险管理指明了方向和范围,也为法律风险管理措施的提出和实施提供了依据。

1. 海外投资法律风险识别是企业法律风险管理的前提和基础。法律风险识别质量的高低不仅直接影响整个法律风险管理的质量,而且也可能影响或者决定着企业国际化经营的方向和策略。只有准确识别出法律风险,海外企业才能实施法律风险管理的其他步骤,针对性地监测并控制这些法律风险。换言之,若在法律风险识别中遗漏了某些重大法律风险,就可能给海外企业带来隐患,错失风险监控的良机,无法及时采取有效的风险防范和管理措施。一旦风险事故发生,海外企业可能措手不及,甚至引发颠覆性后果。此外,法律风险识别是其他法律风险管理行为的基础。海外企业运用感性经验认识、数理统计等方法识别出所面临的各类法律风险及其可能的法律风险因素后,还需要对法律风险发生的概率、损失的后果等开展进一步的量化评估及风险监控和风险应对等工作。法律风险识别为这些后续法律风险管理工作提供了进一步实施的基础。不做好风险识别工作,法律风险估量、法律风险应对措施等就无法展开。倘若法律风险识别出现错误,整个法律风险管理工作就会出现偏差,法律风险管理就不能发挥其应有的作用,甚至使海外企业遭受不应有的损失。

2. 海外投资法律风险识别是企业法律风险管理的重要内容。从法律风险管理的内容来看,法律风险管理大致划分为法律风险识别、法律风险评估、法律风险应对三个部分。法律风险识别是这三个部分中的关键内容,它是法律风险管理者逐步认识自身存在法律风险的一个过程。只有采用多种方法识别法律风险,海外企业才能对法律风险的产生原因、性质、危害性等有较为清晰、准确的判断,进而为后续法律风险管理工作中的法律风险评价、法律风险监控和应对等奠定基础和明确管理对象。这一法律风险识别工作既包含着对自身法律风险的发现、判断过程,也包含着对这些法律风险分析其发生原因并辨识其影响程度、产生频率及可能产生损失大小的过程。这些认识法律风险的过程是海外企业进行法律风险管理必不可少的内容,也是了解法律风险的客观存在及其发生原因的重要组成部分,对选择合理、有效的法律风险管理手段有着决定性意义。因此,没有法律风险识别过程,海外企业法律风险管理就无从下手、无法实施。只有正确、及时地识别法律风险,正确分析法律风险并采取适当策略应对法律风险,法律风险管理才具有实际意义。

3. 海外投资法律风险识别为企业确定全面风险管理与合规管理的对象、范围和方向。法律风险识别的功能之一,就是找出可能影响海外企业健康发展的法律风险隐患。通过法律风险识别这一工作,可以找出要防范的法律风险对象,使法律风险管理有的放矢。[1] 在海外投资中,当投资者利益与东道国利益存在不一致的情况时,东道国政府就可能采用外汇、财政、经济等政策,甚至通过修改法律,限制投资者在本国的投资收益。这种情况在近些年中国海外企业的对外投资项目上屡见不鲜,从而需要海外企业在法律风险管理上注重分析东道国政治体制环境,把握东道国政府政策走向,并关注外汇管制、财政、税收等法律的变动情况。近些年,我国海外企业频频遭遇政治风险、环境法律风险、劳工权益风险等非商业性风险,造成项目搁置,企业损失惨重。显然,海外企业不应当忽视这类风险,而应当将其作为法律风险管理的重点内容,加强识别、评估和监控工作。从风险管理有效性的角度来看,法律风险识别有利于海外企业提早防范法律风险。系统、周密的法律风险识别工作有助于发现那些潜在的、深层次的、尚未明显显现的法律风险,为法律风险预防和风险处理赢得时间,提高法律风险管理的成效并降低管理成本。

4. 海外投资法律风险识别可归纳法律风险特征和规律。对海外投资法律风险进行识别,有助于了解并记录海外企业的法律风险状况,掌握海

---

① 吴建功、米家龙:"对外贸易风险识别问题探讨",载《商业时代》2008 年第 5 期。

外投资法律风险的特征,为进一步制定法律风险管理对策奠定基础。法律风险识别是法律风险评估的前提。识别活动产生的大量数据,不但有助于形成对法律风险的产生原因、性质、风险大小等的初步评估结论,而且为进一步分析和评估风险提供了切实可靠的数据基础。大量积累的数据信息为法律风险管理信息系统构建提供了数据基础,不但为法律风险的信息采集方式和采集渠道的多样化创造了条件,而且使搭建法律风险预警系统平台成为可能,同时也指明了海外企业法律风险预警信息系统平台构建、实施和优化的关键。随着企业法律管理工作信息化的推进实施,这项工作将表现得越来越重要,越来越不可或缺。法律风险识别工作将初步定义法律风险信息的数据项,反映各个数据项之间的关联关系,形成法律风险指标,从而为确立法律风险指标体系奠定基础。此外,法律风险识别同样对确定法律风险指标的权重具有影响。在法律风险指标体系确立后,要进一步对每一项风险指标赋予分值,以利于后续的量化判断。为实现此目标,识别企业的内外部法律风险状况的工作必不可少。在法律风险指标预警体系构建完成后,定期的法律风险识别活动是确保该风险预警系统正常、良好运行,以及后续完善、优化该系统的关键。随着中国海外企业国际化经营活动的深入推进,企业对投资东道国的了解加深,企业项目或者产品生命期渐进,企业海外投资的法律风险将表现出一定的稳定性。尽管仍然不断产生新的法律风险,但大多数风险会呈现重复出现的态势。法律风险识别活动将记录不同法律风险的产生时间、形成条件、暴发频率、损害度等特征。法律风险暴发的频率和损害会因不同项目或者不同人员参与而有所差异,但多次、反复的识别工作将有助于法律风险识别人员加深对风险识别对象的了解和认知,增强对特定法律风险甄别的准确率。长期、反复的识别工作也有助于法律风险识别人员积累风险识别经验,提高其对法律风险的整体预测和分析评估判断的准确度。这种对法律风险识别判断的准确度将直接影响海外企业法律风险管理的决策和措施的质量,进而影响整个法律风险管理的最终结果。

二、海外企业项目团队式法律风险识别主体

海外投资法律风险识别是一项全方位、全过程和全员的系统工程,它不仅需要风险识别人员具备较高的法律素质,而且要运用审计、财会、管理、营销等多学科知识和国际化经营管理背景。这些前提性要求对海外企业法律风险识别和管理活动提出了巨大挑战。此外,识别活动本身必须结合海外企业的管理模式和制度体系、海外企业的现状和发展战略,甚至海

外企业文化等多种因素综合考虑。为此,法律风险识别工作不能仅仅依靠企业法务部门或者少数法务人员来完成。否则,受法务部门职能所限,或者受风险识别人员的专业背景知识、经验所限,法律风险识别活动可能不能辨识出关系企业发展和运营的主要法律风险,或者仅局限于对法律风险的定性分析或定量分析,综合分析则较难实现。

因此,为圆满实现国际投资法律风险识别的目的和目标,海外企业在开展法律风险识别工作前,有必要组建法律风险识别的项目团队,从专业知识和组织保障上,确保法律风险识别工作圆满完成,以减少法律风险识别团队在风险识别活动中引发的误判风险。通常,企业法律风险识别团队应至少由内部法律风险管理团队、各部门负责人和主要业务主管与骨干,以及外部专家组成。

（一）以企业法律风险管理团队为主导

法律风险管理团队是海外企业法律风险识别活动的组织者和实施者,也是整个企业法律风险识别工作的核心和灵魂。法律风险识别工作是否细致、准确,很大程度上取决于团队成员工作的全面性和准确性。考虑到法律风险识别工作的需求,法律风险管理团队成员应当由海外企业以下成员共同组成:

1. 海外企业的法务工作者。海外企业从事法务工作的人员大多具有较为扎实的法律背景和处理企业法律事务的经验。同时,他们较为了解企业各岗位的工作职责、工作内容和流程等。海外企业内部法律事务的经历使他们对本企业的法律风险状况有着较为直观的认识和体会,对各种法律风险可能导致的法律后果也会有较为准确的判断。随着法务部门职责的转变,海外企业的法务部门将越来越多地承担法律管理的工作。企业法务人员也需要从被动提供法律服务向主动发现法律风险并积极施以管理措施的角色转变。这意味着海外企业内的法务工作者也必将成为企业法律风险识别和管理工作的主导者与风险管理活动的监督者。

鉴于海外企业法律风险管理的常态化要求,以及法律风险识别工作需要长期和反复实施的特点,为确保这项工作持续推进,海外企业的法律风险识别和管理团队最好是企业的常设机构。海外企业的法务工作者也必须成长为企业法律风险识别和管理团队的核心与稳定的团队成员,确保此项工作能够长期、稳定、持续地开展。

2. 海外企业的风险管理或合规管理者。随着全面风险管理与合规管理理念的普及与重视,越来越多企业成立风险管理部门或者合规管理部门,它们逐步成为企业运营和管理所必不可少的部门。企业风险管理或合规管理人员一般应具备企业全面风险管理体系与合规体系的设计能力,对企业的可持续性发展具有评估和风险预测能力,以及企业风险审计能力和企业危机处理能力。具体到风险识别方面,风险管理成员还应当具备风险信息收集、整理分析和评估能力,并能借助风险管理方法、技术和手段,参与对企业运营管理方面的问题分析与全面诊断,包括但不限于对企业战略、操作、财务等层面的风险综合分析、诊断能力。

法律风险识别作为企业风险识别的重要组成部分,离不开风险管理人员和合规管理人员的参与。他们的加入有助于将风险管理的思维和工作技能引入法律风险识别与管理活动中,提高法律风险识别与管理的效率和效能。海外企业法务工作者与风险管理者、合规管理者共同参与组建的法律风险管理部门,有助于降低企业管理成本并提高管理成效。同时,他们的强强合作也可以弥补不同团队的知识短板,以及单个风险识别人员在经验和风险识别方法上的局限,形成统一的、相互配合的、知识与经验互补的工作团队,共同推进海外企业法律风险识别工作的进程。

(二)企业全员、全流程配合

法律风险识别活动是海外企业一项全面而系统的工作,需要覆盖到企业组织体系内的各个层级和各个部门。为此,无论在海外投资风险信息的采集还是识别结果的确认,乃至风险措施的后期通贯执行等方面,都需要海外企业各部门和全员的支持与配合。

企业各部门负责人和主要业务人员对自己管理或负责的部门或者关键岗位的工作非常熟悉,对这些部门或者岗位可能存在的风险也有着较为深刻的认识和体会,他们应当在海外投资法律风险识别活动中发挥更大的作用。他们的积极参与有助于各部门、各岗位成员更好地理解并配合法律风险识别工作的开展,也有助于法律风险管理团队更好地认识与把握海外企业不同部门和岗位的风险状况,进而判断是否存在法律风险,并对可能的法律风险展开评估。

与法律风险管理团队成员的工作形式和工作重心不同,各部门负责人和主要业务人员往往是通过介绍本部门业务与风险情况或回答法律风险管理团队提出的问题来参与法律风险识别活动。这种参与不仅体现在对法律风险识别团队工作的配合上,还反映在对法律风险识别清单完成后的筛选和查漏补缺方面。通常,企业最终形成的法律风险清单往往是法律风险管理团队成员与海外企业不同业务部门负责人及各岗位负责人员反复讨论并征询意见后的结果。这一结果往往与最初的法律风险清单存在较大差异。各部门负责人和业务骨干对最初的法律风险点的筛选与查漏补缺,将使法律风险识别的范围和内容进一步明确,确保了法律风险分析结果不会与企业实际风险状况发生大的偏差,提高整个法律风险识别的准确度。并且,从法律风险识别和风险管理工作延续性的要求考虑,各部门负责人和业务骨干的参与也是确保风险管理或者合规管理措施可行性必不可少的要求。法律风险管理并不能仅由法律风险管理部门独立承担,而应由法律风险管理部门和企业其他部门共同协作完成。只有紧密配合、一体联动,企业的风险识别结果才能最大可能考虑到不同部门的实际情况与需要,在法律风险管理或合规管理措施实施的时间表、管理措施执行机构和人员的安排、措施实施的范围、措施实施的步骤和实施条件、检查和监督、资源需求和配置等各方面体现合理性与可行性,确保整个法律风险管理或者合规管理的顺利执行。由此可见,海外企业各部门负责人和主要业务骨干无疑是法律风险识别活动的重要参与者及建议者,也是法律风险管理措施执行的强有力的落实人和监督者。

（三）外部多领域专家协助

海外企业要想实现全面、系统识别法律风险的目标,不仅需要查找内部各岗位、各业务流程、各项经营活动中是否存在法律风险,还需要考虑海外企业所处的行业及国内外经济情况、法律法规的变化等外部作用与影响因素。要完成这些工作任务,仅凭企业内部法律风险识别团队的力量未免过于单薄,必须邀请外部专家共同参与。企业内部法律风险识别团队成员往往更熟悉组织内部情况,他们或者不具备律师、法律风险识别专家等的专业素质,或者不能全面认识和把握企业外部的行业经营环境与国际法律风险环境情况。此外,受惯常思维、对企业的情感等因素影响,企业内部成员往往无法客观、全面地认识企业面临的各类风险。为此,有必要在海外投资法律风险识别工作中,邀请外部专家助力。外部专家不仅可能是企业法律风险识别活动的重要建议者、策划者,有时也可能是整个法律风险识别活动的方向引导者。

企业海外投资面临东道国市场准入、企业设立与退出、外汇管制、劳动用工、市场监管、税收、知识产权、数据与隐私保护、环境保护、反商业贿赂、反洗钱等多类不同于国内的法律风险与行业风险。参与企业法律风险识别活动的专家应该熟悉该企业所处行业及相关领域的法律、风险管理等知识,并具有丰富的从业经验。同时,他们应熟悉企业海外投资经营情况,了解东道国政治体制、法律法规及运行状况、社会民情等,并具有国际视野和处理国际纠纷能力。从微观上说,参与法律风险识别的专家还应具备对某些新型、专项法律事务全程的法律风险识别能力,具有对中资企业国内、境外综合法律风险的预判能力。

外部专家参与海外企业法律风险识别活动可以采用两种形式：一种是企业以项目委托的形式，直接邀请外部专家主持或参与整个法律风险识别活动；另一种则是将外部专家作为海外企业法律风险识别方法之一加以运用。

海外企业在法律风险识别项目中邀请外部专家参与，对企业法律风险识别意义重大。首先，它符合对法律风险事前防范、事中控制的理念。外部专家（如律师）参与企业法律风险识别，与其从事的传统法律服务，或者有交叉，或者是其工作中的一部分。凭借扎实的专业知识和处理风险的经验与法律纠纷的解决思路，外部专家（特别是律师）能够对企业人事、财务、行政、业务等各部门活动中出现或者可能出现的法律风险及时提出专业意见或建议。这些专家直接参与海外企业完善组织结构及业务流程、嵌入法律风险管理要素、建立支持性规章制度、培训相关人员等的活动①，本身就是持续对目标企业的法律风险识别。其次，它有助于确保企业法律风险识别的独立性。外部专家不隶属于企业，与企业各部门不存在人事上的管理与被管理关系。由此，外部专家能够避免企业内部因素的干扰，更客观、公正、独立地开展法律风险识别活动，提出独立的判断与意见。最后，它有助于凭借外部专家的长期专业研究成果或者从业经验，提高企业法律风险识别的准确性。外部专家能够从学科视野出发，为企业提供最新法律法规、政策动向等外部法律风险环境情况，以及业界的法律风险管理与合规管理研究成果，从而使企业法律风险识别不拘泥于企业内部状况。② 由于海外投资的专业性和复杂性，外部专家应该考虑从不同领域的专家中选取。外部专家的参与对那些从未实施过法律风险识别活动，或者法律部门力量较弱、欠缺合适法律风险识别人才的海外企业尤其必要。当然，邀请外部专家的参与并不意味着海外企业不再需要组建内部法律风险识别团队，各部门负责人及主要业务骨干也不可以完全放手企业的法律风险识别活动。事实上，以上三类主体只有组成各负其责、功能各不相同、相互配合的整体，才能做到综合全面考虑企业内外部情况与环境，准确识别海外企业的法律风险。

源浚者流长，根深者叶茂。企业在开展法律风险识别活动时，也可以

---

① 参见"企业法律风险评估内容"，http://www.elaw360.com/index.php?_m=mod_article&_a=article_content&article_id=59。

② 郑书宏主编：《企业风险管理基本理论与公司法人治理结构》，四川大学出版社 2016 年，第 45 页。

邀请外部专家为企业海外投资法律风险识别献言献策。例如,企业法律风险识别团队成员可以广泛邀请各领域的专家和经验丰富的从业人员,采用访谈法、头脑风暴法、德尔菲法等,凭借专家渊博的知识、丰富的行业信息或者从业经验,通过问卷调查、个别访谈、多轮征询专家意见等形式,形成对海外企业法律风险的较为全面、一致的判断。外部专家对企业法律风险识别的广泛、多次参与,不仅有助于推进企业法律风险识别工作,也对企业后期法律风险评估活动具有重要意义。这些法律风险评估活动包括确定法律风险评价维度及评价标准、确定各个评价维度的风险权重并建立数学模型、对每个评价维度进行评分、根据数学建模的结果得出各个风险点及风险类型的评价结果等。简言之,专家的经验和预测能够成为海外企业判断法律风险的等级、频率、损失度等的重要参考依据。

三、海外企业法律风险识别理据与现实需求

对法律风险管理与合规管理的内生需求,是海外企业开展法律风险识别的动力。目前,海外企业的法律风险识别已有理论依托,且有相应的制度保障。

（一）风险管理与合规理论指导海外企业法律风险识别

风险管理的理论和实践始于二战前后的德国与美国。1953 年,通用汽车公司的火灾引发了美国企业界和学术界对风险管理研究的热潮。到 20 世纪 90 年代,风险管理在发达国家的企业已较为普及。企业纷纷设立专门的风险管理机构,并有风险管理经理、风险管理顾问等岗位设置。同时,各国监管部门也发现,对企业的监管离不开对企业账户资金转移的审核。若企业准确记录了账户资金流动情况,则大大方便监管机构在类似反商业贿赂调查过程中的证据收集。[①] 由此,作为公司治理方式的企业合规机制,逐步被纳入政府行政监管和刑事执法的制度体系,成为对涉事企业进行行政监管激励和刑法激励的重要手段。[②] 以后,各国政府和国际组织积极行动起来,如 1995 年澳大利亚和新西兰联合制定了风险管理标准(AS/NZS4360),美国颁布《萨班斯法案》与《反海外腐败法》,美国 COSO 委员会发布"内部控制理论和体系"、COSOERM 标准等;此外,巴塞尔银行监管委员会(Basel Committee on Banking Supervision,BCBS)发布《合规与银行内部合规部门》,经济合作与发展组织（OECD）成员国通过

---

① 王志乐:《合规建立有效的合规管理体系》,中国经济出版社 2016 年版,第 3 页。
② 参见陈瑞华:《企业合规基本理论》,法律出版社 2020 年版,序言。

《OECD 反对国际商业活动中向海外政府官员行贿行为公约》并在此基础上颁布《内控、道德和合规良好行为指引》，国际标准化组织发布 ISO19600《合规管理体系指南》等①。这些规则如一个个里程碑，推动着风险管理与合规管理的理论研究和实践发展。显然，风险管理与合规管理已不再是企业运营管理的自主需求，它更是企业经营所必须履行的法定义务。

　　风险管理理论于 20 世纪 80 年代中期引入我国，并从金融企业扩展到土木工程、机械制造、食品卫生等各领域，成为管理领域的一项特殊职能，在项目管理体系中占有重要地位。② 最近十多年，对法律风险实施管理逐步成为我国法律界的共识。法律产生之初就具有定分止争、防控风险的作用，法律风险又贯穿企业从设立、运营到终止的全过程和各个环节。无论各国法律规定有何不同，法律风险始终存在。这种时间和空间上的广泛性，决定了人们可以通过掌控企业的各类交易行为和内部管理活动来发现风险、控制风险，增强企业的竞争力。由此，法律界广泛探讨将风险管理理论运用于法律风险管理的可实现性，研究法律风险管理的范围、法律风险识别与评估的方法及流程等，为企业法律风险管理与合规管理的实践提供理论指导。世界经济一体化的发展开启了多个国际组织对跨国企业合规治理的要求。在国际工程承包项目中，世界银行及多个国际性融资机构在考虑是否给予相关企业项目贷款时，常常将企业是否存在风险管理与合规管理等内部控制体系和措施作为审查的重点内容之一。在投资东道国和投资母国有关促进与保护投资的条约中，一般都包含"遵守东道国法律与法规"的要求。③ 同时，各国刑法在查处企业腐败、商业欺诈等违规行为时，也逐步将企业是否建立内部控制体系作为制裁与否的重要条件之一。也有国家在对企业类似违规行为实施制裁措施时，将被制裁企业是否构建合规管理体系作为对其制裁的内容之一。这些制度规范和实践发展正日益成为从事跨国经营的我国企业构建符合国际合规管理体系的重要

---

　　① 2021 年 4 月 13 日，ISO37301《合规管理体系要求及使用指南》(Compliance management systems — Requirements with guidance for use)国际标准正式发布实施，该标准将替代 ISO19600《合规管理体系指南》(对应的中国标准为 GB/T 35770 - 2017)，以便将原来的指南类标准转换为适于认证的要求类管理体系标准，这也将使企业合规管理跨入可认证时代，https://www.iso.org/standard/75080.html。

　　② Paul M. Collier: Towards Enterprise Risk Management, *Journal of Fundamentals of Risk Management for Accountants and Managers*, No. 2, 2009, pp. 45 - 57, 转引自李守泽、余建军、孙树栋："风险管理的技术和最新发展趋势"，载《中国制造业信息化》2010 年第 9 期。

　　③ 例如，2004 年《中华人民共和国和德意志联邦共和国关于促进和相互保护投资的协定》第 2 条第 1 项明确规定，缔约一方应鼓励缔约另一方的投资者在其境内投资，并依照其法律和法规接受这种投资，http://tfs.mofcom.gov.cn/aarticle/h/au/200405/20040500218063.html。

依据。

（二）法律风险管理与合规管理已成为企业法定义务之一

对海外企业进行法律风险管理与合规管理，逐步纳入东道国及投资母国法律监管的范围。美国、意大利、英国等已有对企业合规暂缓或减轻处罚的制度。① 近年来，我国企业在海外经营中遭遇的大量风险事件，引起了相关监管机构的重视。为进一步提高国有企业——特别是中央企业——海外投资效益并控制法律风险，以国务院国有资产监督管理委员会为代表的我国相关监管机构陆续出台了一系列企业法治建设的规范性文件，把建立健全法律风险防范机制作为企业法治工作的中心任务。② 国家还出台企业建立法律风险管理、加强企业境外投资社会责任、尊重投资地文化等方面的指导性文件。这些规定有些针对中央企业和地方国企，也有些规范和约束民营企业的海外投资。

海外投资企业风险管理与合规管理体系建设，不但是投资母国的制度要求，也是部分投资东道国对境内投资企业的强制义务。在一些国家和地区，对投资于本国的公司，无论是内资公司还是外资公司，都需要接受企业内部控制的审查与监督。在《萨班斯法案》实施后，美国明确要求在其境内的上市公司加强内部控制建设和监控。这实际上是把企业内部自主的风险管理行为强加为企业必须完成的法定义务。对于我国在美上市的企业而言，这就意味着必须建立健全包括法律风险管理系统与合规管理系统在内的企业内部控制体系。美国的这一做法，已经在加拿大、澳大利亚及欧洲部分国家普遍推广，今后将会为更多投资东道国所效仿。

（三）构建法律风险识别和管理机制是企业现实选择

企业法律风险管理不仅仅是法律的强制性要求，更是企业修炼自身、迎接复杂市场环境的现实选择。现阶段，我国传统法律顾问制度在工作模式、服务流程、工作重点、人员定位和配置等方面都存在重大缺陷。法律顾

---

① 1991 年，美国联邦量刑委员会颁布《针对机构实体联邦量刑指南》（FSGO），明确规定了违反联邦法律的犯罪企业的刑事处罚。不过，对于采取了发现和预防犯罪行为措施的公司，可以减轻处罚。2001 年，意大利颁布的合规管理指南中有"合规减免处罚"的内容。《英国反腐败法案》确立了对已建立充足合规程序与合规制度的公司免责的制度。参见王志乐：《合规建立有效的合规管理体系》，中国经济出版社 2016 年版，第 4—6 页。

② 例如，2006 年，国资委提出在央企全面建立总法律顾问制度的"两个"三年目标，同时要求央企在重大合同、规章制度和重要决策方面都要通过法律审核把关，做到"三个 100%"。国资委印发《中央企业全面风险管理指引》（国资发改革[2006]108 号）。2010 年，国家标准化管理委员会发布《企业法律风险管理指南（征求意见稿）》。2011 年，国资委出台《中央企业境外国有资产监督管理暂行办法》和《中央企业境外国有产权管理暂行办法》，要求中央企业海外投资时应加强内部控制等。

问常以解决纠纷为重点，习惯"头痛医头，脚痛医脚"的治标服务模式；在人员配置上，多表现为势单力薄、散兵游勇，无法满足企业日益庞杂的服务需求。法律顾问若只知法律知识，不懂企业经营、管理，又远离企业核心决策层，则对企业的重大决策影响乏力，所提法律意见、建议将不适合企业情况，很难达到防控法律风险之目的。这样的法律服务显然无法为企业的海外生存和发展保驾护航，也不适应企业可持续发展的需要。

企业海外投资需要将各类风险关口前移，实现以风险事先控制为主，"未病先防，已病防变"，系统、动态地管理风险。这需要克服传统法律顾问的种种弊端，实现"四个工作转变"，即由传统的救济型、参与型、封闭型、事务型向预防型、把关型、开放型、管理型转变，从整体上提升企业法律工作的保障作用与绩效水平。唯有如此，我国海外企业才能在主权债务危机蔓延、地缘政治日趋复杂、国际贸易保护主义持续升温，以及国际市场竞争更趋激烈、一些国家和地区的战乱与局势动荡时有发生的国际大背景下，应对各类风险。企业对法律风险的识别和有效管理，将提高对境外投资形势变化的敏锐性和发展趋势的预判能力，及时将经营中潜藏的法律风险从风险来源、形成过程、风险影响范围和程度等角度展开分析，减少或者避免由此引发的损失，将可化解风险作为投资选择，促进企业发展。法律风险管理作为企业全面标准化管理体制的核心内容，与公司治理、内部控制系统、企业道德规范和相关合规体制共同构成一个完整细密的企业管理系统。创建一个良好的法律风险管理系统，有助于优化企业治理结构、提升企业管理水平，从而增强该企业其他外部关系人（如企业债权人、股东、消费者、政府等）的信任和信心，吸引更多的战略投资者为企业融资，增强其在东道国市场的认可度和竞争力。

第三节　我国海外投资企业法律风险识别阶段演进

企业进行法律风险识别工作与开展法律风险防控或管理工作密不可分。尽管 20 世纪末，我国部分企业已经在企业法律风险防控领域开始了有益尝试，但是大规模的以企业法律风险事前识别、事中控制为模式的企业法律风险防控工作却是在 21 世纪初才得以逐步推广。

从我国企业实践考察，尽管法律风险识别无论从概念的提出还是工作推进上都要早于法律风险管理，但由于二者的紧密联系，有关法律风险管理的描述一般都包含法律风险识别。本书将从企业法律风险管理视角出发,对包含海外企业法律风险识别在内的法律风险管理的整体状况展开分析。在我国企业探索法律风险和法律风险管理的进程中,大致经历了两个阶段并呈现出不同的特征。

一、海外投资企业法律风险识别的初期探索阶段

进入 21 世纪,随着越来越多的中国企业渐渐意识到企业法律风险对企业经营的影响,企业法律风险的防控工作日益被重视起来。不过,企业最初的出发点是减少或避免法律纠纷的发生。随着风险理论在中国企业的流行,企业存在法律风险的事实逐步被广泛接受。许多企业,特别是中央企业,主动开始尝试开展各种形式的法律风险防控工作。2004 年,国资委明确提出第一个"三年目标",要求在 53 户中央企业和其他具备条件的中央企业内建立总法律顾问制度与法律事务工作机构。这一"三年目标"很快得到我国中央企业的响应。2004 年,中国移动率先在整个集团开展法律风险管理体系的探索,正式启动企业法律风险管理体系建设项目。该项目历时四年,对本企业的法律风险进行了界定,并构建了由法律风险分析、法律风险控制和法律风险评估与更新三大模块组成的法律风险管理体系。[1] 这是中国首次较为系统地从企业管理角度来研究企业法律问题的尝试,开创了企业法律风险管理的新篇章。随后,其他大型企业也开展了形式各样的法律风险管理活动。[2] 其间,国资委为这些企业着手建立法律风险管理机制、打造企业竞争"软实力"提供了有力指导。这一阶段,企业法律风险管理的特点是:

第一,以被动防范法律风险为目的,企业尚未完全接受法律风险主动识别和管理的思想。这一阶段,很多企业的法律风险管理工作还是停留在对传统企业法律顾问工作的改进上。企业法律部门的工作重点是发现企业存在的法律风险,避免或者采取措施来减少法律风险的发生。

第二,法律风险管理尚在摸索期,海外投资法律风险识别与管理几乎空白。不同企业对法律风险管理的对象、内容、管理机构、实施形式、流程等理解不一、做法不同。由于我国法律风险管理理论研究滞后,企业在这一阶段对如何开展法律风险管理工作进行了大胆探索。这一阶段的法律风险管理尚未搭建出成熟的业务操作模式,也未形成较为统一的内容。不

---

[1]　参见陈丽洁:"法律支撑服务可保障公司依法合规运营",http://blog. sina. com. cn/s/blog_c507ade80101fqyh. html.

[2]　陈晶晶:"培育世界一流企业的坚实法律保障",载《法人》2011 年第 12 期。

同企业的法律风险管理形式差异较大,或者以偏概全,将部分法律风险管理活动理解为法律风险管理全部。例如,一些企业认为,出具企业年度法律风险报告就是全部法律风险管理行为。另一些企业认为,企业的法律事务部门参与企业一些重要经营活动的决策就是法律风险管理。受对外投资步伐放缓趋势影响,企业海外投资法律风险识别和管理几乎处于空白。

第三,推行法律风险管理的阻力较大。受企业法务部门发挥作用和在企业所处地位的限制,法务部门开展法律风险管理活动常常面临较大困难。[①] 例如,法务部门无法取得企业其他部门和企业员工的全面配合,无法时时跟踪企业的经营行为;企业对法律风险管理工作往往持怀疑的态度,对法律风险管理工作的成绩认可度低;企业法律风险管理人才不足,或者不能满足法律风险管理工作的需要等。

二、海外投资企业法律风险识别的规范指导阶段

随着企业在法律方面暴露的问题及不断遭遇的大量法律风险事件越来越引起相关监管机构的重视,以 2006 年《中央企业全面风险管理指引》为标志,中国政府通过发布相关指导性文件,推动中国企业的法律风险管理活动逐步进入到体系化、全面化、流程化的阶段。企业不仅在境内法律风险管理工作上开展得有声有色,在海外投资的法律风险管理活动上也可圈可点。法律风险管理迸发出强大的影响力,在企业经营管理方面发挥着越来越重要的作用。法律风险管理在管理理念、管理内容和范围、管理人才培养等方面也表现出与前一阶段不同的特点。这一阶段,我国政府陆续出台的与法律风险管理相关的、非常重要的指导性文件包括:

1.《中央企业全面风险管理指引》。2006 年 6 月,国资委印发《中央企业全面风险管理指引》(国资发改革[2006]108 号),对中央企业开展全面风险管理工作的总体原则、基本流程、组织体系、风险评估、风险管理策略、风险管理解决方案、监督与改进、风险管理文化、风险管理信息系统等进行了详细规定,对《中央企业全面风险管理指引》的贯彻落实也提出了明确要求。《中央企业全面风险管理指引》第 3 条明确将企业法律风险列为企业五大风险之一,明确企业实施风险管理的对象应当包括法律风险管理的内容。[②]《中央企业全面风险管理指引》第二章提出,法律风险管理初始信息

---

① 参见张永坚:"中国企业法务管理的地位",http://blog.sina.com.cn/s/blog_9ae626ff01012xlj.html。

② 参见《中央企业全面风险管理指引》第 3 条。

包括国内外与本企业相关的政治、法律环境信息；影响企业的新法律法规和政策信息；员工道德操守的遵从性信息；本企业签订的重大协议和有关贸易合同信息；本企业发生重大法律纠纷案件的情况及企业和竞争对手的知识产权情况等信息。企业应对这些信息进行必要的筛选、提炼、对比、分类、组合，为进一步进行法律风险评估提供依据和基础。[①]

2.《关于指导民营企业加强危机管理工作的若干意见》和《全国工商联民营企业风险管理指引手册（试行本）》。2007 年 2 月，全国工商联办公厅印发通知，要求工商联会员中的民营企业，特别是大中型民营企业，建立和完善危机管理制度，进一步提高危机管理能力。2008 年 7 月，《全国工商联民营企业风险管理指引手册（试行本）》在"民营企业风险管理培训班"上发布，该手册以民营企业风险管理的识别、评价为重点，为民营企业提供风险管理的工具、方法，引导民营企业建立健全风险管理机制。该手册的发布标志着全国工商联引导民营企业加强风险管理工作进入了新阶段。

3.《企业内部控制基本规范》和《企业内部控制配套指引》。为加强和规范企业内部控制，提高企业经营管理水平和风险防范能力，促进企业可持续发展，2008 年 5 月，财政部会同证监会、审计署、银监会、保监会制定了《企业内部控制基本规范》（财会［2008］7 号），由此确立了我国企业建立和实施内部控制的基础框架。随后，2010 年 4 月，财政部再次会同国务院其他部委联合发布了《企业内部控制配套指引》，共同构建形成中国企业内部控制规范体系。这是全面提升上市公司和非上市大中型企业经营管理水平的重要举措，也是我国应对国际金融危机的重要制度安排。[②] 两个文件的出台是遵循外部监管要求与强化公司内生动力的一次结合，也是全面风险管理与企业内控体系的结合，客观上促进了企业法律风险管理的实施。

4.《企业法律风险管理指南》。2012 年 2 月 1 日，中国国家标准化管理委员会发布了《企业法律风险管理指南》（GB/T 27914-2011）。[③]《企业法律风险管理指南》结合国内外相关研究和实践，首次从风险管理的视角对法律风险的概念进行明确界定，并明确了企业法律风险环境信息对企业

① 参见《中央企业全面风险管理指引》第 16 条和第 17 条。

② 参见罗沙、韩洁："财政部会计司司长刘玉廷解读《企业内部控制配套指引》"，该指引包括第 1 号至第 18 号共 18 项企业内部控制应用指引、《企业内部控制评价指引》和《企业内部控制审计指引》，http://www.mof.gov.cn/mofhome/kjs/zhengwuxinxi/zhengcejiedu/201005/t20100505_290465.html。

③ 参见马丽、辛颖："企业法律风险管理国标试点启动"，http://www.cclpp.com/article_show.jsp?f_article_id=8926。

法律风险识别和管理的重要性。为保证法律风险识别的全面性、准确性和系统性，《企业法律风险管理指南》提出若干企业法律风险识别框架和一套企业法律风险管理的规范性操作指引，用于指导企业在其整个生命周期和所有经营环节开展法律风险管理活动。作为世界上首个针对企业法律风险管理领域发布的国家标准，《企业法律风险管理指南》使企业开展法律风险管理工作不再无章可循。企业可以根据自身管理基础、管理资源及管理需求，应用国家标准来实施法律风险管理，从而使本企业的法律风险管理资源投入与企业的风险管理目标相契合，达到有效管理企业法律风险的目标。《企业法律风险管理指南》从管理角度处理企业法律风险，将法律风险管理提升为一项具备独立价值的工作，标志着我国企业法律风险管理进入新的阶段，必将推动企业法律工作模式的彻底转变。

5.《国资委关于加强中央企业国际化经营中法律风险防范的指导意见》。鉴于国际化经营是整个国有企业——包括中央企业——的一个"短板"，2013 年 10 月，国资委出台《关于加强中央企业国际化经营中法律风险防范的指导意见》(国资发法规〔2013〕237 号)，强调中央企业应充分认识法律风险防范在国际化经营中的重要作用，加快推动境外业务、境外子企业建立健全法律风险防范机制，加强国际化经营法律风险防范工作体系和队伍建设，充分发挥企业总法律顾问、法律事务机构的重要作用，建立健全国际化经营法律风险防范责任追究制度，认真做好境外投资并购、国际贸易与投资中重点问题的法律风险防范工作。[①]

6.《关于中央企业开展全面风险管理工作有关事项的通知》。从 2011年开始，国资委每年年底前都会发布第二年《关于中央企业开展全面风险管理工作有关事项的通知》[②]，每一年都会为中央企业提出完成当年风险管理的具体工作要求。以 2012 年的通知为例，国资委要求中央企业逐步建立健全重大风险监测预警指标体系和重大风险管理全过程的动态监控，逐步将风险管理考核纳入企业绩效考核体系。该通知在要求中央企业强化"企业体检"制度的基础上，提出针对企业"三重一大"、高风险业务、重大改革、重大海

① 参见《国资委关于加强中央企业国际化经营中法律风险防范的指导意见》，http://www. gov. cn/gongbao/content/2014/content_2600087. htm。

② 参见《关于 2012 年中央企业开展全面风险管理工作有关事项的通知》，http://www. sasac. gov. cn/n1180/n1566/n258252/n258629/13998312. html；《关于 2013 年中央企业开展全面风险管理工作有关事项的通知》，http://www. sasac. gov. cn/n1180/n1566/n258252/n258629/15013168. html；《关于 2014 年中央企业开展全面风险管理工作有关事项的通知》，http://www. sasac. gov. cn/n1180/n1566/n258252/n258629/15619666. html；《关于 2015 年中央企业开展全面风险管理工作有关事项的通知》，http://china-rmic. com/info_1061. html。

外投资并购等重要事项,应建立专项风险评估制度。①

　　7.《企业境外经营合规管理指引》。2018 年 12 月 26 日,发改委等七部委印发《企业境外经营合规管理指引》,适用于开展对外贸易、境外投资、对外承包工程等业务的中国境内企业及其境外分支机构。除该文件外,2017 年 12 月 29 日,中国国家质量监督检验检疫总局联合中国标准化管理委员会发布 ISO19600《合规管理体系指南》(GB/T 35770 - 2017)。2018 年 11 月 2 日,国资委颁布《中央企业合规管理指引》。这些文件标志着中国企业法律风险管理步入合规发展阶段,它们强调企业境外经营应遵循合规管理的全面性原则,即合规管理应覆盖到企业全部境外业务领域、部门和员工,贯穿决策、执行、监督、反馈等各个环节,体现在决策机制、内部控制、业务流程等各个方面,并且为不同类型企业制定具体合规要求,明确要求合规管理部门和业务部门应当密切配合,以及工作遵循独立性原则等。

　　2020 年 4 月 7 日,ISO 风险管理委员会发布消息,ISO/FDIS 31022《风险管理　法律风险管理指南》顺利通过投票。该标准是在中国《企业法律风险管理指南》的基础上制定的,标志着我国在风险管理国际标准化领域的地位和影响逐渐增强。②

　　以上一系列规定为企业——尤其是中央企业——的法律风险管理工作不断提出新的工作要求,并将使中国企业境外经营风险防范管控上升至新的高度。为推进上述指导性文件的贯彻实施,国资委提出“建立机制、发挥作用、完善提高”的总体思路,并又连续实施了两个“三年目标”计划,明确提出在中央企业全面建立总法律顾问制度和企业法律风险管理体系建设的实施目标。经过连续九年的建设,中央企业在总法律顾问制度建设、法律事务机构设立、规章制度建设、合同管理、法律审核、案件纠纷管理等方面取得突出成绩。③ 中央企业的法治工作理念实现了由权益维护向价值创造的转变,法治工作目标实现了由法律风险防控机制建立向发挥作用的转变,法治工作体系实现了由独立分散向整体协同的转变,法治工作模

---

　　①　参见《关于 2012 年中央企业开展全面风险管理工作有关事项的通知》,http://www.sasac.gov.cn/n1180/n1566/n258252/n258629/13998312.html。

　　②　参见 ISO 官网,https://www.iso.org/standard/69295.html。

　　③　参见“大力推动中央企业法制工作三年目标建设　为打造世界一流企业提供坚强的法律保障和支撑”,国资委网站,http://www.sasac.gov.cn/n1180/n14200459/n14279647/14281050.html;参见黄淑和:“深入贯彻落实三中全会精神　全面推动中央企业法制工作迈向更高水平——在中央企业法制工作研讨会上的讲话”,http://www.sasac.gov.cn/n1180/n1549/n1660/n2065/15681873.html。

式实现了由专业事务向管理融合的转变。① 越来越多的企业着手建立企业法律风险管控信息平台,进一步加强企业法律风险识别、分析、预警工作。

与海外投资步伐相适应,企业境外法律风险防范工作同样成为企业法律风险管理的重要内容,许多中央企业开始积极构建境外法律业务管理体系。例如,中国东方电气集团有限公司(DEC)让法律部门参与境外子公司设立及法人治理结构完善工作,确保境外子公司经营管理符合投资地的法律规定。国家投资开发公司(SDIC)明确规定,法律事务部主要负责人为公司海外投资领导小组成员,全面参与公司海外投资工作。中国有色矿业集团有限公司(CNMC)要求法律事务部开展海外投资法律风险防范研究,为海外项目提供全程法律服务。武汉钢铁(集团)公司(WISCO)要求法律顾问全程参与在澳大利亚、巴西、加拿大投资项目的可研论证和商务谈判,及时提出法律意见,有效防范了境外项目的法律风险。② 中国海洋石油总公司(CNOOC)法律部门深度参与加拿大尼克森公司收购项目,全面完成法律尽职调查、法律文件起草和协议签署。中国南方航空股份有限公司(China Southern Airlines)法律部门积极为驻欧洲机构上门体检,系统开展境外法律风险识别、评估工作。电信科研院充分研究国际审查规则,加快海外专利申请,开展全球专利布局。中国电信、招商局等不少中央企业还组织编写了境外法律风险防范工作指引,进一步提升境外风险防控能力。

我国中央企业法律风险防控工作不仅直接影响着我国中央企业的境内投资和各项经营行为及活动,而且影响了这些企业的下属公司。此外,这些中央企业的实践和做法带动并影响着我国地方国企及民营企业的境内投资与海外业务,提升了我国企业海外投资法律风险防控的整体水平和防控效果。

这一阶段,中国企业法律风险管理活动呈现出以下特点:

第一,企业法律风险管理的观念已越来越多地得到认同,法律风险管理日益成为企业日常管理的一部分。与企业的生产管理、营销管理、财务管理、人力资源管理一样,中国企业——特别是中央企业——的法律风险

---

① 参见"大力推动中央企业法制工作三年目标建设 为打造世界一流企业提供坚强的法律保障和支撑",http://www.sasac.gov.cn/n1180/n14200459/n14279647/14281050.html。

② 参见黄淑和:"努力完成中央企业法制工作第三个三年目标 切实为打造世界一流企业提供坚强的法律保障——在中央企业法制工作会议上的讲话",http://www.sasac.gov.cn/n1180/n1549/n1660/n2065/14125178.html。

管理活动在这一阶段,已开始逐步成为企业日常管理的一部分。不同的是,法律风险管理工作已逐步成为中央企业与大型企业经营管理的基础性工作,通常由企业法务部门承担;而广大中小型企业也正在逐步开展这项工作,并聘请外部律师或者法律顾问参与企业法律风险管理机制建设。

第二,企业法律风险管理的范围与管理原则初步形成,管理的内容、流程与实施方式逐步固定。尽管不同企业来自不同的行业,企业发展与需求各不相同,在法律风险管理的具体对象、管理的内容、管理机构、实施形式和流程等方面不尽一致,但是受上述文件的影响,法律风险管理的模式逐步固定,法律风险识别方法逐步丰富,管理效果日趋显现。

第三,随着企业法律管理部门地位的提高,企业逐步培养出一批熟悉企业经营管理与法规和具有一定风险识别技能的法律风险管理人员。同时,企业法律管理部门地位的提高也催生了外部服务机构的律师、法律专家等为企业法律风险管理活动提供专业的咨询及服务。

第四节　我国海外企业法律风险识别成效、问题与展望

经历了初期探索阶段和规范指导阶段,中国企业对风险管理与合规管理的理念已广泛接受。在政府监管部门要求企业建立包括法律风险在内的合规体系的推动下,海外投资企业建立法律风险管理系统已经具备现实基础。多家大型企业已有若干成功案例可供其他企业借鉴。[①] 这些企业的董事会及高级管理人员日益重视法律风险防控工作的战略意义,为建立健全法律风险管理体系,从机构的设置、人员配备等方面予以大力支持,并不断在企业内部培育风险管理文化,使各级管理人员和业务人员牢固树立依法合规经营的观念与行为准则。这些企业多数已经建立内部控制流程、制度和绩效考核体系,作为法律风险管理系统不可或缺的组成部分,并且相互配合,共同实现对企业的全面有效管理。

尽管目前我国海外投资法律风险管理领域还存在着参与法律风险管理体系构建的企业数量偏少、法律风险管理体系覆盖范围有限、企业法务部门及负责人地位偏低等若干问题,但近些年,法律风险管理与合规管理

[①] 以中国移动通信集团公司作为典型代表,从 2005 年开始,先后在集团总部、各省公司开展法律风险管理体系的建设;目前,该公司已经启动新一轮法律风险管理系统的完善工作。此外,武钢集团、中粮集团、中国工商银行、南方电网公司等在法律风险管理体系建设中,均形成了符合行业及自身特点的法律风险管理系统。

对中国企业——特别是中央企业——的影响是显著的。无论是企业内部管理制度的建设和完善，还是法律部门地位、作用和工作机制的改变，以及法律风险管理人员的数量和能力的提升，都充分证明了法律风险管理对企业发展正发挥着毋庸置疑的作用。随着法律风险管理日益受到重视，中国企业法律风险管理必将进入新的发展阶段，从企业参与数量、法律风险管理体系建设等各方面逐步完善。

一、海外企业法律风险识别的成效

法律风险识别和管理实施的十多年，对企业——特别是中央企业——的影响是显著的，无论在企业内部管理制度和法律风险管理系统的完善与建设方面，还是法律部门在企业的地位、作用和工作机制方面，以及法律风险管理人员的数量、能力等方面，都实现了多项跨越，显示出这一机制对企业发展的强大作用。

（一）企业对法律的重视程度明显增强

当前，我国企业，尤其是国有企业，以法律顾问制度为核心，进行了卓有成效的法律风险防范机制建设。部分大型企业已能独立开展或在全面风险管理体系框架下开展法律风险管理活动，法律风险管理水平有了突飞猛进之提升。在法律风险管理机制构建实务中，通常由中央大型企业率先垂范，之后再推广至全部中央企业，并延伸到中央企业的重要子企业。很多大型企业集团将法治工作纳入子企业的业绩考核内容，另有一些企业注意法律部门与其他各部门工作的协同配合。企业日益意识到法律风险是可防可控的，无论制定经营战略还是从事具体的管理活动，都离不开法律的支撑和保障，构建现代企业法律风险管理机制能提升企业经营决策的质量和效能，"是企业战略支撑和核心竞争力的重要方面"[1]。法律风险的有效管理不但有利于企业总体效益，而且有益于中国总体法律环境的改善和法治的发展。

（二）企业的法律管理与经营管理日益融合

随着越来越多企业法律工作的重点由事后救济为主，逐步向事前防范与事中控制为主转变，企业法律管理与经营管理日益融合。实践证明，法律风险管理完全可以融入企业日常经营管理活动。[2] 法律管理与经营活

---

[1] 参见李予阳："央企法制建设十年硕果累累"，经济日报网，http://www.ce.cn/cysc/yq/dt/201305/22/t20130522_21493808.shtml.

[2] 参见邵宁："扎实提升风险管控能力　为创建世界一流企业保驾护航"，http://www.sinochem.com/s/1375-4641-13977.html.

动的无缝衔接,完全改变了传统法律事务以事后解决纠纷为主的工作模式,法律部门越来越多地介入企业决策和经营活动;工作内容也由打官司、审查合同,扩展至企业规章制度的制定、企业重大事项决策等;职能上也由企业权益维护部门逐步转变为业务保障部门和价值创造部门。

（三）企业法律管理制度化、信息化水平稳步推进

为实现法律风险管理及时性、体系化的构建和实施要求,企业需要不断完善各项制度、流程,形成"横向到边、纵向到底"的法律风险防范的完整链条。同时,为提高法律风险管理的效率及满足数据采集的需要,企业还要加强法律管理信息化。通过信息化,企业法律风险管理和识别活动中形成的对法律风险点的界定、法律风险行为描述与分析等的成果才能更容易被获取,提高其利用效率和使用频率。法律风险识别和管理工作的信息化提高了法律风险识别和管理工作的效率,减少了风险信息处理的误差,也减少了人为因素影响,满足法律风险管理动态、及时的要求。

量化分析技术在法律风险管理中日益得到推广。法律风险的量化分析是法律管理信息化和整个法律风险管理的关键。量化分析方法是否科学、量化法律风险分析的范围是否合适,将决定法律风险管理水平的高低。法律风险若不进行量化分析,就不能用统一的标准描述风险,也无法准确划分风险区间,以及评估不同法律风险对企业的影响程度。在目前开展法律风险管理的企业中,量化分析法律风险已经成为一种共识。但是,将何种量化分析的方法应用于以严谨、逻辑化的定性分析见长的法律领域,则是理论研究不断深入和实践不断探索的方向。

尽管中国企业在法律风险管理体系上的做法各具特色[1],也仍有大量法律风险识别和管理的问题有待解决,但是现有的管理法律风险的行为,客观上促使企业加强了对其经营行为的审核。例如,中央企业集团及重要子企业规章制度、经济合同、重要决策的法律审核率基本全覆盖后,企业因自身违法违规引发的重大法律纠纷案件明显减少。在法律纠纷处理上,法

---

[1] 例如,中国石油在集团内梳理了近 3 万个涉及重要法律风险的岗位,制定出近 11 万条风险防范措施。参见辛红:"外部环境巨变力促央企法律管理创新中石油总法律顾问郭进平称风险防控关键是岗位和个人",载《法制日报》2013 年 6 月 27 日。南航集团对不同投资区域的法律风险进行评估后,设定不同的法律风险监管级别,实行"红、黄、绿"标识管理,取得了"查色识险,按色控险"的管理效果;武钢集团先后在 19 个国家、地区展开布局,把境外法律风险防范机制建设作为提高境外企业管控能力的重要抓手,促进了海外业务的顺利开展。参见"深入贯彻落实十八届四中全会精神继续推动中央企业法制工作再创新辉煌——2014 年 11 月 4 日国资委副主任黄淑和在中央企业法制工作会议上的讲话",http://www.sasac.gov.cn/n1180/n1566/n11183/n11199/16123174.html。

律部门不仅筑牢了企业权益的最后一道防线,也维护了企业品牌、荣誉和形象。①

（四）企业法律人才培养机制日臻完善

加强企业总法律顾问制度建设和法律风险管理人才培养机制,是企业法律风险管理的客观需求。中央企业在整个法律风险识别和管理过程中成绩斐然。至今,我国几乎全部中央企业都建立了总法律顾问制度,部分企业已将这一制度推进到子企业中。企业总法律顾问的专职化比例也不断提高。同时,通过不间断地对法律顾问开展集中培训、境外脱产培训等,逐步提高了企业法律顾问人才的专业化水平。

2021年3月9日,人力资源社会保障部会同国家市场监督管理总局、国家统计局发布通知,将企业合规师列为《中华人民共和国职业分类大典》的18个新职业之一。② 企业合规师主要从事企业合规建设、管理和监督工作,包括但不限于制定企业合规管理战略规划和管理计划;识别、评估合规风险与管理企业的合规义务;制定并实施企业内部合规管理制度和流程;开展企业合规咨询、合规调查,处理合规举报;监控企业合规管理体系运行有效性,开展评价、审计、优化等工作;处理与外部监管方、合作方相关的合规事务;开展企业合规培训、合规考核、合规宣传、合规文化建设等,从而使企业及企业内部成员行为符合法律法规、监管要求、行业规定和道德规范。企业合规师作为国家认可的新职业,是中国企业合规管理发展历史进程上具有里程碑意义的事件,它将为中国企业合规管理专业人才队伍培养与建设提供重要支撑,为企业合规管理专业人才走上职业化发展道路提供清晰路径,为企业开展有效合规管理工作提供专业人才保障,也将为中国加快实现国家治理体系和治理能力现代化贡献专业力量。

二、海外企业法律风险识别的问题与挑战

尽管我国企业对海外投资的法律风险识别和管理日趋重视,中央企业及部分地方国企、民营企业已陆续开展法律风险管理工作,或者以法律风险管理为突破口,开展全面风险管理与合规管理体系建设,但总体而言,不同企业对风险的感知因企业所属行业及国际化战略的差异而有不同。法律风险管理及体系建设的实务积累与实践基础还比较薄弱,企业对外部专

---

① 例如,宝钢法律部在澳大利亚等国家的反倾销案件中获得胜诉,为公司保住了市场;中粮集团等通过工商执法和司法诉讼等法律途径,依法打击侵犯本企业商标字号专用权的行为。

② 参见《人力资源社会保障部办公厅市场监管总局办公厅统计局办公室关于发布集成电路工程技术人员等职业信息的通知》(人社厅发〔2021〕17号)。

业机构介入上述工作的需求依旧比较强烈。受国际投资多样性与复杂性、风险识别能力等因素的限制,目前我国企业境外投资法律风险识别和法律风险管理仍处于经验积累与探索阶段,在境外投资的法律风险识别和管理上面临诸多挑战:

（一）法律风险识别及管理尚未置于企业战略高度

在复杂多样的法律风险环境下,海外投资企业仅凭朴素的法律意识和常规法律风险处理手段是无法应对挑战的。尽管风险管理为企业提供了识别和衡量损失风险的方法,但是我国企业对海外投资法律风险管理的认识大都还停留在职能管理的层次上,并且更重视技术性风险识别手段的运用,重视从流程、技术等"点"的层面去把控风险,轻视风险管理所蕴含的法律精神。由此,法律风险识别和管理常常出现下列问题:

1. 从事法律风险识别和管理的海外企业数量有限,构建与实施法律风险管理体系的经费投入不足。路伟律师事务所曾经发布《中国 100 强企业法律风险环境排名分析报告》,指出中国企业投入法律风险防控的费用远远低于世界平均水平。[①] 这一状况经历这么多年,有一定变化,但未明显改善。经费不足直接影响企业法律风险管理体系的质量和实施效果。相比而言,构建与实施法律风险管理体系的企业还是以国有大型企业为主。在目前海外投资私营企业的数量已经占据绝对优势的背景下,受观念、经费、人才等限制,将法律风险管理融入企业管理的企业数量仍然较少。事实上,私营企业承受法律风险的能力远弱于国有企业,发生法律纠纷的概率更高,更需要构建适合的法律风险管理体系。

2. 法律风险识别和管理的范围有限,无法全方位覆盖到企业各层面。企业法律风险识别和管理亟待加强体系化、流程化建设。目前,跨国企业的法律事务管理日益向集中垂直方向发展,它们通常在企业总部设立一个职能较为全面的法律事务部门,集中管理企业各项法律事务。子公司和分公司的法律事务部门的负责人由总部直接派驻,受总部总法律顾问任命和考核。这种管理模式保障了企业能构筑全面、立体的法律风险防控体系。中国企业法律风险的管理模式尚在形成中,分散管理、片面管理的现象普遍存在。大多数企业的法律管理尚未嵌入企业业务流程,致使法律工作容易呈现孤立、封闭状态。

在法律风险识别和管理范围方面,中国海外投资企业的片面化、分散

---

① 参见王思鲁:"中国企业需要怎样的法律风险管理服务",http://blog.sina.com.cn/s/blog_56fc8e140102v9ck.html。

管理的问题更为突出。一方面源于我国企业海外投资多采用海外事务部的设置方式，该部门主要职能为经营层面，其他管理职能分散于企业其他管理部门。这种组织结构模式几乎不能开展独立的、全面的法律风险识别和管理。另一方面则源于企业受管理技术、经验、管理成本，或者法律管理部门职能等的限制，法律风险识别和管理活动过于片面，无法对海外投资各方面、各层次开展系统的法律风险识别和管理。聚焦于企业法律风险识别领域，多数企业要么尚未明确界定自身法律风险，要么对法律风险还处于粗略分类或定性分析阶段。一些企业因为业务领域广、链条长、法律风险遍布，风险识别常常无从下手、不知所踪。许多企业没有一套完整、规范、结构化的法律风险识别方法和流程，法律风险识别基本上处于一事一议阶段，常规法律风险识别工作很难在企业中全面铺开。此外，法律风险识别也多依靠企业法务人员的经验判断，科学性和准确性有待提高。同时，站在法律风险管理全过程视角审视，多数企业更注重对法律风险的识别和评估，对法律风险后续应对措施和改进效果的评估较为薄弱。这将影响企业整体的法律风险防控计划的实施和调整，也不利于法律风险管理体系的持续改进和更新。

3. 尚未根本转变企业法律工作模式。我国企业法务部门与总法律顾问的地位总体偏低是不争的事实，这种状况将影响法律管理职能的发挥。海外企业法律工作包括事务性工作和管理性工作。在大多数企业中，法律部门的主要工作仍局限于具体法律事务的处理，如合同审查、法律咨询、纠纷案件解决等。这种简单、重复性的劳动令企业法务人员无暇顾及和参与企业管理。同时，大多数企业的法律部门与其他部门的地位相似，只是职能有所不同。企业法律风险管理工作是对企业的综合管理，是从企业总体利益出发的，需要协调企业内部各部门或对外的各种法律关系。若法律顾问无法进入企业管理层，企业法律部及其负责人就无法发挥全面管理企业法律风险的作用。法律管理的目的无法实现，对企业的影响可能是全面的或致命的。

风险管理与合规管理是企业战略管理的必要内容，应当成为企业高层关注的焦点和一项重要工作。只有这样，才能使海外企业的法律风险识别成为企业法律风险管理、企业全面风险管理，乃至企业合规管理与企业内控体系的重要基础。应当宏观、全面地分析企业面对的国内外风险环境，将法律风险识别和控制深入到企业的管理流程、服务流程与整个经营过程，全方位、全过程和全员参与。这需要企业制定具体战略、建立系统联动的工作机制，从识别人员组成、识别工作范围、识别方法选择、定性分析和定量分析手段结合等各方面考虑，遵循法律风险识别原则，实现企业法律风险识别之目的。这样的要求，对于中国海外投资企业而言，还有很长的路要走。

（二）海外投资企业法律风险识别和管理研究尚待加强

现阶段，有关企业法律风险管理的理论研究日益得到重视，并已取得很多研究成果。法律风险管理技术、识别方法等逐步应用于企业海外投资法律风险管理实践。不过，理论研究尚不能满足企业海外投资的现实需要，主要表现为：

第一，海外投资法律风险识别理论研究较为薄弱，无法满足企业海外投资法律风险识别和管理需求。一方面，我国目前国别法的研究与行业法律的研究仍然较为薄弱，无法满足海外企业的需求。另一方面，基于普适性原则考虑，现有理论研究和政府指导性文件都着眼于所有企业，提出适用于所有企业的法律风险管理指导。一个比较典型的例子就是《企业法律风险管理指南》，其明确适用于我国任何类型企业的法律风险识别和管理活动。但是，这种方式对企业境外投资法律风险识别活动则缺乏针对性，没有更多考虑海外投资是处于完全不同于国内的法律风险环境下的投资。尽管我国政府陆续发布了有关海外企业法律风险管理、合规管理、内控管理的指导性文件，但它们在内容上仍然过于宽泛和抽象，仍多体现类似全面性、系统性等主观性管理标准，可操作性不强。企业在法律风险识别中的细节问题，如海外投资法律风险识别对象、范围、流程，以及法律风险管理部门与其他部门职责划分等问题，均欠缺进一步指导。这在一定程度上限制了海外法律风险识别在企业间的推广。我国政府已关注到这一问题，并陆续出台对不同国家投资的法律风险指引，如国务院国资委、商务部组织部分境外业务经验较丰富的中央企业、研究团队编写《企业境外法律风险防范国别指引》《对外投资合作国别（地区）指南》等，通过概括介绍我国投资或贸易业务较为集中国家的投资环境，以及主要业务领域的法律制度、政策和参加国际规则情况，提示企业防范主要法律风险。不过，这些国别指引更多起到法律风险环境指引作用，对于单个企业投资海外项目而言，投资东道国法律风险环境仅仅只是其法律风险的一方面因素，企业境外投资经营的内部法律风险如何识别依然缺乏指引。此外，由于法律法规、商业习惯、文化传统等的差异，那些在国内不常发生的风险，可能会成为企业识别的盲区。即使某些在国内可见的风险，也可能照搬国内思维，用识别国内法律风险的方法和经验认识与应对境外投资风险，造成较大的识别结果偏差。

第二,由于法律风险管理本身的复杂性和跨专业性,相关的理论研究并不能满足企业构建与实施法律风险管理的现实需要。在法律风险识别手段和方法上,我国多数企业仍停留在"感性"风险管理的基础上,缺少运用法律风险定量识别工具的能力,法律风险度量分析水平较差。现有的常规法律风险识别方法能解决一部分的法律风险问题,但容易导致风险识别的局部性,如人员访谈法、文献资料分析法、案例分析法、德尔菲法、故障树分析法(Accident Tree Analysis)、现场调查法、SWOT 分析法等。尽管这些方法在感知、预测或分析法律风险时各自发挥不同的作用,但也存在着明显缺陷。例如,访谈法能获知企业部分法律风险信息;文献资料分析法或案例分析法能对企业法律风险进行综合分析和归纳;德尔菲法可凭专家的专业知识或者经验,对企业法律风险进行定义、归类;事故树分析法有助于对企业海外投资的法律风险因素和潜在因素进行辨识与评价等。但是,上述风险识别方法把握海外企业宏观法律风险较具优势,对企业微观法律风险信息的采集或获取较为困难,且信息获取的主观性倾向较为明显;同时,可能存在法律风险信息获取的全面性、准确性不足,无法揭示法律风险事故发生因素,或者仅在分析现有数据信息方面存在优势等问题。法律风险识别方法的系统性不足,还反映在法律风险识别框架和主线的缺乏。企业往往习惯按职能或者部门对法律风险分别识别,极易造成法律风险识别的碎片化,形成风险信息孤岛。这些缺陷对海外企业的法律风险识别和管理的影响可能是致命的。此外,由于我国企业海外投资起步较晚,投资地域广泛、投资行业多样、投资情况多变,企业可供比对或参考的国内的、历史的或者同行业的数据信息较少,加上企业内往往涉及多个管理层级,各岗位在履行职责和内容方面与国内企业不同,简单、粗放地进行法律风险识别可能导致法律风险识别清单结果的准确性大打折扣,影响企业法律风险识别能力。法律风险识别和管理的实施效果及其评估依然面临短板,导致很多企业对法律风险管理仍然存在怀疑或者持观望态度。在法律风险识别的可重复性方面,企业法律风险管理监督与反馈等方面均存在问题,有待理论研究的进一步深入。[①]

(三)法律风险管理人才匮乏

以上企业法律风险管理的问题与专业人才的匮乏密不可分。专业人才的匮乏直接影响法律风险识别的质量,并限制法律风险管理的全面推

[①] 参见马丽、辛颖:"企业法律风险管理国标试点启动",http://www.cclpp.com/article_show.jsp? f_article_id=8926。

广。尽管经过十几年的发展,中国企业法律风险管理与合规管理已取得长足进展,并培育出一批法律风险管理人才,但是法律风险管理涉及法学和管理学的交叉,是应用法学的重要组成部分,也是企业危机管理中的重要分支。因此,合格的法律风险管理人才必须首先具备扎实的法学功底,掌握风险管理知识,懂得企业相关业务知识,具备丰富的诉讼经验,熟悉企业现状和发展战略,了解企业制度和文化,能够站在企业管理者的高度来洞悉整个企业的法律风险。企业海外投资的法律风险识别人员还必须具备较为深厚的国际投资法律背景。当代国际投资法律体系本身就非静态法律体系,而是持续演变的动态框架。一方面,国际投资法律的发展促进了国际投资环境的明晰和稳定;另一方面,国际投资法内容的多样性和复杂性不断加深。[1] 这种状况对于法律风险识别而言,不仅意味着对法律风险识别的范围需要不断调整、更新,而且对法律风险识别人员提出了比国内法律风险识别更高的专业要求。风险识别人员同时还需具备国际法律纠纷处理能力和经验,熟悉企业国际化经营管理状况,了解企业相关岗位的法律风险状况等。此类复合型、高标准的人才数量有限,难以满足日益庞大的企业海外投资法律风险识别和管理的需求[2]。另一方面,中国法学教育多注重对法律理论知识的培养,鲜有设置实践操作能力强的法律风险管理专业。法律风险管理人才后备不足的突出矛盾也是导致海外企业自主识别法律风险能力较弱的直接原因之一,很多企业的法律风险管理和识别工作都不得不需要外部专家的帮助与指导才能完成。

从我国企业常规法律风险识别人员的背景分析,他们大多是法律从业者,对传统法律事务的风险识别较为得心应手,但对企业海外并购、上市融资、产融结合等交易的风险识别与感知能力较弱,可能使这些资本运作项目实际上处于法律风险监管盲区。从工作职能和工作内容上看,他们也需要改变传统企业法律顾问的工作习惯和角色定位,从法律服务人员,即处理常规事务、应对随时可能发生的纠纷,转变为企业管理人员,即对海外法律风险进行事前和事中识别。这种从被动提供法律服务到主动发现法律风险并积极施以管理措施的转变,对海外企业法务人员同样是严峻挑战。

从法律风险识别要实现和解决的问题上看,海外企业首先必须对经营中可能产生的法律风险源及类别有着清晰、准确的判断。同时,通过法律

---

①　联合国贸易和发展会议专题论文:"国际投资规则的制定:评估、挑战与前景展望",http://doc. mbalib. com/view/4d7cd20f0e880a39701bf0a30fbcf5f5. html。

②　盛东生:"企业法律风险管理服务的难点之一——系统性",http://blog. sina. com. cn/s/blog_476bc82e0102ek8p. html。

风险识别的结果，企业借助法律风险分析和评估活动所奠定的基础，形成符合海外投资经营目标的法律风险控制方案。从以上对海外企业法律风险识别面临的问题之分析，我国海外企业的法律风险识别尚处于摸索阶段，在解决识别领域的具体问题方面，还没有形成较为成熟的理论和方法，有待企业和理论界继续探索。

三、海外企业法律风险识别的展望

随着"一带一路"倡议的推进和落实，企业在巨大投资机遇面前也正遭遇前所未有的政治风险、社会风险、法律风险等的考验。海外投资企业的法律风险识别随着风险范围和内容的不断扩大与演化，识别难度也在提升。

虽然中国法律风险管理起步较晚，且发展不够迅猛，特别在私营企业中仍然存在法律风险管理意识不到位、实施经费有限等问题，但随着越来越多企业管理者认识到企业经营不仅需要法律上的论证，更需要将法律视为企业战略资产的重要组成部分，法律风险管理的构建和实施成为许多企业的自主选择。越来越多企业已认识到法律风险管理在创造和保存企业资产、维护商誉、增加企业市值等方面的价值。相当多的企业正用全面、整体的法律风险管理与合规管理实践证明，这些措施能够降低法律管理的成本，也能减少企业各项损失和额外支出，甚至可作为排挤竞争对手的利器。[①] 法律风险识别不但因企业内生需求而取得长足进展，中国政府持续推动和国务院国资委等机构的外部要求也进一步引导它向纵深发展，呈现出以下发展趋势：

（一）企业风险管理与合规管理需求推动法律风险识别向纵深发展

近年来，我国政府不断完善企业境外投资的法律法规，企业境外投资风险管控意识从制度层面得到加强，有效减少了非理性对外投资。企业在对外投资的核准、备案、报告、登记等主要程序上，直接或间接地接受我国监管机关的监管。为此，境外投资企业需要在投资目的、投资行业、投资东道国、投资主体选择、投资金额、企业自身财务状况等方面进行风险识别或者法律风险识别，确保那些可能影响、限制或阻碍企业境外投资项目启动的风险或者风险要素及时被甄别出来。经过多年的努力，我国众多企业境

---

① 以海信进军德国受挫案为例，1999 年，西门子公司在德国抢先注册"HiSense"商标。为进入欧洲市场，海信集团不得不于 2002 年底致函西门子公司洽谈注册商标转让事宜。西门子则要求海信支付注册商标转让费 4000 万欧元。虽然双方最终握手言和，但西门子用法律手段阻碍了海信进军欧洲市场的步伐，为自己赢得了更多市场空间和发展机会。参见王军辉："企业发展经营中法律风险管理的作用（一）"，http://hunterlawyer. blog. sohu. com/145374605. html。

外投资的法律风险管理与合规管理成效显著,逐步形成境外投资项目管控和境外投资整体合规管理两大模式,不同模式下的法律风险识别的重点和内容有所不同。

在境外投资项目管控上,一些企业从投资主体、投资流向、投资收益、投资风险、程序控制等方面开展项目合规管理。它们通常需要全面评估下属企业实力,确定是否独立开展境外投资项目,或者以参股等形式参与其他投资主体的境外投资业务。同时,它们强调境外投资项目与企业主业和战略规划一致,限制对敏感行业的境外投资,限制在敏感国家或地区开展境外投资,或者对不同类型境外投资项目设置投资收益底线,明确投资退出方案,并对境外投资项目开展全过程风险评估、管理,强调项目各环节依法依规等。由此可见,境外投资项目管控注重项目不同阶段的法律风险识别,识别的主要内容包括:为获取项目东道国法律风险环境、项目审批、投资交易等情况,开展项目前期可行性分析和尽职调查中的法律风险识别;在项目经营阶段,对我国及东道国法律风险与合规风险的识别,包括但不限于企业架构、交易结构、合同、税收,以及与合作伙伴或者竞争对手相关的风险识别等。

在境外投资整体管理上,企业应着眼于境外投资全面法律风险管理与合规管理。在风险识别的范围上,企业不仅需关注东道国法律、行业规定,而且需同时满足我国的合法合规性要求。对不同类别的法律风险,如违反反商业贿赂法、反腐败法、反垄断法、资本市场监管要求、会计法和会计准则等规定的法律风险,企业经风险识别后,应构建法律风险管理体系或合规管理体系。由此,法律风险识别无论在合规管理制度体系的建立、全员合规理念的信守、合规文化的培育等方面,还是在企业合规风险的排查、重大法律风险的预警等方面,都将发挥越来越重要的作用。

(二)法务部门及法律顾问角色将发生转变且地位不断提高

2013 年 7 月,国家标准化管理委员会批准《企业法律风险管理指南》国家标准第 1 号修改单,明确要求"企业应设立专门的法律事务管理机构或者岗位,并明确其法律风险管理职责,具体包括但不限于,明确本企业法律事务管理机构或岗位的人员组成。大型企业应建立总法律顾问制度,设置企业总法律顾问,全面负责企业的法律风险管理工作;其他企业根据自身条件和管理需求,必要时可设置企业总法律顾问"[①]。该文件有关企业

---

① 参见《关于批准 GB/T 27914-2011〈企业法律风险管理指南〉国家标准第 1 号修改单的公告》,https://www.doc88.com/p-9704157681158.html。

法律事务管理机构和总法律顾问设置的规定，强化了企业法律风险管理部门的机构设置、职能配置和作用发挥。

日趋复杂的全球经济环境使企业法务管理与合规管理的重要性凸显，而企业内部治理结构的变化也使企业对法务管理的需求增加。[1] 法务部门日益成为利润中心而非成本中心。2021 年 3 月 18 日，企业合规师正式列入我国人力资源社会保障部、国家市场监督管理总局、国家统计局的《中华人民共和国职业分类大典》。合规职业的设置终于与我国众多合规管理标准相匹配。虽然此前这一职位并未在企业岗位中列明，但是对于合规建设做得相对较好的企业而言，相关工作早已由企业法务人员承担。显然，他们的工作内容早已不再局限于合同审查、参与纠纷解决等。随着风险管理、合规管理等概念的明确化、科学化，合规风险识别和评估、合规制度及流程管理、合规培训、合规考核、合规文化建设，以及企业与外部监管方、合作方的风险评估和管理等，日益成为法务部门的重要工作内容。工作内容的转移预示了企业法务人员角色的转变。法务部门逐渐由"阻力"部门转变为"助力"部门，与企业日常管理高度融合。

企业法务部门角色的转变，也预示着法务部门在企业的地位将发生变化。这种变化集中反映在企业法律顾问地位和角色的转变上。总法律顾问越来越多地成为企业董事会成员，参与解决企业治理问题；甚至成为企业治理的主要建言者，向董事会负责。一些企业总法律顾问集首席规则官（Rules）、首席负责官（Responsibility）、首席权利官（Rights）和首席风险官（Risk）于一身。可以预见，全程参与企业经营管理、合规管理、政府公共关系，乃至各项专门事务管理的总法律顾问，在企业领导层中的地位必将进一步提升[2]。

（三）法律风险管理与合规管理组织体系设置更趋合理

在政府推动及企业法律风险管理与合规管理迅速发展的直接动力下，我国企业境外投资的法律风险管理体系与合规管理建设在组织机构、人员、职责设计等方面取得长足进展。

借助跨国公司的经验和参考近些年我国企业法律风险管理的实践，越来越多中国企业进一步改变传统的法律工作思路和方式，在工作的层次、

---

[1]　黄胜忠、余凤："企业法务管理的内涵、发展历程及趋势展望"，载《商业时代》2014 年第 2 期。

[2]　以美国公司为例，其一般在高管层面设立总法律顾问（General Counsel），有时也称为法律主管（Legal Director）或首席法务官（Chief Legal Officer），是与首席财务官、人力资源副总裁、销售副总裁等同级别的核心管理团队成员，负责管理全公司的法律事务。由于这些公司的总法律顾问一般都有深厚的职业背景和广泛的社会影响，因此法律意见往往容易产生较大的影响力。

难度、数量等方面发生巨大变化。为此，构建一套完整的风险管理制度、健全的组织体系和完善的法律风险管理流程，是实现上述变化的必要保障。只有这样，企业法律风险管理工作方能实现与业务的深度融合及持久发展。结合国内法律风险管理与合规管理的经验，许多企业的董事会、经营管理层和业务部门通过构建风险合规管理组织体系，细化管理职责，形成上下联动的境外合规管理机制。董事会合规管理委员会负责境外投资项目合规管理规划、审议重要制度等，从顶层设计上保证境外风险管理与合规管理体系的运行。经营管理层通过风险管理委员会来履行境外合规管理职责，指导境外风险管理与合规管理工作。企业风险合规管理部设境外投资合规官，根据董事会和经营管理层的合规管理委员会与风险管理委员会的工作要求，做好境外投资合规管理与风险管理具体工作的落实，协调各部门（特别是投资部门、财务部门、项目部门）的境外合规管理活动。境外投资相关部门内设兼职合规风险管理员，收集风险管理信息，定期反馈。通过层层设立风险合规管理组织体系，企业逐步形成分工明确、职责清晰、沟通顺畅的组织架构和工作流程，为有效开展法律风险管理与合规管理奠定组织基础。考虑到境外投资法律风险的特殊性和专业性，境外投资合规人员需要进一步细分方向，确保企业在数据安全、反腐败、反洗钱等诸多领域都具有一定的专业水准。

（四）法律风险管理和识别理论进一步丰富

随着风险管理与合规管理理论研究的深入，境外投资的法律风险管理理论将得到延伸。合同法律风险管理、知识产权风险管理、税收风险管理、重大并购重组法律风险管理、投融资项目法律风险管理等专门化风险管理的内容将不断丰富。同时，随着国别法研究的深入和中国企业投资"一带一路"沿线国家与地区的增多，对不同国家、不同行业的法律风险识别和管理理论研究也将会不断深化与扩展。境外法律风险管理与合规管理的理论研究还将随着重点项目的增多，转向针对不同项目的法律风险管理与合规管理研究。例如，基础设施和能源投资往往涉及复杂的合同架构与众多当事方，有些项目还会与东道国政府或者代表政府的国有公司相关。企业往往斥巨资（或在银行的资金支持下），与有关国家签订履行期限较长的特许协议。这将不仅需要对项目经营风险有着较为准确的识别、评估，而且需密切关注东道国政府更迭等可能引发的政治风险。

大数据与人工智能技术的发展推动法律领域的变革。在席卷全球的智能司法建设进入快速发展期的大背景下，法律风险管理与合规管理的信息化、智能化也备受企业重视。企业法律风险识别将突破传统风险信息获取、分析的渠道和方式,大量引入智能化手段。这不仅能使企业在海外投资风险管理与合规管理中获取海量数据,开展风险量化分析和评估,也能降低信息不对称引发的识别风险,提高企业风险控制措施的针对性和有效性,提高整个法律风险管理与合规管理的工作效率和效能。不过,法律风险识别的智能化建设实践面临理论根基不牢、依据把握不准等问题。这种新型的风险识别和分析手段对法律风险识别作用的发挥,取决于对智能司法决策内在逻辑、基本方式、作用机理等原理性理论研究的深浅。[①] 智能化法律风险识别的现实需要将推动相关理论研究的探索。

---

① 高翔:"智能司法的辅助决策模型",载《华东政法大学学报》2021 年第 1 期。

第三章　海外投资企业法律风险
识别原则与识别框架

　　为全面、系统和准确描述企业海外投资的法律风险状况,并进一步明确法律风险识别的对象和范围,企业有必要在法律风险识别时遵循必要的识别原则。海外企业法律风险识别原则除将《企业法律风险管理指南》《企业境外经营合规管理指引》等确立的原则作为基础外,还应考虑海外投资法律风险的特殊性,支持海外企业投资决策和经营管理活动,符合并满足企业国际化战略需求。在识别框架的选择上,企业应根据经营管理需求,构建适用于海外投资的法律风险识别框架。

第一节　海外企业法律风险识别原则

　　法律风险识别是海外投资企业法律风险管理与合规管理的重要组成部分。因此,企业需要遵循法律风险管理的全面原则、综合原则和适度原则。同时,为适应企业境外经营活动,推动企业持续加强合规管理,法律风险识别工作还应立足于国际投资环境和企业法律风险管理与合规管理要求,从法律风险识别目的出发,保障法律风险识别和管理质量,遵循下列原则:

一、全面、综合、适度原则

　　海外企业法律风险识别应对企业内外部庞杂的风险信息从不同层面,系统、全面地开展风险识别。同时,法律风险识别的目的是有助于开展企业的法律风险管理与合规管理,相关活动不应给企业管理造成不必要的负担,也需要考虑企业法律风险管理与合规管理在管理范围、程度上符合适度原则。

（一）全面原则

全面原则是指企业法律风险识别在范围上应覆盖所有境外业务领域、部门和员工，贯穿决策、执行、监督、反馈等各个境外投资运营和管理环节，体现企业决策机制、内部控制、业务流程等各个方面。

风险总体上说是不可能消灭的。在企业境外投资行为的不同侧面和企业管理的不同层面上，法律风险如同密集存在的网络环境。试图摆脱风险，只能导致更大的风险。为实现法律风险管理与合规管理的要求，企业必须全面考察海外投资中遭遇的各类风险的可能性，了解各类法律风险因素及可能引起的损害性后果，采用多元方法和手段对境外投资中的各类直接、间接的法律风险进行归类。为保证对风险分析的准确度，企业应进行全面系统的调查分析，揭示法律风险的性质、发生概率及损失程度。为此，用科学系统的方法来识别和衡量法律风险尤为关键。对法律风险的识别既包含对风险的全面总体认识，也包含着对风险的定性和分类，同时蕴含对后期合理的风险控制和处置措施的考量。

风险随特定空间与时间条件的变化而变化。[①] 对于任一海外投资企业而言，不存在一个放之四海而皆准的风险内容。一成不变的风险应付策略本身也蕴含着极大的风险。因此，法律风险识别的全面原则还体现为对境外投资法律风险识别中的全过程、常态化和制度化方面的要求，即法律风险识别必须注意观察风险之外其他事件的变化可能导致的对某一特定风险的内容、形式和损害程度的变化，并将对这一变化的持续动态跟踪调查作为企业法律风险识别的常态化工作，揭示法律风险内在变化规律。常态化的法律风险识别离不开企业从制度上予以确立并严格执行。只有这样，才能从风险识别的空间范围到时间范围均满足全面原则。

（二）综合原则

综合原则强调法律风险识别应当将多种方法综合运用于海外企业法律风险识别，并坚持科学方法与常规经验相结合。

海外投资的法律风险在风险类型、性质和损失后果方面差异较大。法律风险识别方法往往对某一类风险或者性质相似的风险识别效果明显。若全面识别企业面临的不同种类、形态各异的风险，采用单一风险识别方法不能实现目的。为此，应结合不同风险识别方法的优势与缺陷，综合运用多种风险识别方法，并相互印证识别结果。

法律风险识别的综合性也体现了科学性与常规经验相结合原则。科

---

① 王育宪、王巍：《保险经济论》，中国经济出版社 1987 年版，第 64 页。

学性与常规经验相结合原则是指法律风险的识别和衡量必须用科学方法，对企业的经营活动及所处环境量化评估，并将数学理论应用于统计和计算，得出科学合理的分析结果。法律风险事件发生与否有一定的偶然性，受人为因素影响较多。单纯用计算方法得出的量化结果，并不能完全准确地识别和评估法律风险。同时，法律风险识别具有主观性，离不开风险识别者与合规管理人员的主观经验和判断。受主观影响和风险识别方法的局限，对某类法律风险是否发生及是否导致损害性后果的判断存在偏差。由此，将科学性与常规经验相结合，有助于得到较为准确的法律风险识别结果。

（三）适度原则

企业法律风险管理与合规管理应适度但不过度，兼顾成本和效益原则。海外企业应根据企业战略与业务发展的重要程度及对企业影响的大小，确定不同管理层级的授权内容和范围，使它们既有权也有责。同时，根据风险评级的高低来确定管控的力度，在法律风险高的环节应加强法律风险管控与合规管理，在法律风险较低的环节应适当减少风险监控。过度实施法律风险管理或者合规管理策略，势必导致企业整个管理体系的繁复冗赘，不但会令企业组织机构臃肿、僵化，而且会遏制企业的创新力、降低企业的管理效率。

法律风险识别的价值在于，为海外企业进行法律风险管理与合规管理提供前提和决策依据。作为法律风险管理与合规管理的组成部分之一，法律风险识别活动也必须符合适度原则。同时，海外企业法律风险识别活动自身也应从境外投资范围、组织结构、业务规模等实际出发，避免给企业带来过高的成本支出或者增加经营管理负担。显然，企业应选择成本支出较小、效果最佳、识别周期最合理、最具可操作性的风险识别方法，提高法律风险识别的有效性，为企业赢得最大的法律风险管理与合规管理效益和安全保障，否则将降低企业开展法律风险识别的积极性，影响法律风险识别的广度和深度。

二、与政治风险、社会风险识别相结合原则

当前国际局势波诡云谲，企业海外投资频遭政治风险、社会风险侵袭。伴随着对这一影响的关注[①]，有关这类风险的识别和应对研究日益增

[①] 相关研究可参见何金花、田志龙："多重反对型利益相关者行为视角下的政治敏感型海外投资微观政治风险研究"，载《管理学报》2018 年第 12 期；钞鹏："外国政府在企业海外投资政治风险防控中的作用分析"，载《黑龙江社会科学》2018 年第 4 期；王全景："海外投资提升了企业社会责任——基于动态性视角的实证检验"，载《国际贸易问题》2018 年第 8 期；宋林、彬彬、乔　（转下页）

多[①]。境外投资的法律风险越来越多与政治风险、社会风险交织。纯粹以法律风险作为风险识别对象，容易遗漏政治风险或者社会风险引发的法律风险隐患。将海外企业面临的政治风险识别、社会风险识别与法律风险识别相结合，不但有助于确立法律风险识别的方向和范围，也能借鉴它们的风险识别方法与手段，丰富法律风险管理和识别的理论与实践。不过，企业法律风险识别最终是为避免或减少法律风险，或者表现为降低法律纠纷或与法律相关的损害性结果的发生。因此，以法律风险识别和管理为抓手，将那些可能转化为法律风险的政治风险、社会风险纳入识别范围，是应对投资中政治风险、社会风险的应有之义。

（一）政治法律风险识别原则

政治风险一直都是影响国际直接投资的重要因素。中国企业若从事通讯、能源、基础设施（港口、道路、水利项目等）、农业等行业的国际投资，直面政治风险的概率更高。这些行业也往往因政治风险较高，被称为敏感行业。最近几年，中国企业遭遇政治风险事件已成高发态势。政治风险诱发因素多元，地缘政治危机、东道国政局不稳[②]、文化差异等，都容易引发政治风险。政治风险表现形态多样，如对企业不同程度的歧视性干预、东道国违约、政策变动频繁、东道国行政效率低下等，都是企业海外投资中较为常见的政治风险。风险与收益具有相对性。高政治风险地区参与东道国投资的其他跨国企业较少，海外企业面对的竞争对手减少，海外企业能获得东道国更多市场或较多资源，但同时也会给企业跨国经营带来重要影响，易导致跨国经营中断或产生巨额亏损。

国际社会的多年实践证明，政治风险与法律风险并非泾渭分明，政治风险不但可能转化为法律风险，而且某些政治风险本身就是法律风险。政

（接上页）小乐："制度距离对中国海外投资企业社会责任影响研究——基于国际经验的调节作用"，载《北京工商大学学报（社会科学版）》2019 年第 2 期；施国庆、张锐连、彭胜平、吴上、唐冰："中国—巴基斯坦经济走廊投资社会风险探究"，载《河海大学学报（哲学社会科学版）》2017 年第 1 期；姜艳文、程兵："我国水电企业海外投资趋势与社会风险"，载《水力发电》2017 年第 9 期。

① 相关研究可参见方虹："中国石油企业海外投资政治性风险识别与规避"，载《中国科技投资》2009 年第 10 期；王平："中国企业海外投资的政治风险识别与管理"，载《唯实》2012 年第 10 期；聂晓愚、林海斌、曲岩："石油企业海外投资中社会风险预警管理策略研究"，载《产业与科技论坛》2014 年第 14 期；张锐连、施国庆："'一带一路'倡议下海外投资社会风险管控研究"，载《理论月刊》2017 年第 2 期。

② 2021 年 3 月 14 日，缅甸最大城市仰光（Yangon）多个工业区的共计 32 家中资工厂遭打砸抢烧袭击。参见"中国驻缅甸使馆发言人就在缅中资企业遭打砸抢烧发表谈话"，http://mm.china-embassy.org/chn/xwdt/t1860921.htm。这起事件仅仅是最近缅甸国内局势不断恶化，以及对立矛盾局面不断激化的缩影，但对中企在缅投资或将产生越来越大的负面影响。

治风险有多种风险缓释工具,包括政治风险保险(Political Risk Insurance,PRI)、国际投资协定(International Investment Agreements,IIAs)、投资母国外交保护等。其中,前两种方式是非常典型的政治风险法律解决的方式,这些方式最先发源于西方发达国家,如美国、德国、日本等。这些国家均建立了一套成熟的海外投资保险制度,为本国投资者海外投资遭遇政治风险给予投资保险。当政治风险发生时,国家利用保险制度取得法律上的代位求偿权,并通过国家间投资保护协定进行事后追偿。这种变相的、间接的投资外交保护措施,不仅有明确的法律基础,并且避免了因私人投资而引发国家间的冲突,所以成为当今社会应对海外投资政治风险的最基本、最主要的法律措施。与此类似的法律手段,还有《多边投资担保机构公约》的 MIGA 机制。该机制专门针对在发展中国家投资的非商业风险予以投保,确保投资者一旦遭遇政治风险就能够获得补偿。MIGA 机制的一大特色就是对吸引外资的每一个发展中国家会员国同时赋以"双重身份",既作为外资投资目的地的东道国,又是 MIGA 的股东,从而部分地承担了外资风险承保人的责任。除此之外,国际社会的一些国际投资条约,如《解决国家与他国国民间投资争议公约》(Convention on the Settlement of Investment Disputes Between States and Nationals of Other States,ICSID)、《能源宪章条约》(Energy Charter Treaty,ECT)等,均为国际投资政治风险提供了法律解决的途径。东道国和投资母国就企业海外投资中存在的障碍与问题达成的双边投资保护协议、双边税收协议等,同样是政治风险法律解决的范例。

政治风险与法律风险密不可分的特性,使政治风险用法律风险的识别方法成为可能。企业亦可尝试针对政治法律风险,同时采用政治风险识别方法和法律风险识别方法。政治法律风险的识别就是在对海外投资政治风险识别过程中,借鉴政治风险识别方法和识别结果,探索政治风险的法律解决。[①] 由此,政治法律风险识别的过程,就是将政治风险转化为法律风险予以识别的过程。海外企业进行法律风险识别时,不但不可能绕开政治风险,反而应当将其作为非常重要的风险识别内容。

(二)社会法律风险识别原则

在大部分海外企业眼里,社会风险既不容易被理解,也不常纳入风险识别与合规管理的范围。其实,企业在海外投资中,不仅需要解决投资盈

---

① 参见刘艳:"海外投资政治风险管控路径研究——基于政治风险保险和国际投资协定的比较分析",载《海外投资与出口信贷》2019 年第 6 期。

利的问题,而且应当及时比较并掌握东道国与本国在社会心理、文化习俗等方面的差异性,处理与不同利益群体(如周边社区、企业内本地员工、政府机构、非政府组织、媒体等)的关系。近些年,环保问题、劳工保障纠纷、文化差异等原因导致中国企业海外投资遭遇失败的案例日益增多。以缅甸莱比塘铜矿项目为例,该项目开工不久,就因为当地群众的强烈反对而不得不停工。群众抗议的主要原因有征地补偿不足、环境保护、佛塔保护问题、当地居民就业未充分解决等。再以 2017 年农夫山泉新西兰全资子公司 Creswell 在新西兰扩大采水遭抵制案为例,该公司通过收购本地公司进入新西兰水市场。当该公司试图把产能扩大 290 倍后,引起了新西兰人的关注,水权分配、环境保护、原住民权益等问题纷纷成为扩大投资受阻的原因。① 显然,海外企业若过分追求利润,忽视对社会责任的承担或平衡这些社会关系失当,很容易触发潜在的社会风险,并引发次生风险,如政治风险、法律风险等。这种状况在人权、劳工标准、环境标准、可持续发展等领域表现得尤为明显。

随着国际社会日趋重视跨国企业对社会责任的承担,国际社会有将社会风险与企业社会责任法律化的倾向。已有 100 多个国际公约规定,企业应当承担人权、劳工、环境等方面的社会责任。② 众多国际机构,如世界银行、国际金融公司、亚洲开发银行、国际水电协会等,开始要求贷款项目提供社会影响评价报告。世界银行的业务手册中明确提出,贷款项目应确保实现非自愿移民政策目标、少数民族受益目标和不破坏文化遗产等目标。国际金融公司于 2006 年批准《社会和环境可持续性政策和绩效标准》,覆盖社会和环境评估与管理系统、劳工和工作条件、污染防治和控制、社区健康和安全、土地征收和非自愿移民、生物多样性的保护和可持续自然资源的管理、土著居民、文化遗产等多个领域。亚洲开发银行也于 2009 年发布声明,指出项目应保障避免或减少对环境和社会的负面影响,特别在环境、原住民和非自愿移民方面。③ 基于这些机构的国际影响力,上述政策有被越来越多国家或国际组织采纳的趋势。由此可见,企业境外投资的社会风险有向法律风险演变的可能。

社会法律风险识别原则同样应在社会法律风险识别过程中,充分借鉴

---

① "'中企满世界找水'——被夸大的争议和'威胁'",环球网,https://www.sohu.com/a/347770475_162522。

② 参见袁文全、赵学刚:"跨国公司社会责任的国际法规制",载《法学评论》2007 年第 3 期。

③ 参见张锐连、施国庆:"'一带一路'倡议下海外投资社会风险管控研究",载《理论月刊》2017 年第 2 期。

社会风险识别方法和识别结果。对社会风险可能转化为法律风险的风险，或者属于社会法律风险的风险，用法律风险识别方法或综合运用社会风险识别方法加以解决。例如，在分析孟中印缅经济走廊所涉地区的社会环境风险情况时，企业可以采用核查表法、案例参照法及风险矩阵法进行综合风险识别与分析，得出该区域环境社会综合风险呈现中高态势、生态环境风险易引发社会环境风险、社会环境风险高于生态环境风险等结论。① 为此，企业投资时，应加强区域内合作沟通机制的建设，从应对法律风险和应对社会风险两方面采取措施，减轻对生态环境风险后果的影响。

综上，中国企业应当理解社会风险可能对企业国际化进程产生的巨大影响，将社会风险纳入法律风险识别的对象，并将管理社会风险、承担企业社会责任作为法律风险管理与合规管理的必要元素，广泛吸纳社会风险的识别方法，将可能成为本企业潜在法律风险或者可能转化为法律风险的社会风险，如宗教冲突风险、文化风险、用工风险、员工劳动聘用心理风险、企业社会贡献度风险等，作为识别对象，并吸收借鉴其相应的识别方法。在充实法律风险识别方法和识别内容的同时，扩展企业境外投资法律风险识别的范围。

三、识别法律风险环境原则

通常，法律风险识别的结果之一是法律风险清单。法律风险清单的核心内容是法律风险点的呈现。这样的表现形式容易使人误认为，法律风险识别只是识别单一法律风险。不过，企业的法律风险既源于企业外部，又源于企业内部。工业化社会使风险越来越表现为连续事件的结果，或者过程性风险因素的输出。企业既承受与之联系紧密的其他企业所带来的风险，又将企业自身风险向其他企业传递转移，形成相互联系的风险网络。面对这样的风险环境，企业孤立的、权宜之计的单一风险识别已不能解决根本问题，必须发展一系列控制风险的技术措施，形成稳定的风险警戒系统，这样才能应对企业经营过程中接踵而来、防不胜防的风险。② 由此，当前有关法律风险管理的研究，越来越关注对法律风险的综合识别与分析，即开展法律风险环境的识别。③

---

① 参见张苓荣、王冰妍、程红光、张璇、王晓："'一带一路'视角下孟中印缅经济走廊环境社会风险识别"，载《环境影响评价》2018年第4期。
② 参见王育宪、王巍：《保险经济论》，中国经济出版社1987年版，第63—64页。
③ 盛勇、程文等人认为，了解风险环境是企业风险管理的第一步，风险环境包含政策法律、市场机会、客户需求、目标利润、管理水平、操作技能等六大因素。盛勇、程文编著：《风险（转下页）

　　法律风险环境是不同类型法律风险交叉作用的综合体。任何企业的投资失利都非基于某个因素或某一种风险产生,而是多种因素或者风险综合作用的结果。法律风险和法律风险环境的关系就如矿物与矿床的关系。作为天然单质或化合物,矿物只在一定的物理与化学条件范围内的地质作用下形成。法律风险就像矿物,它零散分布于矿床中,这个矿床就是法律风险形成的环境。要想发现、寻找特定矿物,必须对矿床进行勘查。随着地质矿物勘查技术的提高,矿物勘查的质量和效率也大大提升。甚至,植物也可以作为蕴含某类矿物的指引。[①] 金属矿床可以使植物改变颜色或对植物生长产生影响,这种特性恰恰可以被当作植物找矿的方法加以利用。矿物勘查技术或者方法,类似于法律风险的识别方法。矿物、矿床和勘探技术的关系,如同法律风险、法律风险环境和法律风险识别方法三者的关系。对法律风险环境的识别,有助于企业确立法律风险识别和管理的对象及范围,明确法律风险管理与合规管理的方向和内容。为此,法律风险环境识别方法的选择,应当适于特定法律风险环境或者抓住法律风险环境的特性。

　　(一)识别法律风险环境的意义

　　识别法律风险环境对我国企业海外投资意义重大。在国际化经营过程中,企业会或多或少地遭遇东道国政府、消费者、本地合作者等利益相关方的歧视性对待。相较于本地企业,国际企业可能不得不承担额外的经营成本。国际企业面临的这种竞争劣势被学界称为"外来者劣势"(Liability of Foreignness,LOF)。[②] LOF 的存在不仅会影响国际企业的盈利,而且会危及其生存,因此常被认为是企业国际化成长过程中不容忽视的因素之一。企业无论投资发达国家还是发展中国家,都会由于制度差异、文化冲突及价值观不同而产生 LOF 问题。同时,来自新兴经济体的跨国企业还会遭遇"来源国劣势"(Liability of Origin,LOO)的负面影响。[③] LOF 和

(接上页)断桥金融专家点拨》,企业管理出版社 1998 年版,第 11 页。徐敦鹏指出,中国海外投资在投资规模、投资方式、行业分布、投资目的地选择等方面发生巨大风险环境变化的情况下,应当进行全面、科学的分析与评估。徐敦鹏:"中国国际工程承包的现状与面临的风险分析",载《经济研究导刊》2011 年第 33 期。

　　① 我国古代就有"草茎赤秀,下有铅。草茎黄秀,下有铜""山有葱,下有银"的说法。参见《地镜图》,转引自杨守仁、李凤棠、张臣主编:《中国地学通鉴:地质卷(上)》,陕西师范大学出版总社 2018 年版,第 294 页。

　　② Zaheer: Overcoming the liability of foreignness, *Academy of Management Journal*, 1995, Vol. 38, pp. 341 - 363.

　　③ V. Marano; P. Tasliman; T. Kostova: Escaping the Iron Cage! Liabilities of Origin and CSR Reporting of Emerging Market Multinational Enterprises, *Journal of International Business Studies*, 2017, 48(3), pp. 386 - 408.

LOO 相互影响并共同作用的现象,在中国对外投资的企业中较为常见。2018 年之后,美国、欧盟等对中国一些科技公司一系列的封杀,原因不仅仅是它们"涉嫌违反"当地国法律,更为重要的是它们来自中国。为解决上述难题,中国企业应减少与东道国利益相关方的信息不对称,以消除身份误解。同时,中国企业应通过积极的行动,增强来源国形象。① 通过识别法律风险环境来融入东道国,并提升企业美誉度,从而赢得当地利益相关方的信任,就是企业值得尝试的举措。②

　　由此可见,站在法律风险识别视角来看,对风险环境的识别具有重要意义。首先,法律风险环境是决定我国企业海外投资是否成功的关键性因素。分析众多我国海外投资失利的案例可知,企业海外投资不利的重要原因之一就是对投资风险环境缺乏全面而深刻的认知,或者对东道国一般投资环境、行业总体环境与企业情况缺乏宏观评估研究,从而盲目投资。一旦某一风险暴发,往往措手不及、铩羽而归。其次,海外企业法律风险环境的复杂性远远高于境内企业。这种复杂性不仅体现为国际投资法律风险控制点的类型和数量远远多于国内投资,而且体现为这些法律风险往往与政治风险和社会人文风险交错分布、相互作用。导致海外企业亏损或者投资不顺利的深层次原因往往并非某个法律因素,而可能是法律风险环境中多种因素综合作用及深层次文化差异发酵,事后又以法律纠纷的形式呈现。这种状况决定了单纯站在微观视角来识别个别或单一法律风险,或者仅依赖法律风险来提示企业预警,难免挂一漏万、以偏概全,不可避免地会导致海外企业法律风险识别工作的僵化、盲目和偏差,无法完全实现法律风险识别的使命并体现其价值。最后,从风险事件暴发后可能产生的严重后果考量,海外投资企业也必须重视对法律风险环境的识别。我国企业海外投资往往具有投资金额大、投资周期长等特点,法律风险事件一旦暴发,不但会给企业带来严重的经济损失③,而且会损害企业的声誉,甚至会影响中国国家形象或者国与国之间的外交关系。显然,海外企业利益与国家利益休戚相关,海外投资企业对法律风险环境的识别不仅关乎自身利益,

---

　　① 杨勃、新兴:"经济体跨国企业国际化双重劣势研究",载《经济管理》2019 年第 1 期。

　　② 肖鹏、夏雅利:"外来者劣势指标体系的构建与评价——基于'一带一路'沿线 54 国的数据验证",载《兰州财经大学学报》2021 年第 1 期。

　　③ 据统计,国际投资仲裁案的当事各方所支付的费用平均可达 800 万美元,个别甚至超过 3000 万美元,https://www.oecd-ilibrary.org/docserver/5k46b1r85j6f-en.pdf?expires=1618226152&id=id&accname=guest&checksum=4FB349EC40FE0F13610AD0DDC065AEB7,转引自何悦涵:"投资争端解决的'联合控制'机制研究——由投资争端解决机制的改革展开",载《法商研究》2020 年第 4 期。

更是维护我国海外投资的国家利益。

（二）法律风险环境识别的内容

海外企业法律风险环境识别的重点是对法律风险环境信息的识别，具体包括外部和内部两方面信息。外部法律风险环境信息包括但不限于投资母国、东道国及其他相关国家的政治、经济、技术、社会人文、自然环境等信息，上述国家的立法、司法、执法和法律观念及其变化情况，相关国家的税收、投资保护、投资争端解决等的条约签订情况和国际公约加入情况等，企业所涉行业环境、相关监管机制与监管主体、法律政策、政府及民众态度情况、拟投资项目的市场状况、与其他主体之间的关系等信息。企业内部法律风险环境信息包括但不限于企业海外战略目标、经营模式，企业经营管理流程、部门职能划分等，企业海外投资管理及风险管理使命、愿景，企业现有体系及其运行情况，现阶段企业海外投资法律事务工作及法律风险管理现状，企业海外投资签订或可能签订的合同及其管理情况，企业海外投资的重大法律纠纷案件或法律风险事件情况，企业法律风险数据库及预警情况，企业各类专项法律事务管理情况等。[①] 海外企业在不同的法律风险环境下从事海外经营活动，会存在相当大的风险环境差异。为此，海外企业法律风险识别应将法律风险环境的范围作为法律风险识别和管理工作的重要参考依据。

四、境外投资法律风险立体识别体系原则

对于企业而言，法律风险识别所面临的困难不可小觑。企业会在法律风险识别人员配备，法律风险识别能力及效果，风险信息的获取、筛选、识别、评估，以及法律风险识别成本等方面面临严峻考验。企业若再存有对海外投资盲目乐观、侥幸避免风险的心理因素等，很容易对法律风险识别持抵制或不支持的态度，或者以上述任何一方面的困难为由，放弃开展法律风险识别工作。鉴于海外企业法律风险识别所需的信息面广、量大，仅凭企业个体显然无法解决获取不同来源信息的难题；同时，企业也非信息的专门分析机构，受制于法律风险识别的专业性和难度，无法科学、高效地完成风险识别的目的和任务。由此，应充分发挥各方优势，调动政府、中介服务机构共同参与，构建立体的境外投资法律风险识别体系。

（一）政府法律风险识别和管理宏观指引

中国政府在对企业法律风险识别和管理加大宣传力度与外部要求的

---

① 参见薛莹："企业法律风险环境分析"，http://blog.sina.com.cn/s/blog_69995c500102uweg.html。

同时,应给予企业必要的帮助和支持。通常,政府机构的信息及分析结果较为全面、权威,对于企业而言,会发挥直接的宏观导向性作用。例如,我国商务部定期发布的国别投资指南等,对企业法律风险识别可以起到风向标的作用,是企业选择投资目的地及开展目的地法律风险识别的重要参考。同理,东道国政府出台的政策、法律等是企业重要的法律风险信息,必须予以重视。行业或产业协会提供的特定行业的风险指导,可能对海外投资项目更直接、更具指导作用。此外,中国驻外使领馆、驻外商务机构、其他境外企业、海外分支机构等在法律风险识别上所起的作用同样不容忽视。

（二）充分发挥中介机构特长和职能

中介机构在企业法律风险识别中,可以发挥信息提供和分析作用;同时,它们能以多元、专业的服务,满足企业个性化需求。例如,中国出口信用保险公司就连续多年发布覆盖全球几乎所有主权国家的《国家风险分析报告》,它运用自主研发的国家风险评估模型,从政治风险、经济风险、商业环境风险和法律风险四个维度,对一国整体的风险进行评级,反映不同国家风险变化和风险特点。这些研究报告不但为企业识别东道国政治风险提供直接参考,也为企业是否投保非商业风险提供了部分决策依据。不过,由于不同机构的背景不同、优势不同、获取信息的途径不同,对信息的理解和认识也有差异,企业应综合参考多家机构的风险信息,作为适用于本企业的法律风险信息来源。同时,不同机构的信息和信息分析结果对企业法律风险识别发挥的作用也存在差异。企业应根据需求,与不同机构以不同方式交流及合作,或者获取信息,或者直接获得指导。一些国内外智库,如国内官方智库中国社科院、中国国际问题研究所、中国现代国际关系研究院等,以及国外智库美国战略与国际研究中心（CSIS）、欧亚集团（Eurasia Group）、德国柯尔柏基金会（Kerber Foundation,德语为 Körber-Stiftung）等,以及各种风险控制咨询智囊的作用也不应被忽视。它们或者具有大学、研究机构背景,或者由前政府高官组成,能够直接为客户提供政治风险、安全风险、尽职调查等方面的服务。

（三）企业主导并倡导多元合作

海外企业在发挥法律风险识别与合规管理主观能动性的同时,应分析自身劣势,充分借助来自中国和东道国政府、行业协会及中介服务机构的不同优势,开展形式多样的合作,科学、高效地实现法律风险识别目的。

东道国政府、行业协会及中介服务机构至少在以下方面可以为企业海外投资法律风险识别助力:第一,提供法律风险识别的理论和实施指引;

第二，获取和分析法律风险识别所需的及时、权威的信息；第三，法律风险识别专业人员的补充和培养；第四，帮助企业完善或者直接提供法律风险识别及管理服务。

当然，企业法律风险识别能力的大小，决定了不同企业与不同机构合作的模式。换言之，对不同机构参与企业法律风险识别的角色，企业应当有着明确的认识。对已经具备一定法律风险识别能力的企业，外部机构的作用应主要在风险信息获取和优化识别的指导方面；对尚不具备法律风险识别能力的企业或者识别能力较差的企业，采用直接的委托服务的合作形式，既能享受到高效的法律风险识别服务并降低管理成本，又能起到培养法律风险识别人员的作用。

五、国内外法律专家、风险专家密切配合原则

作为一项系统工程，法律风险识别的全面性和综合性决定了参与法律风险识别的人员应不仅包含企业内部法律团队、风险管理团队和各部门负责人，还应当邀请外部法律风险管理专家，特别是研究国际法律问题的专家和国际投资风险专家，共同参与和协作。

（一）国际化法律风险专家作用的发挥

企业开展海外投资活动，需要大量精通当地语言、熟悉当地法律的专业人士，如当地律师。当前，很多中国海外投资企业已经注意到这一点，广泛聘请东道国律师参与企业投资决策。不过，由于境外投资涉及多国法律体系、不同文化环境、不同社会制度和法律制度，企业不能忽视中国法律工作者在海外投资中的作用，如海外投资企业所涉境内权益的合法合规性的审查与协助办理、有关境外项目审批的分析及协助办理等；海外项目前期，企业融资方式的选择、企业组织结构、税务规划等关键事项的风险防范方案设计与安排；对东道国投资政策、法律环境及合作伙伴或目标企业进行尽职调查、分析和解读；项目运营后，为企业寻找或选择东道国中介机构；与中介机构沟通、谈判、磋商；提供常规法律服务，如合同设计或审查、设计法律障碍的解决方案、代理国际仲裁及诉讼等。当前，大规模中国企业的海外投资并未推动中国法律服务业以同样速度或者规模"走出去"，相关法律风险管理与合规管理服务也远未"走出去"。

（二）中外法律及风险专家深度合作学习

"合作学习"（Cooperative Learning）是人工智能、云计算等新技术与经济、社会深度融合下，应对学习困境的有效途径之一。随着世界向全新的服务型知识社会的转型发展，社会对个体能力的要求也不断提高。以"积极互倚"为核心要素的合作学习模式应运而生,并受到世界各国的普遍关注。学习被越来越多人理解为不只是个人的事情,而是需要与他人互相交流、相互切磋、相互帮助,发生社会情景体验与内化,促进创新能力的构建。在管理学领域,合作常常被视为解决创新领域市场失灵或纾解竞争困局的新范式。①

由于境外企业法律服务在组织机构、工作流程、服务内容等方面与国内法律服务之间存在较大差异,海外企业花费巨资聘请的境外法律服务机构可能更适合提供当地专项法律服务或者常规法律服务,真正满足企业全面法律风险管理与合规管理所需的服务则较难胜任。事实上,在海外企业法律风险识别与管理上,中外法律及风险专家的深度合作、相互学习不仅是有益的,而且是必要的。

中方法律及风险管理专家不仅能起到中国法律风险识别服务的承担者、提供者的作用,还可以成为此项工作的协调人和组织领导者。他们首先能够完成对企业境外投资国内环节的法律风险识别工作。其次,他们或者熟悉企业,或者来自企业内部,了解企业及其母(总)公司情况和法律风险识别与管理的目的。同时,他们能够代表企业,将法律风险管理理念更好地融入企业的管理体系和机制,以适应东道国法律环境。

为更好地实现法律风险识别和管理的目标,东道国法律及风险专家的作用同样不可忽视。他们具有精通当地语言及熟悉本地法律和规则的优势。在法律风险识别进程中,他们的参与有助于企业更好地理解东道国文化、价值观、社会及法律风险,解决中外方的融合问题,避免文化鸿沟、制度理解障碍等问题,避免风险的不断叠加、累积。其次,这些专家可能具有西方国家法律管理企业的理念、方法、措施等。他们在国际法律服务产品种类提供和专业化程度方面的国际水准,能够很好地影响或者培养企业员工,特别是法务人员及合规管理人员。与他们的合作和深度接触,可能会演变为海外投资企业法律风险管理与合规管理的特色之一,不仅将增强企业本地化程度,而且能提高企业法律风险管理与合规管理的适应性和兼容性。

当前,国际投资所涉法律问题的复杂性,以及企业对国际法律服务的多元性要求,已经越来越凸显出国内外法律服务的合作化要求。很多法律事务,如跨国并购业务,仅靠一家或几家律师事务所,已经不能满足企业的多元需求。

---

① 李宁、王宁:"合作学习视域下我国大学生创新能力构建",载《江苏高教》2020 年第 1 期。

国内外法律及风险专家相互配合的形式多样,既可以由国内法律或风险服务机构与境外相应机构签署战略合作协议,实行服务资源和服务能力的互补,提供项目发布、尽职调查、税务设计、会计核算、政策解读、投资移民等方面的服务,共同构筑国际法律风险管理服务平台和通道;也可以将服务特定企业作为契机,各自发挥在投资母国和东道国的信息、法律、社会人文等方面的优势,在企业法律风险管理和识别框架下,完成相应的识别和管理法律风险的具体工作内容,如构建以海外企业为中心的全面、综合的法律风险管理信息数据库、法律风险预警系统、法律风险识别清单等,同时形成特定的工作流程,实现紧密配合。

研究表明,在困难问题解决的判断与决策中,集体智慧发挥的作用更加明显,较不会受到个别成员主观自信、实力和多数人意见的左右。[①] 法律风险识别和管理对海外企业是挑战性极强的活动,本身蕴含的风险较高。为此,需要发挥集体智慧,理解并遵循上述原则,企业方能对海外经营各方面及各类经营行为进行充分、深入、系统之认知,从而全面理解并掌握东道国及我国司法环境状况与企业的行业特点,对企业情况和发展状况有着较清楚的认识与战略规划,为实现法律事务管理和企业的日常对外投资经营管理活动紧密结合的目标,奠定制度基础和提供实施依据。

第二节　中国海外企业法律风险识别框架

为保证海外投资法律风险识别的全面性、准确性和系统性,海外企业应构建符合国际化经营管理需求的法律风险识别框架。法律风险识别框架是法律风险识别活动的起点,它为法律风险识别工作的开展提供了方向和思路,也为法律风险识别工作确定了识别对象和识别范围。法律风险识别框架同样有助于企业组织有序、高效的法律风险识别团队,安排合理的识别流程,提高整个法律风险识别的全面性、系统性和最终的识别效果。不论何种形式和内涵的法律风险识别框架,都应包含法律风险识别框架构建和运用两个阶段。

海外企业法律风险识别框架,必须围绕法律风险管理理论展开,不但应有助于法律风险识别活动的开展,而且应满足企业后期法律风险管理需

---

① 周详、张泽宇、曾晖:"长期合作学习小组中的集体智慧及其影响因素研究",载《心理与行为研究》2018 年第 2 期。

求。为此,在构建和运用法律风险识别框架时,必须注重对企业法律风险识别内容的分解,提炼出海外企业法律风险识别维度和要素。由于不同企业法律风险的内部环境和外部环境不同,企业法律风险管理的目的和需求各异,不同海外企业的法律风险识别框架不能完全一样。为此,企业应当在《企业法律风险管理指南》提出的八种法律风险识别的建议框架之基础上,明晰不同框架存在的优势与缺陷,构建符合自身海外投资活动需求的法律风险识别框架。

一、法律风险识别框架的功能

企业开展法律风险识别需要回答"法律风险是什么""法律风险发生的原因是什么""法律风险产生的后果是什么"等问题。为实现企业法律风险识别的总体目标,企业不仅需要遵循相应原则,而且在具体实施法律风险识别工作时,还应当以确保整个识别工作的全面完整性、系统性与可实用性为目标来考察法律风险识别的质量高低。为此,在开展识别工作时,风险识别者应尽可能准确且通俗易懂地描述和反映海外企业的法律风险的内涵、外延,并尽可能穷尽全部法律风险,避免遗漏重大法律风险;应当以海外企业对法律风险的容忍度及法律风险控制目标为核心展开工作,避免出现法律风险点的交叉、重复或者以偏概全的情况。风险识别者还应当考虑海外企业法律风险识别与法律风险管理的相融性,兼顾企业实施法律风险识别的成本支出,考虑便于企业后续开展对法律风险的管理与应对工作。[①] 为此,在法律风险识别活动实施前,风险识别者必须为海外企业设计整个法律风险识别活动的框架,并明确不同框架下的法律风险识别活动,以实现不同法律风险识别功能,更加周到、层次更高、更有序地推进法律风险识别活动。

（一）法律风险识别框架的引领功能

框架是建筑工程中,由梁、柱等联结而成的结构[②],它常用于机械和软件设计领域来解决或处理复杂的问题。换言之,框架就是人们通过反复实践,对具有相似或不同特征的对象进行归类与分割,抽象出不同的"类"或者"部",同时注重"类""部"间的相互关系,形成应用体系结构,以实现它的可复用性。框架不但定义了"整体结构",以及不同"部""类"和"对象"的分

---

① 参见陈丽洁:《企业法律风险管理的创新与实践——用管理的方法解决法律问题》,法律出版社 2009 年版,第 131—138 页。

② 参见《现代汉语词典》,商务印书馆 1996 年版,第 736 页。

割,而且规定了它们各自的主要责任与彼此间的协作和控制流程,从而使应用者将精力集中在应用本身的细节上。显然,框架为从事某项具体事项提供了思路,它不但能够简化具体事项的完成步骤、提高工作效率,而且保证了该事项实现的正确性。

法律风险识别框架(Framework of Legal Risk Identification)是在法律风险识别活动前,为实现风险主体法律风险识别的目标,依照一定的原则、思路及方法构建的,用于指导法律风险识别活动的全部或部分的法律风险识别的体系结构。它不但具有框架的基本功能,而且结合法律风险识别要求和目标,为多元、复杂的法律风险识别活动提供思路、方法、人员配备要求和行动指引,从而认识和把握企业法律风险的总体状况,提高法律风险管理的质量和效果。正是基于这些作用和功能,法律风险识别框架日益为企业所重视,成为开展法律风险识别的前提和基础。

法律风险识别团队首先需要选择合理的识别维度来搭建法律风险识别框架,满足法律风险识别的完整性要求;同时,在逻辑上,法律风险识别团队应确保识别的法律风险及风险因素相互独立,不存在交叉、重叠或遗漏。法律风险识别框架是整个或部分法律风险识别系统的可重复使用的结构设计,它阐明了法律风险识别系统各个要素与具体的法律风险、法律风险因素及其风险事件之间的交互关系、责任分配和控制流程。科学合理的法律风险识别框架决定了整个法律风险识别及管理的质量和效能,也决定着法律风险清单的呈现形式和法律风险的定性与归类,它同时也将影响后续法律风险的识别、评估及采取相应的措施。

由于法律风险识别框架是对法律风险识别的宏观指引和高度概括,对不同企业的法律风险识别均具有通用性,因此《企业法律风险管理指南》提出八种法律风险识别框架供企业参考。[①] 不同框架均从不同角度入手,涉及不同维度和要素,反映企业不同侧面的法律风险状况。尽管任何一种框架都无法全面反映企业法律风险状况,但是这种把法律风险以某一框架结构划分开的分层次、多角度的方法,有助于将企业法律风险各个击破、分别解决,实现"高内聚、低耦合"的目标。它不但易于企业识别、控制风险,而且易于分配企业资源及进行延展。企业可据此构建单一的法律风险识别框架,也可选择两种或两种以上的框架,构建多元的法律风险识别框架。例如,企业可将经营行为风险识别框架、治理结构风险识别框架、企业管理

---

① 参见《企业法律风险管理指南》第五章"企业法律风险管理过程"的"构建法律风险识别框架"。

结构风险识别框架与法律风险源识别框架融合到一起,将企业所有经营管理活动、治理结构与各职能部门职责相结合,反映各业务环节及其管理、利益分配中的法律风险及其风险来源等,形成更加全面、综合的法律风险识别框架,为企业法律风险识别活动和风险清单的出台奠定基础。

（二）法律风险识别框架的区分功能

企业的多样性决定了企业法律风险的多变性。由于不同企业所处的行业不同,各自的微观法律风险环境各异,加上企业对自身风险容忍程度存在差异,有不同的风险防控重点,以及不同企业的经营管理基础不同,因此不同企业的法律风险识别框架是不同的,并且企业在不同发展阶段的法律风险识别框架也非一成不变。有鉴于此,不同企业的法律风险识别框架不能僵化地采用固定的样式和固定的要素。企业法律风险识别框架的构建应根据实际情况,选择不同的角度或组合,符合自身战略和经营管理的现实需求。唯有如此,法律风险识别框架才能为企业法律风险识别提供思路,解决企业在业务领域广、经营链条长、法律风险遍布情况下,无从下手的难题。也只有这样,企业法律风险识别和管理活动才能避免片面化、分散化和运动式,避免界定法律风险的粗糙、不周延,避免法律风险识别和管理与企业经营管理的不匹配等情况的发生。实践中,我国很多企业已通过自身法务人员或借助外部中介机构力量,开展了法律风险识别工作的大胆探索。不过,不同企业的法律风险识别框架差异较大、标准各异,致使法律风险识别活动的科学性和可重复性大大削弱。事实上,法律风险识别框架无论是构建的形式还是维度,都应基于企业法律风险管理要素或者管理重点来考虑,不能仅凭风险识别人员的个人经验来判断。在这方面,《企业法律风险管理指南》为绝大多数企业提供了构建法律风险识别框架的一些常规角度和思路,也为评价法律风险识别活动是否完整、规范提供了通用标准和指南。不过,站在海外投资企业角度,这些维度是否足以体现这些企业法律风险识别和管理的目的,有待商榷。

（三）法律风险识别框架的构建和运用功能

不论何种形式和内涵的法律风险识别框架,都至少包含两个方面或者两个阶段的工作,即法律风险识别框架的构建和法律风险识别框架的运用。法律风险识别框架的构建阶段和运用阶段各自包含不同的工作内容,同时又相辅相成。

在框架构建阶段,企业需要确定法律风险识别的理论架构,分解法律风险识别的工作内容,提炼可被企业运用甚至推广的风险识别维度和要素,并针对不同类型的法律风险,确定数据采集方式和相应的法律风险识别方法,甚至结合后续法律风险管理的需要,对可能的风险应对措施和操作流程等预先有所设计。

法律风险管理的核心是用管理的思维和方法来解决法律问题。企业无论法律风险识别框架的形式和维度如何,都是为了实现法律风险识别的目的,并在后期有助于对法律风险进行评估和管理。为此,法律风险识别人员首先要解决的问题是引入合适的理论和框架体系,针对特定的法律风险识别和管理对象,构建相应的理论解释系统。由于法律风险管理必须围绕法律风险的基本理论展开,以法律为本体,融入管理学的管理框架、过程和系统,借鉴风险管理学的手段及经济学的分析模式和统计学的统计方法,因此法律风险识别框架在构建时就需要考虑企业的行业特点,并借鉴不同学科(如社会学、经济学、管理学、统计学等)的分析框架和工具,取其他学科之长,补法律风险识别及管理理论之不足,形成适合于企业情况的法律风险识别框架。

分解企业法律风险识别的工作内容,提炼法律风险识别的角度、维度和要素,是法律风险识别框架构建的又一关键环节。法律风险识别人员需要通过细致地开展调研和数据汇总分析,提炼法律风险识别的角度、维度。通常,横向信息涉及企业现阶段的各个方面,即空间跨度,如企业法律风险环境、市场环境、相似或竞争性企业的可参考借鉴的法律纠纷等;纵向信息涉及时间跨度,如企业所处行业、企业的经营理念、企业发展脉络、企业文化、人员特别是管理人员情况、过往法律纠纷、损失记录,以及法律风险的产生、发展、变化过程等。通过上述工作,法律风险识别团队将企业极其复杂的法律风险因素分解成相对比较简单的、容易被认识的较小单元,并从错综复杂的关系中找出各个因素间的本质联系,评估孰轻孰重,找到主要风险及其风险因素。企业这一环节的工作是否方向准确,将直接决定着法律风险识别框架中视角、维度的选择和确定。法律风险识别团队可以从不同视角、不同维度对法律风险识别的工作内容进行分解,如可以从企业主要经营管理活动、组织机构设置、利益相关者、法律风险源、不同法律部门、不同法律法规、以往发生案例等角度出发;也可以从企业危机管理理论出发,分解企业法律风险识别的部类;还可用 COSO、ISO31000 等企业内控及风险管理的常规思路进行分解。法律风险识别团队同时还需要考虑从何种维度(如时间、工具、方法、人力资源,以及行为的违法性、违规性、违约性、不当性等)来综合分析风险。

不同法律风险识别维度将产生不同的子法律风险识别框架,这些子框架通常是一个可反复运用的设计框架,它由一组相对抽象的要素(定义类)

和风险实例(对象)相互协作组成。这样的子框架通常仅能识别出企业某一方面的法律风险。要想实现法律风险识别的完整性、系统性和有效性的目标,企业还需要从多个不同维度来构建一系列子法律风险识别框架库,共同描述企业的法律风险,从而形成一个层次分明、内容完整、衔接有序、整体互动的全方位、立体型的企业法律风险识别框架的有机统一体系。以我国国际工程承包项目为例,若法律风险识别者为此类企业构建法律风险识别框架,需要综合运用多种识别方法和工具,进行多角度、多维度的全面法律风险辨识。例如,可以考虑从工程承包项目阶段和工作内容角度切入,设置项目审批、项目融资、设计招标、施工招标、企业引入等要素,各个部分再细分内容。同时,也可以考虑从风险类型的角度切入,设置外部法律风险环境和内部法律风险环境两个大的维度,每一维度下再细分若干不同要素。比如,法律风险识别者可将内部风险环境部分细分为工程技术风险、管理风险、运营风险等;同时,也可以将外部法律风险环境部分细分为政治风险、经济风险、社会风险、自然风险等。根据项目需要,上述要素还可以进一步细分下一层级的风险,如政治风险细分为外汇禁兑、政府违约等。

就法律风险识别框架构建的目的来说,框架就是为企业法律风险识别服务的。对法律风险识别框架的运用就是为了有序开展企业法律风险识别活动。站在企业法律风险识别框架构建的角度来看,这些积极、有序的识别活动显然不仅能够不断积累企业法律风险信息,而且可以不断丰富法律风险识别框架的内容和形式,使它日益采用结构化的方式,对企业的法律风险以图表、问卷、文档、数理模型、清单等形式,更加全面而清晰地呈现和固化,为企业法律风险评估、法律风险预警、法律风险管理等工作奠定良好的基础。同时,基于企业法律风险环境、实际需求、经营行为等的变化,以及风险识别的动态特性和要求,企业对处于构建阶段的法律风险识别框架也需要不断调整和充实。例如,企业可以通过法律风险信息的汇总、整理,得到最基本的法律风险信息,形成法律风险清单,进而构建结构更为复杂的企业法律风险代码、法律风险名称、法律风险行为代码和具体的法律风险行为等。从这个角度而言,企业法律风险识别框架也是企业法律风险管理框架的重要组成部分。进一步地统计、评估企业法律风险涉及的所有法律法规,以及可能引发的法律责任和后果,把它们嵌入日常的经营管理流程,可以完善企业全面风险管理与合规管理体系。

随着法律风险识别工作的推进,企业面临的法律风险环境、条件可能会发生变化,企业的法律风险也存在经常变化的可能,法律风险识别的部分要素或者维度就需要根据变化了的情况适时调整。因此,法律风险识别框架并非静态的，它将通过连续性的风险识别活动来不断调整与优化。

二、企业常用法律风险识别框架评价

法律风险识别框架的构建灵活性大、构建标准较高，企业完成此项工作具有相当的难度。为此，《企业法律风险管理指南》提出若干方便企业识别法律风险的角度，为企业完成此项工作提供参考。这些框架或者从企业主要的经营管理活动入手，通过梳理，发现每一项经营管理活动可能存在的法律风险；或者根据企业组织机构/岗位的业务管理范围和工作职责来梳理法律风险；或者站在利益相关者角度，识别每一利益相关者的法律风险；或者从不同法律领域、不同法律责任出发，为企业提供不同的识别法律风险的视角。这些视角涉及企业不同维度和要素，形成的法律风险识别子框架能反映企业不同侧面的法律风险状况。《企业法律风险管理指南》开启了我国法律风险管理工作的立法性尝试，对我国企业法律风险识别框架的构建工作提供了重要指引和参考。作为所有企业的通用性国家标准，《企业法律风险管理指南》同样考虑了海外企业法律风险特性和识别的特殊要求。海外企业可在《企业法律风险管理指南》提供的法律风险识别框架的基础上，结合自身需要，充分吸收、加以运用，重构海外企业的法律风险识别框架。

（一）企业常用法律风险识别框架

《企业法律风险管理指南》在第五章"企业法律风险管理过程"的"构建法律风险识别框架"部分，为企业构建法律风险识别框架提供了八种方便识别法律风险的角度，每个角度涉及不同维度和要素，它们形成的法律风险识别子框架能反映企业不同侧面的法律风险状况。

其一，根据企业主要经营管理活动来构建法律风险识别框架。

企业运营都会包括经营和管理这两个主要环节。经营是对外的，追求从企业外部来获取资源和建立影响，是企业进行市场活动的行为；管理是对内的，强调对内部资源的整合和秩序构建，是企业理顺工作流程、发现问题的行为。经营是扩张性的，追求的是效益，要积极进取、抓住机会；管理是收敛性的，追求的是效率，要谨慎稳妥地评估和控制风险。[①] 依据企业主要的经营管理活动来识别法律风险，是企业进行法律风险识别非常重要的视角。由于企业经营管理水平的高低，很大程度上体现为其经营观念、经营方法和经营思路，因此对企业的经营管理活动开展法律风险识别和分析，能够较为准确地判断企业及所属各部门、各领域在一定时期和环境下

---

① 参见冯俊华主编：《企业管理概论》，化学工业出版社 2011 年版，第 19—20 页。

的实际经营状况与法律风险情况,并能通过对企业下一步的发展规划,预测未来可能存在的法律风险。企业采用这一视角搜集法律风险,有助于从法律角度理顺企业管理流程,发现流程管理中的问题并提出改进意见。

根据企业主要的经营管理活动来构建法律风险识别框架,就是要对企业主要的经营管理活动或者业务流程进行法律风险识别。不同企业的业务和管理流程不同,所选择的维度可以有所区别。例如,企业可以将经营活动与管理活动分开,设置两个维度,并可根据进一步的流程,一级一级细化下级维度和相匹配的要素。以企业印章管理为例,企业可根据印章的分类,细分为五个下一级维度,即行政印章,合同专用章及财务专用章类,企业机关部门印章类,企业党务、工会、团委及协会印章类,项目部印章和企业法定代表人、负责人个人名章类等。同时,企业可视情况,设置不同要素,如擅自刻制印章、擅自使用印章、擅自携带印章外出、未建立印章使用台账、印章被盗或丢失等。

需要注意的是,以这一视角识别法律风险,可能会因企业经营活动复杂、分类边界模糊等而陷入识别方向不明、工作量大、实施成本高等的困境中。当企业经营管理流程不完备或者流程执行不通畅时,该视角可能无法实现法律风险识别的目的。为此,企业构建此框架时,要坚持"以重点经营管理活动为主,以全面分析为辅"的原则,充分利用企业财务报告信息,注重采用定量分析方法或者定量分析方法与定性分析方法并重。

其二,根据企业管理部门和岗位职责来构建法律风险识别框架。

企业运营风险中,处于风险管理核心地位的是企业的治理风险与管理组织风险。治理风险是公司的治理结构与治理机制设计得不合理而引起损失的风险。管理组织风险是企业的经营管理组织结构设计与职责、权限之配置不合理而导致经营目标实现困难或者损失的风险。相比而言,企业管理职能部门的视角,即通过对企业各业务管理职能部门、岗位的业务管理范围和工作职责的梳理来构建企业法律风险识别框架,更容易发现各管理职能部门内可能存在的法律风险。[①]

企业的管理部门和各岗位的管理是企业控制法律风险的关键。企业的法律风险更多来自职能部门及其在岗员工。开展企业部门和岗位的法律风险识别,有助于将法律风险识别活动与企业各部门和岗位相结合,把法律风险辨识融入各项具体工作,提高企业负责人与从业人员的法律风险

---

① 参见蒋锡麟:"公司治理风险与管理",载 AARCM 风险管理论文专家评审委员会编:《企业全面风险管理论文集 2007》,国际文化出版公司 2008 年版,第 97 页。

意识。同时,这类风险识别框架有助于满足法律风险管理的全员性要求,将法律风险管理措施融入企业管理流程,构建岗位职责明确、法律风险分解到位的法律风险管理机制,而且能便利企业落实和考察各部门、各岗位法律风险自控与互控措施的实施效果,提高法律风险管理的执行力。

根据企业的管理部门、岗位设置构建的法律风险识别框架,应结合企业的管理组织结构图,获取企业内各机构、各岗位上下左右相互之间的关系信息,设计不同的维度和要素。例如,以企业的各管理部门、岗位作为组织单元维度,可将部门职能的划分、权责分配、岗位职责、员工行为等作为必要要素,梳理存在的法律风险和风险因素。需要注意的是,由于企业运行中存在部门职责要求和交叉部门间配合的问题,在设计维度时,不仅应考虑部门或者岗位职责的问题,还应当涉及部门或者岗位交叉可能蕴含的法律风险。

其三,根据企业治理结构来构建法律风险识别框架。

企业治理结构是企业存在和运行的制度体现与保障,是企业实现有效治理的基础。企业治理结构的基本框架通常由法律直接规定,以股权结构为基础,由权力机构、决策机构与代表机构、执行机构、监督机构等构成,每一机构执掌企业不同的权力,从而在合作与制衡中实现有效运行。不同企业有着不同的治理结构,企业可根据自身特点和需求,在企业章程的框架下,设置各机构的具体权力和细节。无论何种结构,企业都必须明确各机构的职权范围,确保企业运行规范、有效。企业治理包括三个方面:一是治理结构的组织,股东会、董事会、监事会和管理层的构建方式、职责权限配置、权力行使方式和程序的规范。二是投资者(股东)与董事会、经理层之间的委托代理关系的规范,包括授权机制、委托人对代理人的激励与约束机制的规范。三是相关利益集团(政府、社会中介机构、员工、客户、供货商、所在社区等)对企业重大经营决策、经营活动及经营业绩的监督和了解。[①]

企业治理结构是企业法律风险管理机制的基础和前提,它决定了企业法律风险识别和管理机制的核心导向。法律风险识别者对企业内部利益相关者(如股东、董事、监事等)和外部利益相关者(如供应商、政府等)的梳理,有助于识别和防范企业治理中的隐形法律风险,保障所有者的权益,确保企业适应市场经济的运行机制。根据企业治理结构来构建企业法律风

---

① 参见蒋锡麟:"公司治理风险与管理",AARCM 风险管理论文专家评审委员会编:《企业全面风险管理论文集 2007》,国际文化出版公司 2008 年版,第 98 页。

险识别框架的维度,可以从三个方面考虑:治理结构的构建方面,包括结构构建是否完整、是否实现各机构之间权力制衡;激励约束机制的构建方面,如企业各级绩效管理与评价体系;企业外部治理方面,如企业是否在市场竞争中保持适当地位、是否满足政府监管要求、是否履行社会责任等。①各维度下,法律风险识别者可视企业情况,按不同利益相关者设置股东会、董事会、监事会、独立董事、经理、经销商、政府等不同要素,从而在不同维度下考察不同要素下的法律风险状况。例如,法律风险识别者可以考虑企业股权设置是否合理,股权设置是否过于集中,是否存在隐名出资,是否存在对小股东利益的损害,各利益主体是否因权力失衡而损害股东及利益相关者的权利,股东是否对企业事务享有最终决定权,是否建立了保障股东充分知晓信息的制度;监事会是否能独立行使职权,是否保障监事会的罢免建议权、向股东会的提案权、对董事会决议事项的质询和建议权、特殊情况下的调查权等来确保其监督作用的发挥;是否确保了独立董事的知情权;是否独立聘请外部审计机构审计;监事会是否滥用职权;是否有效控制经理权力;企业集团与成员企业之间的联系纽带如何,成员企业是否各行其是等。上述各要素也可以细分出更小单元,识别出更加具体的法律风险。例如,对于隐名出资问题,法律风险识别者可将其细分为隐名出资人和显名出资人之间协议缺失的法律风险、隐名出资人和显名出资人之间协议约定事项不完善的法律风险、隐名出资协议效力不被确认的法律风险、涉及第三人交易引起的法律风险等。

其四,根据法律风险来源来构建企业法律风险识别框架。

市场经济的运作以法律规则为基础。企业在市场经济运行中是否存在法律风险,本质上与企业对法律及其法律风险的认知态度和熟悉程度有关。企业会因为不知晓法律、忽视法律、对法律的理解有偏差或者不遵守法律而存在各类违法、违规、违约、侵权、怠于行使权利、行为不当等行为或者行为的可能性。在法律风险事故发生前,法律风险识别者发现引发事故的风险源是法律风险识别的核心。只有发现风险源,企业才能有的放矢地调整或者改变法律风险因素存在的条件,才能防止法律风险因素的增加或者聚集。显然,企业采取类似"法律体检"的方式来确定企业所处的法律风险环境,有助于充分认识和理解主要法律风险的来源及特点,并制定法律风险管理或者防范体系。《企业法律风险管理指南》附录 A 提供的法律风

① 参见蒋锡麟:"公司治理风险与管理",AARCM 风险管理论文专家评审委员会编:《企业全面风险管理论文集 2007》,国际文化出版公司 2008 年版,第 98 页。

险识别框架示例,就是从企业法律风险源的视角出发,将企业法律风险来源区分为法律环境、违规、违约、侵权、怠于行使权利、行为不当等不同维度,结合具体的经营管理活动来梳理企业可能面临的法律风险。

用这种识别框架有助于企业通过法律风险识别活动来全面认识、理解并梳理企业可能存在的法律风险,因而可以被大多数企业采用,特别是那些尚未建立较为全面风险管理体系的小微企业。不过,由于企业法律风险的来源非常广泛,其经营过程所涉任何法律政策、法律主体、环境因素、生产要素等,都有可能成为企业法律风险的来源。地域差异、行业差异、个体差异,甚至时期不同等因素,都可能导致不同企业法律风险源存在差异大、可变性强等特点。这就意味着,这一框架的维度和要素的可复制性较弱,而且对那些非己方原因导致的法律风险或者损害可能存在识别盲区。

其五,根据企业法律责任或者法律后果来构建法律风险识别框架。

法律责任通常指行为人为或者不为法律规定的义务所应承担的后果,行为人违反法律强制性或者禁止性行为、违反合同约定的行为等都将承担某种不利的法律后果。法律责任规范着法律关系主体行使权利的界限,以否定性法律后果来防止权利行使不当或滥用权利;相反,在权利人的合法权利受到损害时,法律责任又成为受损害方的救济权利,强制责任人履行义务或追加新义务。法律责任理论同样适用于企业。企业的经营行为若违反法律法规,或者损害国家、社会及其他主体的合法权益,将可能承担民事责任、行政责任甚至刑事责任。

根据企业法律风险发生后可能承担的法律责任或者产生的法律后果来识别风险,迎合了企业法律风险的特征,它反映出企业法律风险与法律规定或者合同约定的相关性,体现了法律风险产生的广泛性、可预见性,彰显了法律风险产生后果的强制性和可控性。尽管企业法律风险是复杂多样的,但是任何企业的法律风险都是基于法律规定或合同约定而产生。法律和合同条款的可预见性,可以使企业明确知晓自己应该做什么、不应该做什么,以及相应的法律后果是怎样的。换言之,企业通过梳理自身可能面临的法律责任或者法律后果,解读相关法律规定或者合同条款,就能预先判断出哪些行为可能会带来法律风险,以及风险发生后可能的法律责任和影响。由此,企业就可根据自身条件和外部环境,结合企业的风险偏好、风险承受度、风险管理有效性标准等,选择合适的时机来采取风险应对措施。这些风险应对措施包括承担风险、规避风险、转移风险,或者采取风险控制、风险补偿等策略与措施等。

企业采用这一框架时,可以结合不同法律,根据刑事法律责任风险、行政法律责任风险和民商事法律责任风险的维度,开展法律风险识别活动。例如,刑事责任风险可将企业行为与刑法、公司法等相对照进行辨识;民事责任风险可依据公司法、票据法等开展识别活动;而行政责任风险则可对照工商、税务、土地、规划等管理性的法律规定来进行识别。由此,这种识别框架能够较为宏观、全面地将国家法律、企业义务等涵盖进企业整个法律风险识别的范围内。同时,这一框架具有较强的可复制性,对同类型企业的参考和借鉴价值较大。不过,采用这一维度的缺陷也是非常明显的。企业可能因确定不同责任风险,与不同法律规定对接,陷入整个法律体系和法律环境的泥潭中动弹不得,不但工作量巨大,而且可能缺乏企业的特异性。因此,这一维度更适合应用于法律关系较为简单的小微企业。对于大中型企业,不建议仅采用这一维度来识别法律风险。

其六,根据不同法律领域来构建专门性法律风险识别框架。

根据不同法律领域或者不同法律风险类型来识别企业法律风险,是对企业全面风险管理或者全面法律风险管理的重要补充,是法律风险管理精细化、专门化的客观要求,甚至可能是企业实施全面法律风险管理的必由之路。尽管企业法律风险的全面管理是企业内控管理的必然要求,但是对于全面风险管理基础薄弱的企业而言,构建全员、全过程、全方位的法律风险管理体系绝非易事。企业的法律风险来源广泛、形式多样,全面、完整、彻底地识别出企业的全部法律风险,并制定出面面俱到的防范措施,几乎不可能。这就需要企业集中有限的资源,重点关注那些对企业影响较大,并且关乎企业生存和发展的关键领域,或者重大、突出的法律风险。例如,目前中国企业集中多发的法律风险有合同风险、知识产权风险、劳动人力风险等。企业可以考虑从这些专门的法律风险类型入手,构建专门性的法律风险识别框架来应对和管理这些法律风险。

以合同风险为例,合同是企业对外沟通的桥梁,也是实现企业利益的根本保证。因此,合同风险管理是企业风险管理的重要组成部分,它包括静态的合同文本体系管理、动态的合同操作和实施管理等。合同文本体系管理着重关注合同文本选择、体系、结构安排和条款拟定中的各类法律风险;合同操作和实施管理则指企业对合同调查、合同谈判、合同文本拟定、合同审核、合同签署、合同履行、合同结算、合同争议解决、合同台账、合同登记及归档等过程的闭环管理活动。企业搭建合同法律风险识别框架,就可按照上述合同风险管理的分类来设置维度,并视内容来细分下一级维度和相应的要素。企业采用合同法律风险识别框架,也可以考虑按照合同的不同阶段来划分不同维度,如合同签订阶段、合同履行阶段及合同争议解决阶段,还可依据不同合同种类来设置法律风险识别维度,如买卖合同、租赁合同、工程承包合同等。

再以知识产权风险为例,知识产权日益被视为企业市场竞争中的法宝和打击竞争对手的利器之一。知识产权风险不仅涉及法律风险,还涉及技术风险和商业风险。这意味着,企业不仅需要考虑知识产权法律上的权利、义务和责任所致各种损害与损失的可能性,而且不能忽略知识产权在管理中的技术价值和经济价值之可实现性。知识产权风险的特殊性和复杂性,以及知识产权风险识别对企业在法律、技术、经济和战略方面的重要意义,使知识产权管理日益发展为企业专项的法律风险管理体系之一,并成为现代企业管理的重要组成部分。2013 年 2 月,国家知识产权局发布的国家标准《企业知识产权管理规范》(GB/T 29490 - 2013)在全国的推广实施,使企业知识产权管理及风险识别有了可供参考的范本。2024 年 1 月 1 日起,《企业知识产权合规管理体系要求》(GB/T 29490 - 2023)正式实施,并替代《企业知识产权管理规范》。由此,在搭建知识产权法律风险识别框架时,企业可以将此规范作为蓝本,从企业商业目标与战略目标的高度,将产品研发、生产和销售三个阶段设定为基本维度,对企业知识产权风险和相关风险因素"全盘扫描"与梳理。当然,从管理客体分析,知识产权管理是一个过程,横向涉及"人"的风险、"流程"的风险及"知识"的风险,纵向涉及知识的创造、保护、管理及运营。对于企业而言,知识产权风险管理就是确保企业在纵向发展的同时,有效处理好企业与其他主体之间的横向互动关系。因此,企业可以将知识产权管理体系的四个方面设计为风险识别维度,梳理知识产权法律风险。知识产权风险识别框架也可以考虑从知识产权的类型出发,分专利、版权、商标、商业秘密等分支来梳理风险。

不同法律部门和领域具有各自的特征与管理要求,其法律风险识别框架也明显存在差异。通过对这些企业的重大法律风险实施专项识别和管理,企业将积累更多法律风险识别经验,为企业全面法律风险管理与合规管理奠定较为坚实的基础。

其七,根据法律法规来构建法律风险识别框架。

为保障企业正常运转和良好运行,国家出台了多项涉及企业的法律规范,它们大致可划分为:(1)企业组织法,如《公司法》《公司登记管理条例》《外商投资法》等;(2)企业经营行为法,如《民法典》《招标投标法》《反不正当竞争法》《产品质量法》《食品安全法》《票据法》《消费者权益保护法》《广告法》《商标法》《专利法》《著作权法》等;(3)企业内部管理法,如《会计法》《劳动法》《劳动合同法》《安全生产法》等;(4)企业外部环境法,如《证券法》

《保险法》《外汇管理条例》《税收征收管理法》《企业所得税法》《土地管理法》《企业国有资产法》等；（5）企业争议解决法，如《民事诉讼法》《行政诉讼法》《刑事诉讼法》《仲裁法》《行政复议法》等。除此之外，不同企业所处的行业规范、地方性法规等，都是企业在运行中必须知晓和遵守的。构建以企业成立、运行和终止为中心的法律法规识别框架，有助于企业全面认识自身所处的法律风险环境，从而主动在企业管理中自觉履行相关法律，实现企业合规性要求。

采用这一框架进行识别，企业可以在对其所处的法律风险环境进行初步归纳后，确定若干维度。例如，可按照我国法律体系的一般划分方法，将宪法、刑法、民商法、经济法、诉讼法、行政法、国际法、环境法等设置为基础维度，梳理与企业关系密切的法律和规定；也可以按照企业所属行业，将规范所有企业的规定和行业性的规定视为基础维度进行梳理；还可按照上述对企业产生不同作用和影响的思路，将企业组织法、企业行为法、纠纷解决法等作为基础维度。这种框架下的识别能够较为宏观、系统、全面地把国家法律法规与地方性规定融入企业法律风险识别和防范，而且基础维度的确定也较为简单，不需要风险识别人员前期进行较多的信息搜集和整理即可构建法律风险识别框架。这一框架对同类型企业的可参考价值较大，便于推广运用。对于那些没有实施过法律风险识别和管理活动的企业，这一框架则能够较为全面地帮助它们认识法律风险环境并梳理普遍性法律风险。不过，若持续进行这一框架下的法律风险识别活动，企业可能面临内容日益庞杂、工作量逐步增多、对企业针对性不强等考验。

其八，根据案例来构建法律风险识别框架。

一百多年前，美国哈佛大学法学院创设了案例研究（分析）法后，人们日益关注案例研究的作用。案例是人们曾经经历事件或者事实的有意截取，是人们传递针对性教育信息的有效载体。因此，案例常常被视为一种事实蓝本，被人们引证、分析和参考借鉴。在市场经济背景下，企业置身于多重、复杂的法律关系之中，发生法律纠纷案件不可避免。越来越多的企业开始以各种形式，如建立案例库信息系统等，将案例尝试运用于规范化、制度化的管理体系。站在法律风险识别和管理的角度，尽管企业法律纠纷案件的发生具有一定的偶然性，但是纠纷产生的原因是一种客观存在。通过对案件的法律风险识别和有效管理，企业不但能及时避免和减少损失并创造价值，而且能证明存在显性法律风险和发现潜在法律风险，探寻不同类型法律风险的应对思路及诉讼策略。法律纠纷同样会反映出企业的经营风险和问题，成为完善企业全面风险管理的依据。例如，企业在表见代理纠纷中承担了损害赔偿责任,可能暴露出企业在合同和印章管理上的疏漏,以及资金收付管理方面存在风险。再如,企业遭遇的专利侵权案件或者反垄断案件可能就蕴含着竞争对手和国家、行业政策信息,暴露出企业战略层面上存在的风险。这些案件的事后风险分析,可为企业决策层提供管理参考。

通过分析、研究企业过往案例或者其他企业案例,可以提炼出法律风险是该法律风险识别框架的核心。为此,企业需要首先收集、整理本企业和其他企业的典型案例。这些案例必须真实、有代表性,具有用于分析和研究法律风险所需的有效信息。为了设置合理的框架维度,案例必须确保拥有一定的数量,能够形成风险案例库。其次,风险识别人员需要对案例加以分析并进行整理归类。任何案例都包含了若干风险因素,需要风险识别人员具有敏锐的观察力和概括力,对案例进行编辑、整合。只有通过系统化的分类、取舍和排序,这些典型案例才能形成多个风险的交汇点,产生此风险识别框架的合理维度。例如,经过历年案例的初步梳理,某企业涉讼的法律纠纷主要是合同纠纷、劳动争议纠纷、公司治理纠纷,非诉讼纠纷集中在知识产权纠纷,由此可以形成该企业初步的案例法律风险识别框架,即以合同、劳动人事、公司治理及知识产权为基础框架的案例法律风险识别框架。

企业法律纠纷的存在有其客观必然性。以本企业或者其他企业的案例作为企业法律风险识别的切入口,不但能起到"前车之鉴"和"他山之石可以攻玉"的效果,而且能够水到渠成地引出相关具有说服力的法律风险,这是用机械、理论推演产生的法律风险结果所无法比拟的优势。因此,这一框架是对其他法律风险识别框架下形成的法律风险识别结果非常重要的印证和补充。不过,案例风险识别的局限性也很明显。首先,案例的产生具有一定的偶发性。对单个案例进行法律风险识别的结果大多是分析性的而非统计性的,这种分析结果的主观性较强。其次,即使企业开展案例法律风险识别的案例样本足够充分,对汇总产生的数据解释也会带有一定的主观性。显然,受风险识别人员的专业背景、主观看法、经验等的影响,此种风险识别框架下的识别结果可能与现实情况存在较大偏差。最后,收集、汇总和分析案例可能对风险识别人员的专业素质提出更高要求,也会增加识别的时间耗费和人力成本支出。

企业的法律风险是多元、复杂的。《企业法律风险管理指南》尽可能全面地为企业提供多种视角来梳理企业的法律风险。任何一种思路都有其优势和缺陷,都不能全面反映企业法律风险状况。然而,分层次、多角度的研究方法是为了实现"高内聚、低耦合"的目标。把各种法律风险以某一思路和框架结构划分开来,各个击破、分别解决,不但易于企业识别、控制风险,也易于分配企业资源及进行延展。企业既可以构建单一视角的风险识别框架,又可以结合自身情况和需要,选择不同的思路或思路组合,构建多元的法律风险识别框架。事实上,《企业法律风险管理指南》在附录 A 的示例,就是从法律风险因素的分类和企业经营管理活动过程两个角度来构建风险识别框架。随着企业法律风险识别能力的提高,或者随着法律风险识别工作的推进,以上单一的法律风险识别框架可以进行合并。例如,将企业经营行为风险识别框架、企业治理结构风险识别框架、企业管理结构风险识别框架与法律风险源识别框架融合到一起,从而将企业所有经营管理活动、治理结构与各职能部门职责相结合,反映各业务环节及其相应管理、利益分配中的法律风险、风险来源等,形成更加全面、综合的法律风险识别框架。这样反复多次修改、完善法律风险识别框架的最终结果,会以企业法律风险识别清单的形式体现出来,进一步实现法律风险识别的完整性和系统性目标。

当然,《企业法律风险管理指南》的框架思路并未穷尽法律风险识别框架的全部类型,企业仍然可以考虑根据需求和识别的便利性,创设其他角度的法律风险识别框架。例如,企业可以为重大投资行为、重大项目或者其他重要决策,设计突出重点且针对性强的专门性风险识别框架。又如,企业可以从利润角度来构建企业法律风险识别框架。法律问题的暴发总是基于企业整体,而非受单个要素影响。企业利润是一项企业指标,能够一定意义上反映企业总体法律风险状况。当企业的生产、研发、人力资源、财务、采购、销售等部门已构建了用于识别和管理本部门风险的体系时,可以考虑汲取这些部门风险管理体系的合理成分,打破部门之间风险识别的局限性,以跨部门的思维,从综合角度来构建企业法律风险识别框架。法律风险识别人员也可以分享各部门识别出的风险成果,并汇聚在一起,用法律视角来构建法律风险识别框架。最后,法律风险识别框架也可以考虑借鉴企业质量管理、企业内控管理与合规管理等的理论与实践,从企业现成的管理条线或者管理要素出发来设计框架和维度,更好地为法律风险管理体系融入企业风险管理与合规管理进行准备。

总之,法律风险识别框架无论如何设计,都不能离开一个基本的风险管理思想,即通过综合分析企业面临的所有风险,采用适当的管理策略来处理这些风险,进而提高企业的盈利水平。

(二)常用法律风险识别框架用于海外投资企业的缺陷与不足

法律风险识别框架的优劣,是决定海外投资企业法律风险识别效果的关键。尽管《企业法律风险管理指南》对我国海外投资企业法律风险识别和管理也具有指导与借鉴作用,但是从我国海外投资企业法律风险识别的实践来分析,《企业法律风险管理指南》推荐的常用法律风险识别框架存在以下缺陷和不足:

1. 未充分考虑海外投资法律风险的特性和风险环境的复杂性。我国企业海外投资时间较短,预判法律风险的能力较弱。海外投资的法律风险呈现出风险因素多样,法律风险环境复杂,法律风险与政治风险、自然环境风险、社会风险交织,风险不确定性大且可控性差,风险后果较难估量等特征。然而,《企业法律风险管理指南》的法律风险识别框架却未充分考虑到海外投资的这些法律风险的特性和特殊的法律风险环境,不加分析地借鉴可能会影响海外投资企业法律风险识别的效果。

2. 忽略国家、行业协会在法律风险识别中的作用。《企业法律风险管理指南》推荐的法律风险识别框架都以企业作为法律风险识别的实施主体。换言之,法律风险识别凭企业一己之力完成。这显然不适用于海外投资企业。最近几年,政治风险与社会风险一直都是影响我国企业——特别是境外投资能源、基础设施等敏感行业企业——的重要风险因素。企业自主收集信息并开展识别与分析活动较为困难,必须依靠国际社会、我国政府、行业协会等力量,构筑更加广泛的、统一的法律风险识别框架体系,形成国家—行业—企业立体联动的法律风险信息沟通及全方位的识别框架体系。

3. 未充分涵盖海外投资企业法律风险环境的范围和内容。《企业法律风险管理指南》明确了法律风险环境的概念,列举了外部法律风险环境信息和内部法律风险环境信息的种类与各种信息源。不过,结合海外投资企业情况,这一法律风险环境的范围却是不充分、不全面的。首先,《企业法律风险管理指南》对投资目的地法律风险环境的描述,并未达到足以引起海外投资企业重视的高度。事实上,它是企业海外投资是否成功的关键性因素。其次,《企业法律风险管理指南》对法律风险环境的表述不够全面、详细。海外投资企业的外部法律风险环境信息不但应该包括投资母国与东道国的政治、经济、技术、社会人文及自然环境,立法、司法、执法和法律观念及其变化情况等,相关国家的税收、投资保护、投资争端解决等的条约签订情况等也应纳入其中。企业内部法律风险环境信息还应包含企业跨国文化及各类涉外民商事法律关系信息等。

三、海外企业法律风险识别框架之重构

"一带一路"倡议带来重大机遇的同时,也使我国海外投资企业面临更为艰巨的法律风险挑战。"一带一路"沿线国家和地区的法律与国际接轨程度较低,加上我国企业斥巨资于大量周期较长的基础设施和能源项目,利益相关方关系复杂,投资未知性和不确定性激增,这些因素都预示着企业在这些地区投资面临严峻的风险考验,也对企业的法律风险识别和评估提出了更高要求。法律风险识别框架的构建,成为海外企业法律风险识别和管理中必不可少的关键一环。

海外企业法律风险识别框架必须首先遵循法律风险识别全面、综合、适度原则。其次,在特殊的法律风险环境下,企业应重视对海外投资风险环境的综合分析及其对企业法律风险的影响分析;重视环境、税务、劳工、知识产权等主要法律风险的专项识别;重视将政治风险、社会风险与法律风险相结合,综合开展法律风险识别和管理。再次,企业可尝试构建以企业为主导,国家、中介服务机构共同参与的立体法律风险识别框架,采用企业内外部法律专家、风险专家及行业专家密切配合与多学科视角共同参与的识别模式。最后,在明晰法律风险识别准则的基础上,充分利用大数据技术手段与条件,探索新型风险识别框架,以应对海外投资企业法律风险的高度复杂性、风险信息广泛性、管理前瞻性的法律风险特性要求。企业在理解并遵循上述理念和原则的基础上,可借鉴《企业法律风险管理指南》提供的法律风险识别框架,并在识别维度、要素和识别内容上相应调整,以增强本企业法律风险识别框架的应用性。

（一）以法律法规为核心的法律风险识别框架的运用

当前,国际社会正处于全球三千多个双边、区域及诸边投资协定组成的国际投资的庞大体系下。与坚实、系统的国际贸易条约体系相比,国际投资条约体系尚处于碎片化和建设中。企业海外投资不仅要符合众多国际贸易与投资条约的规范要求,而且要将经营活动置于合法的投资母国和东道国的法律环境下。建立以法律法规为核心的法律风险识别框架,不但能厘清企业面临的法律风险环境状况,而且能为其法律法规数据库建设奠定基础。

该框架可从国内法和国际法两个维度,评估法律法规对企业海外投资的影响。在国内法方面,应考虑投资母国的企业境外投资项目核准或者审批制度、海外投资保险制度、外汇监管制度、税收制度等;东道国的国内法主要是其外国投资法及涉及外国企业的投资范围、外资的实质和程序审查

及批准、反垄断法、外国投资者的待遇标准、允许外资进入的形式、投资范围、投资比例、投资期限、资本原本及利润的汇出、征税及税收优惠、外国企业的经营管理与劳动聘用、国有化与征用、投资争议解决等规定。国际投资法律制度是企业境外投资法律风险识别的重要对象,涉及投资保护协定和处理投资争议的国际公约、区域性条约,以及企业从事国际投资的行动守则或者指南等,亟需企业识别和评估在不同国家、双边、多边等各层面交叉及重叠法律作用下的法律风险状况。

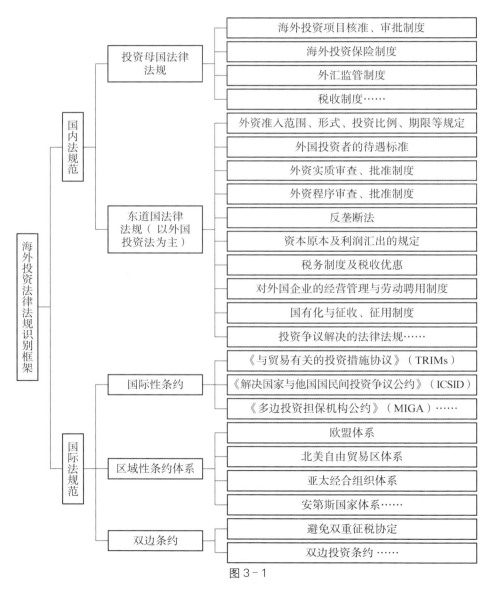

图 3-1

（二）以海外项目为核心的法律风险识别框架的运用

我国企业海外投资多以项目形式开展。为此，企业可以将海外项目作为核心，围绕海外项目关注的重点来设计法律风险识别框架，如从项目进程表入手来设计法律风险识别框架。海外投资项目涉及我国和东道国的审批或备案等众多手续，它们有先后之分，且需满足不同时限要求，若非统筹规划，不但影响境外交易进展，而且可能遭受经济损失或对项目造成实质性影响。

海外项目的重大事项可作为识别框架的若干要素，如审批、交易结构、税务、融资、反垄断等均可成为子框架分类识别要素。各子框架又可细分为不同维度展开分析，如海外项目融资方面可分为境内资金、境外资金、自有资金、银行借款等不同情况，区分不同的风险类型和情况加以分析。

海外投资企业的财务、税务、法律等事务，可能牵涉多个国内外中介服务机构。对各机构的管理，同样是确保海外项目正常履行的重要方面。为此，明确各中介机构的工作范围，加强各团队的合作和配合，识别由于中介服务不到位而可能引发的风险，同样是海外项目法律风险管理的重要方面。

（三）不同法律领域风险识别框架的运用

不同法律领域具有不同的法律渊源和学科机理，若套用统一的法律风险识别框架，可能面临风险识别与管理的困难。对海外投资企业多发、常见或者危害较大的法律风险领域，海外企业有必要结合各领域法律风险特性和管理需求，构建专门性法律领域的风险识别框架，实现对不同领域风险的专项管理。以下分别从税务领域、环境保护领域、知识产权保护领域和劳动用工领域出发，详述各专门领域的法律风险识别框架。

1. 税务法律风险识别框架。海外投资企业不仅受东道国和我国税收法律的管辖，而且受双边与多边税收协定的约束，产生多重、复杂的税收风险。这些风险包括税收居民身份认定风险，税收优惠适用风险，东道国、母国等税务处理差异所致的双重征税风险，税收饶让或抵免风险，东道国流转税和其他税务成本不确定性与变动风险，东道国及母国税收监管的税务检查、调整及由此产生的企业经营和声誉风险等。[①] 为此，企业税务法律风险识别框架需考虑海外投资的经营模式、盈利后利润汇回、退出战略等

---

① 北京市西城区国家税务局第九税务所："海外投资：知己知彼防范税收风险"，http://blog. sina. com. cn/s/blog_5ed646f70102ea66. html。张冰、傅凝洲："合理安排规避海外投资税务风险"，http://news. hexun. com/2011-10-22/134463606. html。

因素,从国内税法及国际税法两方面构建。鉴于企业在对外投资中可能改变组织机构,或者在不同国家设置不同类型的运营主体,海外投资企业的税务风险识别框架可以考虑区分企业类型,如代表处、单一功能子公司、综合业务型子公司、复合功能子公司群等,为不同类型企业或者企业发展的不同阶段构建不同的税务风险识别框架。[①]

2. 环境法律风险识别框架。环境风险具有易发性强、公众关注度高、后果严重等特征。因环境标准、环境管理、保护意识等的差异,海外投资中的环境问题及其影响更具复杂性、敏感性和综合性,它不仅会引发各类污染,更会涉及东道国的生态、社会、政治问题。企业若对环境风险损害行为控制不当,不仅影响投资的可持续性、引发社会的广泛关注,而且会给企业形象、国家形象甚至国家间关系带来负面效应。20 世纪 80 年代末,国际社会就有多次重大环境安全事故,引发全球对环境风险及其后果的关注。如今,环境风险的"末端治理"理念不断受到挑战。环境风险评估及管理已成为企业国际化经营必须履行的法律义务。我国许多海外投资产业仍集中在污染较重的采矿、大坝、建筑、木材等行业,投资地域也多分布于生态环境脆弱,容易诱发环境风险的国家或地区。[②] 近些年,我国海外投资项目正面临越来越多的环境风险挑战。[③] 一旦遭遇环境事件,企业不仅财产受损,而且会面临各类民事索赔、行政处罚,甚至承担刑事责任。环境事件也容易成为部分国家、组织炒作"中国环境威胁论"的口实,从而成为政治风险的诱发因素之一。

企业环境风险识别框架离不开对各环境要素及其相互作用引发的各类风险的识别。水、大气、岩石、生物、阳光、土壤等,可以作为这一识别框架的基本维度。投资地的自然环境,如地理位置与交通状况、地形、地质与地貌、气候与气象、水文等因素,都应当被考虑。目前,一些国际机构从跨国企业经营的经验教训中总结出环境与社会风险管理的要素,可以为我国企业构建环境风险识别框架所借鉴。企业可以参考 ISO14001《环境管理

---

① 邓浩然:"'走出去'制造型企业在海外本地化的税收风险及控制",载《国际税收》2015 年第 4 期。

② 韩秀丽:"中国海外投资中的环境保护问题",载《国际问题研究》2013 年第 5 期。

③ 例如,2012 年,中俄输气管道项目被指威胁世界遗产;中国有色非洲矿业有限公司的赞比亚谦比希铜矿东南矿体项目的关停;中铝公司秘鲁铜矿项目造成水污染被暂停生产;埃塞俄比亚吉贝三级大坝工程造成的对奥莫河沿岸至肯尼亚的图尔卡纳湖附近的生态影响;中国电力投资集团缅甸密松水电站项目因环境问题而遭当地抵制搁浅;以及众多投资非洲的采矿项目等对当地水文、土地和野生动物的不良影响。参见章轲:"商务部环保部规范海外投资环境风险",载《第一财经日报》,https://www.yicai.com/news/2519648.html。

体系要求及使用指南》(Environmental Management Systems —
Requirements with Guidance for Use),并结合东道国环境法律法规的要
求、企业运营活动、企业规章制度、环境管理流程等因素,进行环境风险识
别框架设计。

　　国际上现有的与环境风险管理相关的规范也可以成为重要的参照依
据,如国际金融公司(The International Finance Corporation,IFC)发布的
系列标准[①]、国际主要金融机构适用的"赤道原则"、经济合作与发展组织
(OECD)的《跨国公司环境管理指南》、联合国"全球契约"(Global
Compact)和"负责任投资原则"(Principles for Responsible Investment)
等。其中,IFC 的一系列环境和社会风险管理标准及"赤道原则"正被广泛
接受和应用,成为对发展中国家提供贷款的项目必须遵循的准则。IFC 标
准提出的项目可持续发展,需重点关注与环境及社会风险相关的八个方
面:环境及社会风险与影响的评估和管理;社区健康与安全;资源效率和
污染防治;生物多样性保护和生物自然资源的可持续管理;土著居民;文化
遗产;劳工和工作条件;土地征用和非自愿移民。这些与环境及社会风险
相关的内容,能够成为中国海外企业构建环境风险识别框架的重要参考
依据。[②]

　　此外,国际石油天然气工业通行的"健康、安全、环保管理体系"
(Health Safety & Environment Management System,HSE)集各国同行
管理经验于一体,正日益成为跨国公司共同遵守的行为准则。HSE 的每
一个要素都对应于企业健康安全环保管理的一项或若干项活动,涉及或覆
盖了企业内部所有相关生产经营业务和部门、岗位,能够确保企业每一项
活动或过程始终处于受控状态。当然,环境风险识别框架还可以从企业运
行的三种环境状态来构建,即企业正常连续运营时的环境风险、企业在异
常情况下的环境风险和企业在紧急情况下的环境风险。不同角度构建的
环境风险识别框架可以逐步考虑融入到一个统一的识别系统内,形成企业
环境风险管理体系的雏形。

　　3. 知识产权法律风险识别框架。知识经济时代,企业参与国际市场

---

　　① 主要有《环境和社会可持续政策》(Policy on Environmental and Social Sustainability)、《环
境、健康和安全指南》(Environment,Health and Safety Guideline)、《环境和社会可持续性绩效标
准》(Performance Standard on Environmental and Social Sustainability)、《信息获取政策》
(Information Access Policy)等。
　　② 王长明等:"环境风险管理国际规范对企业海外投资的借鉴意义",载《国际经济合作》
2014 年第 11 期。

竞争的核心是知识产权的竞争,竞争中产生的知识产权风险已经成为企业发展的关键制约因素。由于不同国家的知识产权政策与法律差异较大,企业不得不针对不同国家,采取不同的知识产权应对策略,这增加了企业知识产权管理的难度和成本。① 若企业知识产权战略意识不强,知识产权海外布局滞后于海外业务发展,加上应对海外知识产权纠纷的能力较弱,则海外投资企业的知识产权风险的易暴发、影响面广等特征将更加凸显。近些年,困扰我国企业海外投资的知识产权典型风险包括:知识产权保护不到位而导致的商标运营风险、自主专利被侵权风险、商业秘密泄露风险;境外技术开发合作中的知识产权权属不清、权利范围不明风险;跨国并购中的知识产权尽职调查不充分风险,知识产权评估、审查和转移不当风险,以及并购后的知识产权整合风险;相关国家用技术标准构筑的知识产权壁垒风险,以及知识产权诉讼索赔和维权成本过高所引发的诸多风险等。②

知识产权风险识别框架可以按照海外投资项目阶段,分项目实施前、实施中和实施后三个维度,甄别不同阶段的知识产权风险。③ 或者按照知识产权管理环节,区分知识产权尽职审查、知识产权谈判、知识产权获取的交易手段、知识产权登记、知识产权受让后的整合等来设置不同维度。④ 由于境外投资的知识产权风险成因复杂⑤,构建风险识别框架可从知识产权风险和相关风险因素入手,分宏观和微观两个层面展开识别。宏观上,从国别、行业、收购方式、组织形式与上市地、主营业务、采购和销售行为发生地、企业管理行为等维度,获得此类项目知识产权风险及相关风险因素的整体性认识。微观上,以海外收购知识产权

---

① 在知识产权完善的立法和严格的司法与执法体系下的发达国家,我国企业极易遭受被诉知识产权侵权风险;在不发达国家,因政策层面缺乏知识产权主动保护的动力,知识产权立法和执法状况较差,我国企业需要防范商标、核心技术等被模仿抄袭的风险,同时还要提防发达国家企业利用知识产权阻碍我国企业发展的风险。参见方琳瑜等:"'一带一路'战略下企业海外知识产权风险预警与管理机制研究",载《科技管理研究》2016 年第 8 期。

② "国家知识产权局保护协调司司长黄庆发言,中国企业出口面临知识产权风险",21 世纪经济报道,http://stock. jrj. com. cn/2015/01/25225718761832. shtml。

③ 彭辉、张虹:"中国企业海外并购中知识产权的风险识别",载《科学发展》2014 年第 3 期。

④ 黄清华:"海外收购专利中如何识别知识产权风险因素(一)",载《中国保险报》2013 年 10 月 17 日。

⑤ 例如,海外收购至少可能由八类因素引发知识产权风险,包括专利地域因素、时效因素、专利权属瑕疵因素、目标企业虚假因素、收购方的认知因素、法律冲突因素、东道国执法因素、专利技术及其产品知识产权保护的周延性因素等。

的风险源为维度,识别每一项具体的知识产权风险。[①] 境外知识产权风险识别框架也可以考虑从国别、知识产权责任等角度来构建识别维度和相应要素。

4. 劳动用工法律风险识别框架。劳动用工法律风险,即劳工风险,是海外投资中的常见风险。相较于其他类型的风险,劳工风险相对微观且对象明确具体,容易被企业忽视或者出现管理疏忽等问题。劳工风险可能源于国内外派员工选择、培训、签证办理、跨国与跨文化工作环境、心理疏导等,或者源于当地雇员比例、培训比例、裁减雇员数量等限制性规定,以工会对裁员、降薪、劳动保障等的干预,由此引发各类劳动纠纷、工会抗议、罢工,甚至政府处罚或诉讼。

劳工风险可以从多个角度识别,如按来源区分国内外派员工和东道国当地员工,依据劳动、人事管理阶段或流程,区分不同的维度进行识别,或者可设置招聘、入职、在职、离职等不同环节的风险识别框架。也可以考虑从国别劳动法的角度,区分国内劳动法、东道国劳动法,以及相关条约、协定等维度,建立劳动人事法律数据库。鉴于劳工纠纷可能涉及较为广泛的社会群体,企业可考虑从利益相关者的角度展开风险识别,发现企业与每一利益相关者(如普通员工、劳务派遣单位、劳务派遣员工、政府、工会、其他非政府组织等)的相关法律风险。由于海外劳动用工可能影响企业经济、声誉并产生社会责任,企业可以考虑从劳动用工风险程度来区分轻微风险、常规风险、紧急状态风险等;或者从纠纷导致的企业责任和承担的后果,梳理民事经济法律风险、行政法律风险、社会责任风险下的不同劳工风险。对于社会治安较差的国家,企业应当考虑设置员工安全风险识别框架,以应对此类人身安全风险。

需要注意的是,随着越来越多的海外投资采用并购方式,并购企业的劳工风险凸显其特异性和重要性。在跨国并购中,并购企业不但要和被收购资方就企业的各项收购事宜达成一致,而且必须取得被收购目标企业员工及工会的认同和支持。企业若重视不够,可能由此引发劳动合同承继风险、裁员风险、薪酬福利风险等[②];若处理不当,将直接影响并购企业运营的成败。因此,中国企业在海外并购的进程中,以及在后期的企业整合管

---

① 黄清华:"海外收购专利中如何识别知识产权风险因素(二)",载《中国保险报》2013年10月21日。

② 2011年,中国化工集团收购以色列的马克西姆农业化工集团时,因以方企业工会成员担心收购完成后会发生大批裁员,所以采取罢工方式抗议收购。所幸的是,中国化工集团及时发现并妥善处理,从而避免造成大的损失。

理中,不但需要了解东道国劳工法律法规的情况,关注原被收购企业与劳工之间的权利义务关系,以及并购后的企业与保留劳工之间的权利义务关系,而且需随时检查企业遵守东道国劳工法律法规的状况等情况,避免在劳动法律环境和各层面上发生劳工风险。为此,企业可根据劳工风险参与者的不同,从劳工个人参与并购法律风险及工会法律风险两个维度开展识别活动。前者又可细分为是否侵犯劳工知情权的法律风险①、是否侵犯劳工决策权的法律风险等;后者中,工会的结社自由权是否保障等都是企业需要重点关注并加以识别的风险。

企业劳动用工法律风险也包含着员工职业健康安全方面的风险管理。由于 WTO 的公平竞争原则包含环境和职业健康安全的要求,许多发达国家陆续提出以下说法,即发展中国家在企业劳动条件改善方面投入较少,使企业的生产成本低于发达国家企业,由此造成的不公平贸易行为是不能被接受的。为此,部分国家在自由贸易区协议中明确规定,只有采取同一职业健康安全标准的国家与地区,才能参加相关自贸区的国际贸易活动。2018 年 3 月,国际标准化组织发布 ISO45001《职业健康安全管理体系要求及使用指南》(Occupational Health and Safety Management Systems-Requirements with Guidance for Use)。该标准首次从国际层面上为企业管理职业健康安全风险提供了框架,防止企业发生与工作有关的人身伤害和健康损害。2020 年 3 月 6 日,国家市场监督管理总局、国家标准化管理委员会等转化了《职业健康安全管理体系要求及使用指南》,发布《职业健康安全管理体系要求及使用指南》(GB/T 45001 - 2020)。该标准为企业构建符合实际的职业健康安全管理体系提供了架构参考,不但有助于提升企业职业健康安全管理,而且能用于引导企业降低部分劳动用工风险。

四、海外企业法律风险识别框架的创新

政治风险与社会风险往往会成为海外投资企业法律风险识别的盲区。鉴于这两类风险与法律风险的紧密联系,企业应突破《企业法律风险管理指南》中的法律风险识别框架之示例,构建专门性风险识别框架。

（一）政治法律风险识别框架的构建

政治风险的识别和分析对未来投资的重要性观念,早在 20 世纪七八

---

① 例如,涉及劳工切身利益的工作环境、工作程序、工作条件、工作对象、工作机会等事项的变更情况的事先知悉权等。

十年代就已在国际社会风靡。"9·11"事件之后,国际形势的变幻和各国国情的巨大差异,使跨国公司在跨国经营时面临着诸多挑战和风险。这种挑战和风险对中国企业同样如此。近些年,我国海外投资失利的首要原因几乎都指向政治风险。政治风险的巨大威胁,随时可能对我国企业的国际化经营造成致命打击。政治制度和意识形态的差异,对国际资源的需求和竞争,企业治理结构的差异和行为不规范,民族、宗教、文化等社会风险,以及缺乏沟通和交流等,都是中国企业遭遇政治风险的原因。[1] 中国企业在高政治风险国家的投资多涉及能源、资源类敏感行业,东道国投资保护的意识增强,东道国法律制度的不完善,暴力袭击、恐怖势力的抬头等,都是加剧政治风险的重要原因。

　　面对政治风险,企业一方面要关注其对企业经济利益和人员安全的侵害,另一方面也要看到投资高政治风险国家的机遇。这些国家大都处于经济转型期,劳动力成本低、自然资源丰富、竞争对手较少、市场广阔,在一定程度上增加了企业的投资机会,也弥补了政治性事件给企业造成的损失。[2] 由于政治风险最终可能会演化为法律风险,因此海外投资企业的法律风险识别不应忽视政治风险。政治风险具有潜伏深、突发性高、破坏力强等特性,对因政治风险而引发的法律风险的识别应当具有前瞻性和及时性。同时,政治风险的复杂性与多维性,要求对这类风险进行识别应设置多种识别框架,从多角度开展识别活动。

　　常规的风险识别框架可将海外投资保险制度投保的政治法律风险,即征收险、禁兑险、战争和内乱险、违约险等,设置为基本维度,开展识别活动。这一视角能够将政治法律风险的绝大部分或者主要的政治风险类型囊括进去。不过,一些新型、隐蔽的政治风险可能被遗漏,如发达国家以国家安全为由的各类审查,或者以环境保护为名的各类管制措施等。

　　将政治风险从企业特定政治风险(微观政治风险)和国家特定政治风险(宏观政治风险)两个维度识别,有助于企业制定相应的应对措施。前者无论来自政府还是不特定的他人(如恐怖分子),其行为的对象都是针对企业个体,企业相对较易识别此类风险,且往往可以通过采取积极措施加以解决;而后者往往涉及整个国家,企业只能通过购买政治风险保险的方式

---

①　参见钞鹏:"中国企业对外投资的政治风险识别研究",载《洛阳理工学院学报(社会科学版)》2012年第2期。

②　参见钞鹏:"中国企业对外投资的政治风险识别研究",载《洛阳理工学院学报(社会科学版)》2012年第2期。

来规避。[①]

表 3 - 1 **Jeffrey D. Simon 政治风险识别框架表**[②]

	宏观政治风险		微观政治风险	
	社会层面	政府层面	社会层面	政府层面
国内	革命、内战 民族与宗教 骚乱舆论 转向等	国有化或征用 政体巨变 官僚政治 外汇限制等	选择性罢工 选择性恐怖主义 选择性抵抗 国别企业抵制	选择性当地化 合资经营压力 差别税收 违约等
国外	跨国游击战争 国际恐怖主义 世界舆论 撤资舆论	核战争 边界冲突 联盟变化 高外债偿还比例等	国际行动集团 外国跨国公司竞争 国际企业抵制 选择性国际恐怖主义	两国外交关系紧张 双边或多边贸易协定 外国政府干预等

在这一风险识别框架下,Jeffrey D. Simon(1982)进一步细分了其二级维度,区分社会层面和政府层面分别考察,并设置东道国国内(内部)和国际(外部)两个大的要素分支,采用多维分类,廓清了政治风险的各个风险源。Jeffrey D. Simon 的这一政治风险识别框架有助于认识风险事件的特点,评估对企业资产和经营的影响,便利企业投资决策,可以成为我国企业政治风险识别框架的重要参考。不过,Jeffrey D. Simon 提出的若干要素没有体现国际上最新政治风险要素,也不一定适用于识别任一投资东道国的政治风险。企业需要结合具体情况,制定出最能体现和反映本企业政治风险的识别框架。在不同国家和地区,政治风险的表现形式很不相同。发达国家歧视性政府干预和民族主义情绪引起的政治风险较为突出,而在中亚、非洲等国和地区,政府更迭、暴乱、社会动荡等风险更加明显。企业可以就所处的不同国家之情况,设计相应的政治风险识别框架。[③]

进入 21 世纪以来,以政策性限制为特征的"蚕食式"征收征用风险及非政府性风险日益抬头。中国国有企业遭受歧视性政治干预等新的政治风险趋势应当引起我国相关企业的关注,企业应不断调整、修改自身的风险识别框架。[④]

[①] 王晨光等:"境外投资亟需政治风险管理",载《海内与海外》2011 年第 7 期。

[②] Jeffrey D. Simon:Political Risk Assessment:Past Trends and Future Prospects,*Columbia Journal of World Business*,Fall 1982,pp. 62 - 67,转引自李琛:"跨国经营政治风险及其管理研究",复旦大学 2005 年博士学位论文。

[③] 参见张英达、葛顺奇:"跨国经营的政治风险:结构、趋势与对策",载《国际经济合作》2011 年第 11 期。

[④] 参见张英达、葛顺奇:"跨国经营的政治风险:结构、趋势与对策",载《国际经济合作》2011 年第 11 期。

对政治风险的识别和分析,并非能够准确预知政治风险的发生时间或者地点,但它可以通过尝试观察现行事件的某些趋势及这些事件的结合方式来预判其发生概率。① 政治风险识别框架的设计并无固定模式,以上所述政治风险识别框架也未穷尽其识别视角。同时,由于各模式内的要素会存在很大差异,上述识别框架也未充分反映和体现各框架下所需的识别要素。这种差异性完全取决于海外投资企业的自身情况和需要。

（二）社会法律风险识别框架的构建

随着企业社会责任运动在全球的推行,以及企业各相关利益方自我保护意识的增强和参与企业治理的作用日益受到重视,企业正面临日益严重的社会(责任)风险。② 这种风险一旦变为现实,不仅会对自然环境、社会稳定和社会秩序造成灾难性的影响,而且会增加企业交易成本并使企业丧失社会声誉。越来越多投资失败的案例直接或间接地源于企业社会责任,使社会风险因素引发的法律风险成为制约我国企业海外经营的一大障碍和瓶颈。企业在国际投资与合作中的社会风险是多样的,既可能因劳资关系③,也可能因腐败、违反人权、违反环境保护法律法规④等引发社会(责任)风险。这些风险容易引起东道国政府、民众、社区的不满,并被放大和传播至国际社会,给企业声誉带来严重负面影响,我国的国家形象也将受到攻击。⑤

社会风险作为企业海外投资法律风险发生的诱因之一,与法律风险具有非常紧密的联系,并常常相互转化。因此,识别海外投资企业法律风险

---

① C. H. Brink: *Measuring Political Risk: Risks To Foreign Investment*, Burlington: Ashgate Publishing, Ltd. ,2004, p. 27,转引自黄河:"中国企业跨国经营的政治风险:基于案例与对策的分析",载《国际展望》2014 年第 3 期。

② 杨清香、张晋:"刍论企业社会风险与内部控制",载《财会月刊》2010 年第 36 期。

③ 2005 年,上汽集团在收购韩国双龙汽车后,尽管重视了解韩国风俗习惯和社会人文等知识,但忽视了对韩国工会的了解,造成 2006 年历时 49 天的双龙"玉碎罢工",而且后续矛盾与纷争不断。双龙工会充分利用韩国社会对中国企业的微妙心理,通过制造上汽"技术转移"的舆论来转移视线,使劳资纠纷演化为严重的社会风险。参见袁桂远编:《韩国双龙申请破产,上汽 40 亿元买个跨国并购教训》,http://auto. 163. com/special/000816N3/sqsljf. html。

④ 2010 年 6 月,中国工商银行同意为埃塞俄比亚的吉贝三级大坝项目提供约 4 亿美元的贷款。消息一出,"银行监察组织""国际河流组织"和"图尔卡纳湖之友"致信中国工商银行,认为大坝项目将导致湖区生态环境崩溃。联合国世界遗产委员会也号召埃塞俄比亚政府和中国融资机构暂停对此项目提供贷款,以履行保护当地文化遗址的义务。随后,国外多家媒体相继报道此事,对中国工商银行的国际形象影响巨大。参见章轲:《破坏生态? 工行非洲水利贷款项目引争议》,载《第一财经日报》2010 年 6 月 30 日,转引自 http://news. 163. com/10/0630/10/6ADVLAQF00014AED. html。

⑤ 陶涛:"企业走出去的社会责任风险",http://money. 163. com/11/1128/09/7JUGQ9R600253B0H. html。

时,不能忽视对其社会风险的识别和评估。企业不仅需要弄清楚为什么要履行社会责任和识别社会责任风险,而且需要确定自身应承担哪些责任,并结合企业价值观,识别和评价落实履行社会责任的优势与劣势。为此,有必要就企业社会风险引发的法律风险构建识别框架。

针对社会风险引发的法律风险,可以从企业运营战略和活动出发,结合东道国可持续发展目标,参考我国政府对海外投资企业构建社会责任的指导性文件①,梳理企业对社会特定利益群体及社会整体在经济、社会、环境影响等的沟通中是否存在风险来构建风险识别框架。为此,企业可按照海外项目的运营阶段来设置维度,结合企业各职能部门在各阶段的运营活动,区分股东、客户、自然环境、项目和人员安全、员工健康和权益、文化和社区建设等几大要素开展工作。在经营阶段,企业可进一步细分出产品研发过程、原料采购过程、产品生产过程、产品销售过程、产品售后及回收,以及其他方面(如企业社会责任信息披露)等二级维度。② 由于社会风险具有隐蔽性,在构建这类法律风险识别框架时,可以考虑构建独立的、部分的风险识别框架。例如,由于对海外投资企业社会风险进行识别和管理的核心是管理好与各利益相关者的关系,因此企业可从利益相关方的视角出发来构建企业社区关系(风险)识别框架,也可以从社会责任信息披露的角度来构建识别框架。当然,企业构建社会风险识别框架时,还应密切关注世界银行、亚洲开发银行、金砖国家开发银行(New Development Bank)及我国各大银行不断修改完善的绿色信贷标准③等对社会风险内容与标准的调整和指引变化,更好地将企业自觉自愿行为与国际主流道德理念和规则标准等相结合。

以上框架思路并未穷尽海外投资企业法律风险识别框架的全部类型。海外企业仍然可以根据需求和识别的便利性,创设其他角度的法律风险识别框架。按照企业的设立方式(是新建还是并购),或者根据海外企业投资国别、行业或产业的不同,构建法律风险识别框架,同样是值得推荐的思路与角度。在同样的投资方式下的投资,或者在同一国家内或者同一行业内

① 例如,《关于进一步规范我国企业对外投资合作的通知》《境外中资企业(机构)员工管理指引》《中国境外企业文化建设若干意见》《对外投资合作环境保护指南》等一系列海外投资企业在员工管理、文化建设、环境保护等社会责任方面的指导性文件。

② 王清刚:"企业社会责任管理中的风险控制研究——以 BJNY 集团的环境、健康和安全管理为例",载《会计研究》2012 年第 10 期。

③ Green-credit Policy,即在信贷活动中,银行把符合环境检测标准、污染治理效果和生态保护作为信贷审批的重要前提。商业银行通过差异化定价,引导资金导向有利于环保的产业和企业,有助于增强银行风险控制能力,也有利于鼓励企业遵守环境保护合规要求。

投资,企业所面临的大部分风险是相似的。为此,企业可以采用聚类分析的方法,考虑构建适于本企业的法律风险识别框架。

当企业的生产、研发、人力资源、财务等部门已构建了本部门的风险识别体系时,应当汲取这些体系的合理成分,构建跨部门的企业法律风险识别框架。构建法律风险识别框架时,同样应争取与企业质量管理体系、内控管理体系、合规管理体系等的融合,节约管理成本,并提高管理效能。

第四章　海外投资企业的法律风险环境

企业海外投资所面临的风险和法律风险是多种多样的。与国内投资不同，因国别不同，自然地理、社会人文环境等存在巨大差异，加上组织架构的复杂性、资金往来的密集度等因素，海外企业对投资面临的各类风险会出现识别困难、风险预判能力降低等倾向。下表对比了企业在国内外不同风险环境下开展投资经营可能面临的不同挑战。

表 4-1　企业在国内与海外投资时面临的不同风险环境比较①

企业国内投资的外部环境及风险	企业海外投资的外部环境及风险
1. 单一货币	1. 多种货币汇差风险
2. 相同的商业环境	2. 母国和东道国不同的商业环境
3. 熟悉的市场环境	3. 分散、多变的国内外市场环境
4. 相对稳定、可预见的政治与法律环境	4. 与母国不同且多变的政治与法律环境
5. 容易理解并沟通的文化与价值观	5. 文化与价值观多元，存在适应性风险
6. 信息与沟通渠道熟悉且易获取	6. 信息来源渠道较窄，信息收集困难
7. 在一国内获取资源	7. 在全球范围内获取资源
8. 主要是本土竞争对手	8. 竞争对手多元、复杂

企业认识到法律风险识别对企业具有重要意义和价值的前提下，需要明确以下问题：法律风险识别应该对多大范围内的风险或者法律风险予以识别和开展相关管控活动？换言之，企业收集并据以分析法律风险的信息有哪些？这些信息应该被限定在怎样的时间和空间范围及哪些领域内才是合适的？企业法律风险识别团队的海外投资法律风险识别的范围和

---

① 参见陆力斌：《企业管理学》，哈尔滨工业大学出版社 2005 年版，第 52 页。

工作内容是怎样的?

　　法律风险识别的范围和内容常被理论界与实务界混用。不过,"范围"是指事物"周围的界限"[①],往往指该事物的"外延"。"内容"(也作"内涵")是一个概念所反映的事物的本质属性的总和。[②]　法律风险识别的范围和法律风险识别的内容是相互关联、互为独立的。法律风险识别的范围是企业认识自身遭受法律风险的内外部界限,即法律风险环境。不同企业由于内外部法律环境的迥异,面临不同的法律风险考验,因此企业在进行法律风险识别活动时,有必要为风险识别活动确定法律风险环境的边界。法律风险识别的内容则是法律风险识别的对象,即法律风险信息,它是所有引发法律风险的各个要素的集合。由于信息本身具有多样性、复杂性,企业在进行法律风险识别活动时,需要甄别风险信息的类型、信息收集的广度与深度,以及信息收集与企业的密切程度。显然,企业无论是收集与汇总法律风险信息还是深入分析这些信息对自身法律风险的影响,都必须将这些信息置于相应的法律风险环境中。若超出特定的法律风险环境,法律风险信息就会发生改变,风险识别的结论也必须随之调整。

第一节　法律风险识别与法律风险环境

　　法律风险环境(Legal Risk Environment)是海外企业所处的足以影响法律风险后果的各类处境和状况。[③]　由于法律具有强制性,法律风险环境对企业及其经营管理活动的影响往往带有较强的约束性。企业的任何一个法律风险都是其行为在特定社会法治观念下,因不符合特定法律制度体系下的法律规范,遭受法律执行主体制裁或发生损害的可能性。

　　法律风险环境是法律风险的基本构成要素之一。同时,法律风险又是法律风险环境的重要组成部分。对法律风险的识别,实际上是对法律风险环境的识别。

　　法律风险环境为海外企业确立法律风险识别的对象,同时也为海外企业法律风险识别工作指明方向,以及确定风险识别的范围。

---

　　① 参见《现代汉语词典》,商务印书馆 1996 年版,第 352 页。
　　② 参见《现代汉语词典》,商务印书馆 1996 年版,第 919 页。
　　③ 吴江水:《完美的防范:法律风险管理中的识别、评估与解决方案》,北京大学出版社 2010年版,第 21 页。

一、不同视域下法律风险环境的解读

作为风险管理学、环境学和法学交叉领域的概念，法律风险环境从不同学科理论出发，可作不同解读。

（一）风险管理学视角下的法律风险环境

从风险管理学的角度来看，风险的构成要素（Risk Factors）包含风险因素（Hazard）、风险事故（Peril）与损失（Loss）。三个要素之间的基本关系是，风险因素可能引发风险事故，风险事故则可能导致风险损失。同时，风险因素的存在，本身也可能引起风险损失。[①] 三大要素反映了风险在不同阶段的不同形态和变化，既可能层层递进，也可能直接转化为风险。风险因素是指那些能够引起或者增加损失发生频率或加重损失程度的各种情况。这些情况可能单独存在，也可能与其他风险因素交织、相伴或者综合作用，成为新的风险因素。风险因素越多，或者产生风险因素的条件越多，风险导致损失的可能性也就越大。风险事故是这种损失的可能性转变为实际的损失。由此，风险识别的对象就包含了对风险因素的识别。风险因素的范围就是风险存在的环境。

作为风险类型之一的法律风险，它的风险因素既可能来源于法律因素，也可能来源于非法律因素。这就意味着，法律风险环境既包含法律因素引发的风险环境，也包含非法律因素引发的风险环境。那么，识别法律风险环境就不能只局限于法律领域，还应当同时关注与法律密切相关的经济、政治、人文社会等足以引发法律风险、带来法律纠纷的其他社会领域。同时，从风险构成的其他两个要素来看，法律风险环境也不能仅着眼于法律风险因素和其他非法律风险因素，还应当考虑引起法律风险事故和法律损失结果的其他风险环境信息。

（二）环境学视角下的法律风险环境

从环境学的角度来看，环境要素（Environmental Elements）是构成人类环境整体的各个独立的、性质不同的，但又服从整体演化规律的基本物质[②]，是人类社会赖以存在和发展的基本成分。

通常，人们把环境要素分为自然环境要素和社会环境要素。自然环境要素包括水、大气、岩石、生物、阳光、土壤等。社会环境要素（Social Environmental Elements）是组成社会环境的每一个基本单位，尽管学者们

---

① 郭小东：《社会保障理论与实践》，广东经济出版社 2014 年版，第 113 页。

② 参见河海大学编辑修订委员会编：《水利大辞典》，上海辞书出版社 2015 年版，第 465 页。

对社会环境要素的内容尚未形成统一认识，但一般认为应包含以下几类：以社会物质环境、社会能量环境和社会生物环境为核心的地理位置与自然环境要素；人口要素；心理要素；行为要素；群体要素；经济要素；政治要素；文化要素等。也有学者倾向于社会环境要素的两分法观点，即把社会环境要素分为两类：组成社会的人文群体，如各国、各级政府、社会团体、组织、人群等；以及构成社会的物质群体，如建筑物、道路、通信、自然环境等。①上述两类社会环境要素是人类生存的必备要件，也是人类与自然协调发展的精神和物质基础。无论是社会环境要素还是自然环境要素的某些要素，总是孕育着其他要素。各环境要素之间的传递和相互作用产生彼此间的联系与依赖，通过物质在各个环境要素间的流通与交换，使全部环境要素紧密联系在一起。这种关系就如同相互取食的生物链一样，各自然环境诸要素间互相联系、互相依赖。尽管社会环境要素增加了人为的价值观、社会规则等内容，但也遵循着社会环境要素间的互相依存、相关转化的辩证规则。

根据这一理论，法律风险环境的要素作为社会环境要素的一类，也与其他社会环境要素之间存在着互为依存、相互关联之特性。法律风险环境要素进一步细分，可以分为法律要素和与法律密切相关的政治要素、经济要素、文化要素等。法律要素又包括法律制度体系、法律执行状况、社会法治观念等。政治要素中反映一国政权稳定程度与社会安定程度的政局稳定性要素，以及反映政府政策变动频率的政策持续性要素；体现宗教、价值观等的文化要素；以及影响企业利润与收益的通货膨胀、汇率、利率水平等经济要素，都与法律密切相关，它们会对法律风险环境要素产生较为直接的影响。由此，在进行法律风险分析时，需要对企业所处的社会政治环境、经济环境、法律环境、人文环境等开展综合分析。

（三）法学视角下的法律风险环境

从法学的角度来看，任何法律关系的产生都以法律规范的存在为前提，没有相应的法律规范存在，就不可能产生法律关系。但是，法律规范本身不是法律关系，法律关系是法律规范的内容（行为模式及其后果）在现实社会生活中的具体贯彻。另一方面，法律关系也不同于法律规范调整或保护的社会关系。社会关系中，许多领域需要法律调整，如政治关系、经济关系等，也有些不由法律调整，如友谊关系。不过，法律不是本来就有的，而是植根于社会，由一定社会经济基础所决定。同时，法律又反过来维护社

---

① 参见卢昌义：《现代环境科学概论》，厦门大学出版社 2014 年版，第 2 页。

会关系和社会秩序。法律关系是根据法律规范产生，以主体之间的权利与义务关系的形式表现出来的特殊社会关系，它是社会内容与法律形式的统一，受到国家强制力的保障。[①] 法律关系与社会关系的密切联系决定了在分析法律风险环境的要素时，人们不能仅从法律规范本身出发，还应该结合特定社会背景下的特定法律主体的行为，分析行为主体引起法律风险发生及遭受各类法律后果的可能性。

法律风险环境与其他社会关系各要素之间的密切联系，可以从《企业法律风险管理指南》中找到例证。《企业法律风险管理指南》在外部法律风险环境信息"中，将企业外部法律风险环境信息定义为与企业法律风险管理相关的政治、经济、文化、法律等各种相关信息；在内部法律风险环境信息"中，将企业内部法律环境信息定义为与企业法律风险及其管理相关的各种信息，包括法律风险和法律风险管理的历史及现状。尽管《企业法律风险管理指南》认为，法律风险环境信息包括与法律风险管理密切相关的法律信息，但是其也明确指出，企业内部法律风险环境信息包括但不限于企业的战略目标、企业盈利模式和业务模式，以及企业的主要经营管理流程、活动、部门职能分工等相关信息。此外，实务界在分析企业法律风险环境时，也将行业信息、组织形式、企业设立地点、经营活动的交易地点等要素作为重要的风险分析因素。[②]

以上从不同学科角度展开的法律风险环境概念和内涵之分析表明，法律风险环境是以法律规范为核心，以考察法律规范在社会环境运行中可能引发的各类风险为目的，综合考虑特定法律主体在特定社会背景下的活动可能引发法律风险的各类环境的集合。法律风险环境以法律在社会环境中引发的风险为研究重点。但是，不能忽视其他社会环境要素对特定主体法律风险的影响和作用。在国际投资背景下，法律风险环境具有综合性、整体性和动态性。海外企业必须意识到其所处的国际投资法律风险环境是多种风险因素交织而成的矛盾综合体，它们或者对投资的流量、流向、效益起决定、主导作用，或者起次要、补充作用。上一层级的风险因素又由若

---

① 参见周萍、蒙柳主编：《法理学》，武汉大学出版社 2016 年版，第 77 页。

② 路伟国际律师事务所 2005 年发布的《中国 100 强企业法律风险环境分析排名报告》就将行业信息、组织形式、企业设立和经营地点、知识产权等要素作为衡量企业是否存在法律风险的重要判断依据，认为不同行业有不同级别的法律监管和法律风险环境。公司设立地点因行使本国法律的属地管辖权，所以在保持公司的存续性、税收等许多问题上，都对其法律风险有重大影响。报告还强调，即使在中国境内经营主要业务的中国公司，也会因为在中国境外销售货物或提供服务而受到中国境外法律风险环境的影响。参见吕立山：《中国企业"走出去"的游戏规则》，法律出版社 2011 年版，第 253 页。

干低层次的因素构成,由此形成的子系统共处于法律风险环境的大系统中。各个层级的风险环境相互联系、互为条件,构成完整的风险环境系统。由于影响海外投资的各种风险因素都处于不断变化之中,因此国际投资风险环境也在不断变化。其中任何一种因素的变化,都可使相互关联的其他因素发生连锁反应,进而引发综合的损害后果。因此,海外企业在进行法律风险识别和管理时,应综合分析法律风险环境各子系统中的风险因素,掌握各风险因素动态变化的规律。例如,法律风险环境中的政治风险环境又包含东道国政治稳定性、东道国与投资母国外交关系、政府工作效率等若干个子系统。企业不仅要分析东道国政治风险环境的整体特点,而且不可忽视其子系统中某些因素的影响力。企业应通过对子系统中风险因素动向的观察和分析,决定投资行为决策和风险管理方向。①

二、法律风险环境的分类

法律风险可能如多米诺骨牌一样呈网状、树形、关系型、链型等规律分布,也可能星罗棋布、杂乱无章地散布于法律风险环境中。对法律风险环境的内涵解构,有助于我们确定法律风险识别的内容,提高识别与认识法律风险环境的准确度。

企业海外投资法律风险环境所涉风险因素众多,任何自然、人文、政治、经济、法律环境的要素都有可能制约、影响企业的经营行为,成为企业法律风险的诱因或者影响因素。企业海外投资的法律风险环境可以从不同视角进行不同分类,各个分类依据及其类型对企业法律风险识别框架的设计与风险识别工作都将产生影响。

（一）外部法律风险环境和企业内部法律风险环境

企业经营及管理活动总是处于一定环境中,受到各种力量与各类风险环境的影响。企业的管理环境不仅包含存在于企业外部的环境,也包含企业内部环境。法律风险环境与企业管理环境存在交叉和重叠。基于管理对象的差异性和不同环境的风险要素对企业影响程度的不同考虑,有必要将企业法律风险环境区分为外部法律风险环境和企业内部法律风险环境。这样区分有助于企业在进行法律风险识别与评估时,采用不同的识别方法和评价标准,进而制定有效的法律风险应对策略。

（二）过去、现在和未来法律风险环境

按照法律风险发生时间,可将法律风险环境划分为过去的法律风险环

---

① 蒋国庆、焦方、熊军:《国际投资》,四川人民出版社 1997 年版,第 63—64 页。

境、现在的法律风险环境、未来的法律风险环境。

现在的法律风险环境是企业关注的重点。过去的法律风险环境若曾给企业造成损害性后果，企业可以建立案例数据库，评估是否对企业仍然具有影响，并加以关注。未来的法律风险环境是对企业隐性法律风险的预测，企业需要关注其是否具有发展成为显性法律风险的可能。

（三）显性法律风险环境和隐性法律风险环境

显性法律风险环境和隐性法律风险环境是按照法律风险萌发状态对法律风险环境的划分。

外化的显性法律风险环境包括法律制度与法律规范，以及法律组织机构及其法律的执行状况，是引发企业显性法律风险的直接因素。深层次的隐性法律风险环境，即法律意识形态，是企业隐性法律风险的诱发因素。

这样区分法律风险环境的意义在于，企业可根据成本，以及风险的紧迫度、发生频率、损害后果等因素，有序部署法律风险管理与合规管理，决定对哪类法律风险及其风险环境率先开展风险识别活动。

三、法律风险与法律风险环境的关系

法律风险与法律风险环境具有相互依存性。若从法律风险构成要素的角度分析，法律风险环境是法律风险三个基本的构成要素之一。若从单一法律风险来源的角度分析，法律风险是法律风险环境的重要组成部分。

（一）法律风险环境是法律风险的要素之一

法律风险是海外投资企业基于法律规定或者合同约定，由于内外部法律风险环境发生变化，为或者不为某些行为而引发负面法律责任或法律后果的可能性。显然，海外投资企业法律风险需要三个基本构成要素，即海外企业、内外部法律风险环境和企业行为。只有在特定法律风险环境下的主体所为的行为，才能产生对企业不利的法律后果。不同法律风险环境下的法律规范体系不同，司法机关及行政机关对法律法规的执行存在差异，社会法治观念对法律的尊重和遵守的程度不同。这些因素会使同一法律主体的类似行为在不同法律风险环境下，引发完全不同的法律后果。这种状况在国际法律环境下表现得尤为突出。投资海外的中国企业尤其需要关注不同法律风险环境下可能产生的法律风险。特别是针对那些在我国法律环境下不存在的风险因素或者风险因素引发的较小或较少风险可能性的风险，海外企业尤其需要仔细甄别并加以判断。以下试举几例：

以海外投资企业的劳动用工风险为例。出于保护本国就业市场的需要，大多数东道国政府不会全面开放普通就业市场，只允许特定条件下引进少量的技术工人,或者对不同行业的外籍员工的数量或比例予以限制。① 海外投资企业还会面临申请中国籍管理人员与专业技术人员的签证困难,签证申请费高、手续复杂、申请时间较长等风险。另一方面,企业在雇用当地工人或其他国家员工时,又会面临劳工数量不足、劳动力素质不能满足企业需要、语言沟通不畅、宗教文化及生活习惯差异等问题,由此可能影响企业正常生产,并诱发违约风险。② 这类法律风险在投资于本国境内的企业中则较少发生。

再以对孟加拉国开展国际贸易活动为例。尽管孟加拉国实行贸易自由化政策,但仍有许多一般商品被列入禁止进口的商品清单,包括二手办公设备、复印机,以及任何与孟加拉国宗教不符的报刊、书籍、音像制品、猪肉制品等。这些限制性规定有些与孟加拉国国民大多为穆斯林有关,有些则与宗教无关,这可能会引起那些与该国开展国际贸易企业的认知错误。实务中,孟加拉国政府倾向于要求买方对孟加拉国卖方的付款必须开具不可撤销信用证。在运输方面,除非孟加拉国商务部特许,对孟加拉国买方的国际货物买卖合同不可以采用 CIF 的价格术语。这样做的目的是使货物的运输和保险可以最大可能地由孟加拉国的承运人及保险人完成。此外,孟加拉国买方购买的货物,除非另有规定,否则必须由孟加拉国政府签约的国际商检机构进行装船前检验。③ 企业若对上述情况缺乏深入了解,仅凭借一般国际贸易规则与孟加拉国商人开展贸易活动,很容易引发操作环节的法律风险。

最后,以色列工会法和工会情况可以充分证明不同法律风险环境下法律风险的差异性。以色列法律体系较为完备,是相对民主的国家。以色列的工会组织庞大,由工会组织的罢工活动经常发生。以色列法律保护工会组织及其各项活动。企业的工会组织可以代表员工就员工待遇、工作条件、薪酬或者福利与企业的领导层进行交流,若谈判没有取得积极进展,工会有权组织企业的员工罢工示威。曾经,以色列外交部工会就因薪资和待遇问题与政府没有达成共识而组织外交部的员工罢工,影响到该国的外交

---

① 例如,根据塔吉克斯坦《劳动管理法》,外资企业中,塔方员工人数不得少于总人数的70％,驻塔吉克斯坦经商参处网站,http://tj. mofcom. gov. cn/article/ddfg/tzzhch/200203/20020300005423. shtml。

② 马鑫:"一带一路沿线国家的投资风险:马来西亚",https://www. sohu. com/a/231984783_463913。

③ "京师律所国际部主任深度解读在孟加拉国投资合作的法律问题",http://www. sohu. com/a/164144517_451318。

活动的开展,多个国家首脑的访问因此被推迟。① 类似这样的案例,在其他国家时有发生②,这也是我国海外企业投资中较为突出的法律风险之一。

由此可见,识别企业的某一行为是否引发法律风险,离不开对其所处的法律风险环境的分析与判断。通常,在法律制度体系较为完整、系统,且执法环境较为透明、严格的法律风险环境下,企业会对是否存在法律风险及法律风险发生的频率和损失程度的判断较为准确。反之,在法律制度多元、法律体系较为混乱、政府腐败程度高、执法混乱的法律风险环境下,法律风险发生的不确定性将大大增加。企业投资海外,在面对完全不同于我国的法律风险环境时,有必要关注投资东道国法律与中国国内法律制度和法律文化的差异,还应重视评估这些环境要素对企业战略、经营、管理等方面的影响。

(二)法律风险是法律风险环境的重要组成部分

以上从法律风险要素角度分析了法律风险环境是引起法律风险产生,进而发生损害性后果的非常重要的诱因,由此得出法律风险环境是法律风险构成要素之一的判断。不过,若从微观视角分析法律关系,并探究引发法律纠纷的原因,法律风险常常被理论界和实务界认为是引起法律纠纷的最小单元,是法律风险环境的重要组成部分。

现代企业精密的生产经营链条和复杂、勾连的组织管理体系,以及无处不在的信息采集和传播速度,使得任何隐藏其间的法律风险都与其他风险交织相伴,引发其他法律风险并传递到其他风险所在之处。这种影响和作用最终可能产生如多米诺骨牌一样的效应,引发令人震惊的风险损害。③ 另一方面,法律风险可以无时不有、无处不在地渗透于企业的各个层级、各个部门,可能令人感觉没有规律、捉摸不定。那些看似无关紧要、没有关联性的微小信息,因企业缺乏必要的敏感性和风险处理能力,最后可能演变成巨大的风险事件。这就如风险管理领域经常引用的那首有关马蹄铁的民谣所描绘的情节。④ 丢掉的马蹄铁上的钉子看似与国家的灭亡一点关系都没有,不但无关,反而微不足道,容易被人忽视,但是这就如

---

① "以色列外交部工会宣布无限期罢工 103个驻外使领馆受影响",https://www.yicai.com/news/3627085.html。

② 例如,德国汉莎航空公司约4000名机师在2010年2月22日的大罢工,导致该公司800多趟航班被取消,影响全球约1万名旅客的出行。"德国汉莎航空大罢工",https://baike.sogou.com/v63176272.htm? fromTitle=。

③ 李存斌:《电力风险元传递理论与应用》,中国电力出版社2013年版,第17页。

④ 该民谣为:掉了一个钉子,坏了一只蹄铁;坏了一只蹄铁,伤了一匹战马;伤了一匹战马,死了一位骑士;死了一位骑士,输了一场战争;输了一场战争,亡了一个国家。

风险一开始是危机的萌芽,因一时大意而被忽略,随着时间的推移不断变化,"长期"忽视的结果是导致一个国家的毁灭。"千里之堤,溃于蚁穴"说明了同样一个道理。其实,风险在萌芽之初比较容易根除,成本不大、效果显著,但如果采取忽视且放任的态度,风险损害的后果恐将似滚雪球一样越滚越大,就会产生难以避免的毁灭性后果。①

气象学上的"蝴蝶效应"也同样可以解释法律风险在企业法律风险环境中的状态,它既非完全杂乱无章、没有规律可循,又非钟摆般按照简单的轨迹规律运行。就像现代物理学认为,世界是一个混沌系统,是介于纯粹随机系统和纯粹决定性系统之间的系统,它遵循大量的规律,许多因素因为规律运行而参与影响着世界。我们可以做到对单一因素进行精确描述,但当这样的因素数量多到无穷个后,就变得不可精确描述。祸患常积于忽微,智勇多困于所溺。② 在这样的风险混沌系统里,颟顸大意,迟早会付出代价。企业要充分发挥风险环境积极正面的作用,通过提高法律风险预测的准确性,构建、实施法律风险管理机制,制度化、体系化地引导单个微小法律风险所组成的多元复杂的法律风险环境,避免或者减少法律风险的发生,而非因噎废食、无所作为,扩大"蝴蝶效应"的负面影响,引发颠覆性、灾难性后果。③

概言之,法律风险环境是法律风险的三大基本构成要素之一。同时,法律风险又是法律风险环境的重要组成部分。二者"你中有我,我中有你"的互为依存关系,决定了企业必须熟悉自身所处的法律风险环境,明确只有在法律法规确定的规则体系下行事,才能避免或者减少法律风险。法律风险识别团队要将法律风险环境作为开展识别工作的对象,并将法律风险环境的范围作为法律风险识别的范围加以识别,重视对企业法律风险环境下的信息之收集、甄别、归类和分析。

四、法律风险环境在法律风险识别中的定位

如前所述,对法律风险的认识离不开对引发这一风险的环境的认识。甚至可以说,人们对法律风险的识别,实际上是对法律风险环境的识别,或者离不开对法律风险环境的识别。事实上,企业在开展海外投资活动前,首先就需要对投资东道国的投资环境和法律风险环境有着较为清楚的认

---

① 参见穆青:《底线思维》,华夏出版社 2013 年版,第 14 页。
② [宋]欧阳修:《新五代史·伶官传第二十五》。
③ 吴贵生、王毅编著,叶继元主编:《管理学学术规范与方法论研究》,东南大学出版社 2017 年版,第 8 页。

识与把握,只有这样,才能在复杂多样的海外投资大背景下,较为准确地识别出企业可能存在的显性或隐性法律风险。当然,法律风险环境之于海外企业法律风险识别活动的意义与价值远非于此,其地位和作用至少体现在以下两个方面:

(一)为海外企业确立法律风险识别对象

法律风险识别的对象和范围,分别从内容(实质)和形式两个方面对风险识别客体进行界定。识别对象反映了识别客体"质"的规定性,即识别客体的共性;识别范围则反映了识别客体"量"的规定性,即法律风险的具体表现形态。法律风险环境是由法律风险要素和其他社会要素共同组成的综合体。对特定企业法律风险环境特性的研究,有助于分析和考察法律风险要素与其他社会要素之间相互作用、相互影响的趋势及状态,进而为更加准确地评估法律风险及其所致损害提供参考、指明方向。

对法律风险环境的研究,可从法律风险环境信息的收集、归类和分析开始。这一系列工作的起点是要确定何种信息属于法律风险信息,以及它的来源和形式、信息收集的渠道和方式等。显然,投资母国与东道国的相关法律法规、国家政策,国内国际政治、经济趋势信息和热点问题舆情,以及国内国际行业协会与高规格会议等信息,均与法律风险高度相关,应当成为企业不能忽视的判断法律风险环境的不可或缺的信息。为此,法律资源检索网站、案例数据库和资料库、东道国及投资母国派驻对方国家的使领馆官方网站、国内外新闻媒体、行业协会信息共享平台等,就是收集、获取这类信息的重要来源和渠道。由于不同海外投资企业的法律风险环境不尽相同,对特定企业法律风险环境的研究,有助于确立企业风险识别工作的内容。信息来源渠道越广,信息提供主体的社会公信力越高,企业海外投资法律风险环境识别的基础数据的质量就越高,由此开展的数据分类与分析也就越客观、越真实。

法律风险识别的内容是否充分及范围是否广泛,直接影响着企业法律风险识别成效的大小,而这将进一步影响企业法律风险管理与合规管理决策。所以,企业对法律风险环境认知的深浅,将直接影响风险识别及管理的精确度。通常,风险识别的范围越广泛,涉及风险识别的内容越全面,对法律风险的判断就越准确。

(二)为海外企业确定法律风险识别范围

法律风险环境为海外企业法律风险识别工作指明方向。不过,这只是开展法律风险识别工作的第一步。海外企业进一步需要解决的问题是,如何以合理的时间、财力、物力等成本投入风险识别规划,使识别活动既不遗漏企业重大法律风险及法律风险因素，又避免产生因风险识别团队的主观性因素而导致的识别偏差等。法律风险环境不但为海外企业法律风险识别确立时间和空间范围，而且能够甄别哪些人和活动应被纳入法律风险识别研究。若法律风险环境发生变化，则法律风险识别的范围也需要进行相应调整，法律风险点也将随之变化。因此，法律风险环境的外延和内涵研究，对海外企业法律风险识别的范围至关重要。

法律风险识别的范围是海外企业法律风险识别从时间上和空间上对人与对事所及的范围，它通常反映了风险识别客体的外在表现形式。企业法律风险识别的范围至少需要把握"一个过程、三种时态、三种状态、三个方面"。

"一个过程"是指海外投资企业本身及其产品、经营活动和服务的生命周期全过程，具体包括海外企业的设立、投资经营、终止，以及该企业的产品研发、生产、销售、采购、计划管理、质量管理、成本管理、客户管理、人事管理等组成的全过程系统。风险识别人员应该对这一过程的不同环节的方方面面的法律风险环境进行分析。

"三种时态"是指过去、现在和将来。海外企业的法律风险按照产生和存在的时间来看，可分为过去存在或者产生的法律风险、现存的法律风险，以及未来某个阶段或者某种情况下的法律风险。对于过去的法律风险，海外企业应当保留必要的记录或者证据，加以总结、归纳并存档，评估它们是否仍然存在及可能产生的影响。现存的法律风险是海外企业关注的重点，应当实时监控，并及时制定应对预案。对于将来某个阶段可能产生的法律风险，海外企业制定企业战略和计划时，必须予以充分考虑，并评估它们对企业的长远影响。

图4-1　法律风险的三种时态

"三种状态"是指正常状态、异常状态和紧急状态。"正常"是指企业正常的生产经营活动下存在的法律风险。"异常"是指发生合理预期以外的法律风险情况。"紧急"是指发生合理预见、不合理预期的突发情况下产生的法律风险，如日本地震灾害对海外企业生产经营的影响。正常状态和异常状态下的法律风险因素往往引发显性法律风险,识别起来相对简单;而紧急状态下产生的法律风险往往是隐性法律风险,容易被识别人员忽视。海外企业的许多重大法律风险事件常常与紧急状态有关,有必要针对紧急状态下的风险来制定相应措施和实施方案。

企业识别出的全部法律风险,并非都能够通过自身努力予以控制和改变。"三个方面"是将海外企业是否对法律风险能够控制或者施加影响作为划分依据,判断海外企业法律风险识别的范围和内容。按照这一标准,海外企业的法律风险范围可以被划分为三个方面,即"不可控制"的风险和法律风险、"可施加影响"的风险和法律风险、"可以控制"的风险和法律风险。其中,国际、国内宏观法律风险环境因素影响下的法律风险,属于海外企业不能控制甚至不能完全识别的法律风险,海外企业需要加强必要的信息收集与检索,并通过调节自身行为来避免。"可施加影响"的风险和法律风险是那些不能通过企业的内部管理或者行为或技术手段改变的,或者不能直接予以控制和管理的风险因素所引起的法律风险。企业或许能够通过部分努力,间接对其进行控制或者管理。"可以控制"的法律风险是企业可通过自身管理和经营行为加以控制、改变、处理或者处置的法律风险。这类法律风险往往集中在企业内部,企业可以通过具体的法律风险行为予以解决或者避免。

图 4 - 2　海外企业法律风险的范围

以上三个方面的法律风险共同构成我国海外投资企业法律风险识别的空间范围,它是海外投资企业法律风险识别的重点和核心,也是企业法律风险识别宏观视角和微观视角两个出发点的重要依据;它包含了企业在特定法律风险环境下几乎全部的法律风险发生的可能性,有必要展开专门研究。

第二节　海外投资企业法律风险环境的识别

企业从事海外投资最显著的特征就是跨国性。投资环境也会因国别差异而具有国际差异性。各国历史、人文、经济发展水平和发展速度的不同,使各国政治与经济制度差异明显,法律差异性就更为明显。由此,"国际投资环境迥异,影响到国际投资的收益,同时也决定国际投资的风险"①。

按照产生法律风险的空间范围,海外企业法律风险环境可区分为企业外部法律风险环境和企业内部法律风险环境。不同类别法律风险环境对企业的作用和影响程度不同,识别时应当加以区别、有所侧重。在国内投资环境下,企业内部法律风险环境和外部微观法律风险环境应当被企业重点关注。外部宏观法律风险环境影响同一风险环境下的所有企业,外部中观法律风险环境影响同一行业领域的企业,企业需要根据具体情况来区别对待。不过,在海外投资背景下,识别方向和重点可能恰恰相反。宏观法律风险环境应当被海外企业重视,因为迥异的法律风险环境可能使同一企业的类似经营行为在不同宏观法律风险环境下的境遇不同,产生完全不同的法律风险。

一、企业外部法律风险环境

企业外部法律风险环境是企业空间范围之外客观存在的各种法律风险要素和其他风险因素的总和。外部法律风险环境具有客观性。企业一旦在特定地方选择从事经营活动,就必须适应其法律风险环境。对于外部法律风险环境,企业主动作为有限,采取措施来表达和体现自身法律风险管理意志的能力大大受限。不过,这并不意味着企业可以漠视外部法律风险环境。事实上,现代企业的生产经营活动受到外部环境的作用和影响日益明显。

当前,我国企业对外投资面临的国内环境和国际环境都在发生着深刻变化。受全球疫情冲击,世界经济全面衰退,全球产业链、供应链循环受阻,国际贸易和国际投资不断出现新问题与新挑战。同时,在全球新一轮科技革命和产业变革的大背景下,各国都密切关注本国在高科技领域如何取得或者继续保持优势地位。为此,各发达国家的外资安全审查政策不断

---

① 蒋国庆、焦方、熊军:《国际投资》,四川人民出版社 1997 年版,第 61 页。

收紧,审查新规不断出台。以国家安全为由,越来越多新兴领域的外商投资被纳入审查的范围,由此引发的来自我国企业的境外投资国家安全审查受阻案例层出不穷,企业有关投资审查的风险识别和评估的不确定性也与日俱增。

对外部法律风险环境的分析和研究,是企业开展海外投资的基础。企业制定海外战略时,必须全面、客观地掌握和分析其外部风险环境及其变化特点,并以此为出发点来制定企业的战略目标和具体规划。企业在特殊情况下,甚至需要发挥主观能动性,采取措施来适应甚至影响新的环境,从而掌握生存的主动权。[1] 由此可见,海外企业与其外部法律风险环境之间存在着相互作用、相互联系、不断调整的动态变化关系。研究外部法律风险环境的目的就是找出那些促进企业发展和威胁企业生存的影响因素,以此作为企业制定全面战略目标和法律风险管理战略的依据。

按照外部法律风险环境的诸要素对海外企业影响程度的不同,企业外部法律风险环境可分为宏观法律风险环境、中观法律风险环境和微观法律风险环境。

（一）多元分散的宏观法律风险环境

宏观法律风险环境是社会整体风险环境的子系统,及于一定时间、一定空间范围内的所有企业,它是对企业各项活动有影响但直接关联性不明确的各类法律风险因素的总和。"关联性不明确"是因为宏观法律风险环境具有普遍性、广泛性,对单个企业的作用和影响往往是间接或潜在的,企业通常不易察觉。不过,这并不意味着宏观法律风险环境对企业不产生任何风险或者不波及企业。结合具体事件,某些企业的风险和影响依然会凸显出来。例如,世界杯对于普通民众而言是精神盛宴,其可能也是企业的重大商机。[2] 外部法律风险环境若发生变动,对某个或者某类企业的影响和作用也可能是直接的。2018 年 5 月,马来西亚新任总理马哈蒂尔政府作出决策,表示要重新审查前政府已批准的一系列项目。这一政策看似是普通的政府决策,但却给参与项目承建或者投标的中国企业带来直接的法律风险。一系列项目中就包含了东海岸铁道计划（ECRL）,该计划若被取

---

[1] 参见刘颖琦:《中国工程企业海外市场选择与全球竞争战略研究》,方志出版社 2006 年版,第 38 页。

[2] 2018 年世界杯举行期间,由于法国队的不俗表现,法国国旗一度告急。浙江诸暨某纺织品有限公司提前半年就为此开展各项准备工作,并通过分析法国人在世界杯使用国旗的习惯,生产满足不同需要的国旗。在世界杯比赛期间,该公司不但解决了参赛国家的国旗需求,而且获得较大收益。"法国夺冠前夕国旗不够一万公里外中国厂家紧急驰援",参考消息网,http://news.163.com/18/0717/00/DMSJIRO800018AOQ.html。

消,承建该项目的中国交通建设股份有限公司将遭遇一系列风险及风险损害事件。① 新隆高铁项目协定若被终止,可能会令新加坡政府损失 3.02 亿新元(约合人民币 14.8 亿元)②;同时,包括中国企业在内的多家参与竞标的企业都将受此影响。这些企业不但将丧失可能的预期利润,而且会产生项目竞标无果的实质性损失。

以上案例充分说明,宏观法律风险环境对单一企业的影响状况不一,或者毫无影响,或者直接作用于企业并影响其经营活动的方方面面。企业管理者需要认真分析和研究所处的宏观法律风险环境的影响因素及其损害程度,具体案情要具体分析。

按照风险来源的性质,企业宏观法律风险环境又可分为政治风险环境、狭义的宏观法律风险环境、经济风险环境、社会人文风险环境、科技风险环境、自然风险环境等。狭义的宏观法律风险环境又被称为国际法律风险环境,是海外企业法律风险识别的重点,将在后文详细阐述。

关涉国际投资的政治风险环境包括一国政治体系、社会制度、执政党或领导人执政情况、东道国与投资母国及第三国关系等,也包括东道国有关征收或国有化③、外汇自由兑换、自由转移等的制度和政策变动,东道国国内社会动荡和暴力冲突、战争、动乱④,以及主权信用风险⑤等。此外,东道国地方政府保护、官员贪腐、政府对经济的干预等,都会不同程度地影响企业价值的实现。企业基于风险信息掌握和分析能力的有限性,很难准确预测一国政治风险环境。一国突然暴发的内乱,往往令企业不得不中止经

---

① 该项目是中马两国最大的经贸项目,采用工程、采购与建筑合约(Engineering, Procurement, Construction, EPC)项目模式承建。"外媒:中马最大经贸项目东海岸铁路动工",腾讯新闻,http://news.qq.com/a/20170814/009771.htm。

② "新加坡已为新隆高铁投入 12.5 亿元马来西亚若终止项目是不公平的",http://mini. eastday.com/a/180710133247374.html。

③ 例如,2007 年 5 月,委内瑞拉将六家国际石油收归国有。"委内瑞拉宣布将能源产业收归国有",http://world.people.com.cn/GB/1029/5281629.html。又如,2012 年 5 月,玻利维亚总统征收西班牙国家电网在该国的输电业务。"西班牙国家电网公司在玻利维亚的分公司将被征收",http://www.nea.gov.cn/2012-05/09/c_131576355.htm。

④ 例如,2011 年,因利比亚战事,中国企业直接损失人民币 1233.28 亿元。"利比亚战乱千亿元投资血本无归",http://finance.sina.com.cn/hy/20120828/103912974064.shtml。再如,2017 年 2 月,杭州百艺纺织制衣(缅甸)有限公司遭遇暴力冲击,公司经营中断,中国籍员工被殴打,不少家具及生产设备遭到破坏。"中资企业在缅甸遭打砸细节:中国员工挨打未还手",新华社,http://news.sina.com.cn/c/nd/2017-02-25/doc-ifyavvsk3355747.shtml。

⑤ 即政府违约风险,是东道国政府非法解除与投资项目相关的协议,或者不履行与投资者签订的合同义务的风险。

营活动,资产遭受损毁、财产无法转移。[①] 不同国家和地区的政治风险环境差异较大。通常,在发达国家投资会面临严格的国家安全审查和反垄断评估;在东南亚、南亚等地投资,则容易因政党更替频繁,出现政策变动大、政府效率低下、官员腐败等问题;中东、非洲等地区的投资则要经受政局不稳、社会动荡、治安不佳等危及投资安全的不利影响。[②]

经济风险环境是企业海外投资的直接影响因素,它包括宏观和微观两个方面。宏观经济风险环境主要指一国经济体制、营商环境、宏观经济周期、宏观经济形势、货币政策、进出口发展趋势等,能反映该国经济发展水平和发展速度的因素。微观经济风险环境主要包括企业经营中涉及的各种经济条件、经济特征、销售市场、供应市场、资金市场、劳务市场等直接市场环境因素。

社会人文风险环境是指一国或地区的民族特性、文化传统、价值观、宗教信仰、教育水平、社会结构、道德观念、风俗习惯等组成的风险环境。这一风险环境常常影响人们的行为和交往方式,影响社会大众对某类实践活动的认识和思维方式。

科技风险环境是一个国家和地区的科学技术发展水平,科技政策,国家对科技开发的科技投入和支持重点,国家对新技术、新产品、企业所在行业的研究开发支出,技术转移和技术商品化速度,知识产权保护状况等组成的风险环境。

自然风险环境包括企业投资区域内的全部自然资源组成的环境,如空气、水、地理地貌、矿藏资源、气候、水文、各种自然灾害等。自然环境对人类生活和生产影响重大,它的极端变化足以影响企业收益的增加或减少。一些自然要素(如恶劣天气)会对农业投资、电力、航天器和类似 GPS 导航定位等业务造成不利影响。[③] 自然风险环境也催生了某些管理天气风险环境的商机,如利用气象科技信息产品控制天气风险、利用保险转移天气灾害风险[④],以及运用多种工具和技术分析天气并改进企业业务流程来应

---

① 参见李英、于迪:《国际投资政治风险的防范与救济》,知识产权出版社 2014 年版,第 32—35 页。

② 参见王永中、王碧珺:"中国海外投资高政治风险的成因与对策",载《全球化》2015 年第 5 期。

③ 参见王劲松、张效信等译:《恶劣空间天气事件:解读其对社会与经济的影响》,气象出版社 2011 年版,第 2 页。

④ 祝燕德等编著:《经济发展与天气风险管理》,中国财政经济出版社 2006 年版,第 6 页。

对恶劣天气威胁。[1]

以上提及的政治风险环境、经济风险环境、社会人文风险环境、科技风险环境、自然风险环境等,对海外企业的影响是多方面的,虽然最初不以法律风险、法律关系或者法律问题体现出来,但是往往会以法律纠纷的形式呈现。

(二)作用明显的中观和微观法律风险环境

中观法律风险环境主要是企业所处的行业风险环境,它不仅包括东道国制定的与企业所属行业有关的法律、政策、行业规范、标准、准则及其变化和热点事件,而且涉及行业与产业风险环境和市场风险环境。

行业与产业风险环境具体包括企业所处行业性质、业务模式和特点,企业所处产业在国际及东道国整体发展情况与发展趋势、在东道国国民经济中的地位和比重,东道国对特定行业的政策和法规规定,该行业(产业)与其他相关行业(产业)的关系,该行业的市场状况和总体供需情况,以及该企业在产业中所处的阶段和竞争地位等。企业的市场风险环境具体包括与企业相关的市场竞争情况(如行业内现有竞争者之间的竞争态势、消费者偏好、供应商和利益集团等情况)、企业在产业价值链中的定位及与其他主体之间的关系、企业产业链上下游相关产业的发展情况等。

以农业对外投资为例,东道国有关农业的产业规划和政策,有关种植业、畜牧业、林业、渔业的发展规划、政策及法律,农业投资主体、农业用水、农业用地、山地、动植物生态保护制度,植物种子、动物育种、农用化学品、农业机械等农业投入品管理制度,粮食安全、食品安全、农业知识产权保护制度等,都是从事农业投资予以重点关注的制度风险环境。此外,农业投资在东道国的地位,政府重视程度,哪些具体领域是东道国农业发展的主要方向,东道国给予的产业补贴、资金支持及政策优惠措施,农业投资项目的利益相关方的态度等,都是投资者需要考察的中观动态法律风险环境。

中观法律风险环境的划分,取决于具体企业法律风险识别或管理的情况与需要。有些企业仅区分外部法律风险环境为宏观和微观两种风险环境,从而根据中观法律风险环境对企业的影响程度,将其并入宏观或者微观法律风险环境。一国对项目的产业政策如何,是决定海外投资是否遭受阻力的关键因素。敏感产业或行业的政治风险显著高于一般性行业,如通讯、航空航天、能源、基础设施(港口、道路、水利设施等)等,均属于敏感投

---

① 参见王劲松、张效信等译:《恶劣空间天气事件:解读其对社会与经济的影响》,气象出版社 2011 年版,第 2 页。

资领域。东道国政府一般对这些领域的外商投资态度较为谨慎。中国企业 5G 业务投资某些国家频频遭遇阻断，就是一个典型案例。若一国鼓励某些行业的投资，则会从项目审批、资金支持、企业市场准入等各方面给予便利，如俄罗斯目前对农业产业的发展，就从国家战略层面给予大力支持和鼓励。

不同于宏观和中观法律风险环境，企业微观法律风险环境是企业生存与发展的具体环境，常常直接影响企业的各项活动和企业的经营管理，决定着企业长期发展的走向。与宏观和中观法律风险环境相比，企业对微观环境因素的影响感受明显，因而更容易被企业重视，且相对容易识别。所谓微观法律风险环境，是指对企业实现战略目标有直接影响的那些外部因素，包括与本企业相关的政府监管体制情况、机构设置、政策执行等要素，以及与企业相关的外部利益者对法律、合同、道德操守等的遵从情况等。企业的微观法律风险环境具有唯一性，它伴随上述风险因素的变化而变化，增加或减少企业的风险与收益。微观法律风险环境与企业的生产经营活动和各项管理行为息息相关，它看似存在于企业外部，但是却是可以通过企业发挥主观能动性来识别与管理的风险环境。

二、企业内部法律风险环境

海外企业内部法律风险环境产生于海外企业创立之时（甚至创立前），并伴随企业国际化的每一项活动和每一个发展进程，对企业的各项管理活动影响深远。企业经营管理具有自主性，相应地，一定条件下的企业内部法律风险环境具有可预见性、可控制性和可调节性。可以说，内部法律风险环境决定了海外企业管理活动的可选择的方式与方法，而且在很大程度上影响到企业管理的成功与失败。[①] 海外企业内部法律风险环境是企业内部狭义法律风险环境、企业内部经营风险环境、企业内部文化风险环境等的集合。

（一）狭义法律风险环境

企业内部狭义法律风险环境包括那些在企业内部与企业法律风险及其管理密切相关的各种风险环境。这些风险环境广泛分布于企业各领域、各层级，具体包括：

1. 企业基本信息。企业基本信息包含企业战略目标与治理结构，公

---

① 参见杨孝伟、赵应文主编，万卉林、管顺丰副主编：《管理学：原理、方法与案例》，武汉大学出版社 2004 年版，第 76—78 页。

司主体资格情况和风险,企业盈利模式和业务模式,企业主要经营管理制度、流程和活动情况,企业分支机构情况,企业各部门职责和资源配置情况等。

2. 企业法律和法务信息。企业法律和法务信息包含企业合同及其管理情况,企业抵押权、质押权、留置权等担保权益及与担保权益有关的情况,企业重大投融资项目情况,企业并购、重组情况,企业重大建设工程项目情况,企业重大合同及履行情况,企业土地使用权情况,企业涉及政府监管的事项情况,企业重大债权债务情况,企业关联交易情况,企业劳动用工管理制度和管理情况,企业知识产权管理情况,企业环境保护制度及执行情况,企业曾发生的重大法律纠纷案件或法律风险事件情况及争议类型和解决情况,企业、员工及利益相关者的法律遵从情况和激励约束方式,企业法律事务工作机构和工作现状等。

3. 企业法律风险管理情况。企业法律风险管理情况包含企业法律风险管理的价值理念、方针、目标、资源配置、法律风险偏好和承受度,企业法律风险管理制度,企业内控及合规制度和流程,企业危机预警和处置机制,企业法务部门及风险控制部门在企业中的战略定位,企业法律风险管理的范围、对象及法律风险的分类和分布,企业法律风险等级的划分标准,利益相关者可接受的法律风险或可容许的法律风险等级情况,企业曾发生的法律风险事件及其处理情况,企业重大法律风险的确定原则,企业股东出资义务履行情况,企业主要出资人、管理者的法律风险状况,企业法律风险管理部门、人员情况,企业法律风险管理实施状况,企业法律风险数据库建立和实施情况,企业法律风险管理文化和信息化情况等。

（二）内部经营风险环境

海外企业内部经营风险环境是指企业所拥有的各种资源的数量和质量情况,包括市场营销情况、人力资源情况、物力和财力资源情况、企业研究与开发情况、生产管理、财务管理、信誉等。人力资源对任何组织都始终是最关键和最重要的因素。人力资源根据不同组织、不同标准,有着不同分类。比如,企业人力资源可根据员工从事的工作性质的不同,分为生产工人、技术工人和管理人员。物力资源是指内部物质环境的构成内容,即在企业经营活动中,需要运用的物质条件的拥有数量和利用程度。财力资源是一种能够获取和改善企业其他资源的资源,是反映企业活动条件的综合因素。财力资源具体指企业资金拥有情况、构成情况、筹措渠道、获得贷款情况、利用情况。财力资源的状况决定了企业的业务拓展和能否开展某项活动。

（三）内部文化风险环境

企业文化是处于一定经济社会文化背景下的企业,在长期的发展过程中,逐步生成和发展起来的日趋稳定的独特的价值观,以及以此为核心而形成的行为规范、道德准则、群体意识、风俗习惯等。企业内部文化风险环境包含海外企业的精神信仰、生存理念、规章制度、道德要求、行为规范等。企业文化环境中非常重要的内容涉及企业法律文化环境。若企业不重视法律,法律意识淡薄,或者企业未设置较为完备的法律风险防范机制,企业负责人不重视法律制度和规章的履行,员工对法律认知不够,企业经营决策忽视法律因素的考量,甚至违反法律去从事经营活动等,都是不利于构筑和运行企业法律风险管理体系的。在这样的法律文化背景下,某一海外投资企业即使构建了企业法律风险管理体系,也不能避免和减少法律风险事件的发生。

三、企业内外部法律风险环境的识别

海外企业总是在一定的内外部法律风险环境的约束下,从事经营和开展各项工作。综合以上分析,海外企业法律风险环境因素的基本构成可以用下图表示。

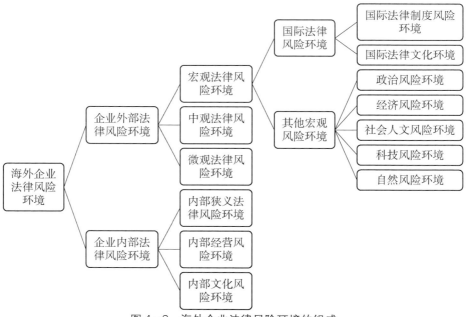

图4-3　海外企业法律风险环境的组成

（一）企业外部法律风险环境的识别

如前所述，不同法律风险环境对海外投资企业的影响作用不同。宏观法律风险环境是由若干微观法律风险环境共同构成，但并非简单相加。微观法律风险环境的变化会引起宏观法律风险环境的变动，同时也必须服从宏观法律风险环境的变动规律。因此，企业应注重对宏观法律风险环境的识别，从宏观、中观到微观渐次进行。虽然微观法律风险环境要素会直接影响海外企业成本投入和利润状况，但东道国政治体制和行政结构、经济发展水平、人口（劳动力）状况、收入与消费水平、基础设施、公共设施情况、产业政策等要素将会使企业从东道国整体发展中获益。将法律风险识别置于宏观法律风险环境下，能获得更为准确的识别结果。在宏观法律风险环境评价不利的情况下，企业微观利益的实现存在更多不可靠因素。

法律风险环境是动态的，并非一成不变。对企业外部法律风险环境的识别不能仅仅注重现象分析，而应动态地观察法律风险环境各要素的发展变化。换言之，企业海外投资不能轻易地否决某些外部法律风险环境，进而丧失商机，应观察其现状和发展趋势，识别可能出现的不利风险要素并评估解决的可能性。某些外部法律风险环境可能短期内不完全适于投资，但通过东道国或者企业努力，有改善的可能性，从发展趋势来看是利于投资的，企业就可以考虑开展海外投资。这种情况对投资"一带一路"沿线国家和地区的企业比较适用。以俄罗斯营商环境为例，俄罗斯正式加入WTO后，逐渐意识到营商环境在吸引外资、提高国家经济地位方面的重要性。普京总统在 2012 年签发总统令，指示政府应采取措施来提升俄罗斯营商便利度排名。[1] 之后，俄罗斯营商环境整体排名从 2012 年的第 120 位上升到 2019 年的第 31 位，是营商环境改进最大的 10 个国家之一。在世界银行和国际金融公司制定的《2020 年营商环境报告》中，俄罗斯的排名再提升至第 28 位。[2] 可见，企业外部法律风险环境的识别应对东道国长期风险环境深入研究。[3]

以上对企业外部法律风险环境的宏观、中观与微观的划分标准，并不是绝对的。任何海外企业的哪些因素属于宏观法律风险环境，哪些属于中观或者微观法律风险环境，取决于企业的目标定位。即使生产同一种产品的企业，由于各自的产品市场定位不同，宏观法律风险环境也会存在差异。

---

①　李清池："营商环境评级指标构建与运用研究"，载《行政管理改革》2018 年第 9 期。

②　世界银行："2020 年营商环境报告：强化培训，促进改革"，http://chinese. doingbusiness. org/zh/reports/global-reports/doing-business-2020。

③　参见张敦富：《中国投资环境》，化学工业出版社 1993 年版，第 9 页。

例如,中国两家服装企业均投资孟加拉国,一家企业的产品在孟加拉国当地销售,消费群体为孟加拉国本地儿童;另一家企业的产品出口美国市场,消费群体为美国儿童。两家企业投资孟加拉国时,面临大体相似的宏观与中观法律风险环境,甚至可能孟加拉国市场准入的各项规定都适用于两家企业。不过,由于目标市场国家的不同,两家企业在销售市场方面的法律风险环境之差异性非常明显。两国的法律规定、知识产权要求、国民审美观和经济发展水平、政府对产品是否出口及进口原材料等方面的监管要求等风险环境要素都有所不同。两家企业必须根据生产与经营需要,将对企业生产和长远发展有重大影响的风险环境因素归入不同的风险类别。

企业搜集外部法律风险环境信息的难度和任务量,要远超企业内部法律风险环境信息。海外企业在搜集外部法律风险环境信息时,可立足本行业和企业的业务经营管理需要,并结合本行业及企业情况,明确外部法律风险环境信息的收集范围和分析方式,筛选、归纳和整理信息,使所有信息内化至企业层面,为法律风险评估和应对提供充分的信息保障。当然,企业也应重视政府、中介机构、科研机构提供的外部法律风险环境信息,结合企业需求,加以利用。

（二）企业内部法律风险环境的识别

海外企业法律风险管理存在各类问题的根源,是企业法律风险管理与法律风险环境及其变化之间存在认知差距。企业内部法律风险因素不仅与外部法律风险因素一样,影响企业战略目标的制定,而且将直接影响企业管理行为。由于企业内部法律风险的诱发因素大多是企业能够掌握和控制的,因此内部法律风险环境是企业风险管控的重点。企业决策者应充分分析和研究本企业的内部法律风险环境,关注本企业不同于其他企业的法律文化,制定符合本企业实际情况的法律风险管理体系。

明确企业内部法律风险环境信息,是法律风险识别、评估和管理活动得以顺利实施的必要基础。企业内部法律风险环境的识别,同样应首先明确哪些法律风险环境信息属于识别的范围。同时,企业应采用适当方法,对企业内部法律风险环境信息进行收集、分析、整理、归纳。企业内部法律风险环境信息也是动态变化的,应持续更新信息,并应根据企业管理需要,及时调整识别的重点方向和内容。为此,企业可确定法律风险准则,以便使这一衡量法律风险重要程度的标准能够体现企业法律风险管理的目标、价值观、资源、偏好和承受度。当然,法律风险管理的范围、对象、分类,法律风险发生的可能性、影响程度,以及法律风险识别方法与风险等级划分标准等,也应是确定法律风险准则时所要考虑的不可或缺的因素。

第三节　海外投资企业的国际法律风险环境

在外部宏观法律风险环境中,国际法律风险环境对企业法律风险及法律后果的发生具有直接影响作用。国际法律风险环境虽然具有宏观法律风险环境的广泛性和普遍性,企业能够主观支配与控制的空间较小,但是基于法律的规范性和可预见性的特点,企业面对国际法律风险环境并非无所作为。在研究其内在规定性和动态发展趋势后,将相应的法律风险要素融入企业法律风险识别和管理体系,海外企业对其诱发的法律风险能够一定程度地实现可预见与可预防。

国际法律风险环境是与企业国际化经营密切相关的法律制度规范,投资母国与东道国法律适用、执行状况,以及影响法律制度实施的法律文化状况等风险状况的综合体。制度环境是影响企业结构和行为的要素,制度距离对企业国际化选择至关重要。① 企业海外投资不同于国内投资的重要原因,是投资母国和东道国法律制度的差异性与法律文化的差异性。东道国与我国的制度环境越相似,我国海外投资企业就越容易理解东道国制度环境,相应地,对东道国不同利益相关者的要求就越能作出有效回应;反之,这种制度距离的差距越大,海外投资企业就越难以作出恰当回应,并且两国因多层面、多维度制度环境差异而引发的冲突会越发明显,企业越易遭遇合法性、合规性危机风险挑战。②

一、国际法律制度环境

企业从事国际投资,既会存在投资行为,也会产生大量贸易行为。由此,企业海外投资至少涉及以下几类法律关系:国际组织、各国政府就国际投资和国际贸易缔结的多边与区域条约所涉各类法律关系;东道国与投资母国之间有关促进和保护投资或协调投资的各类法律关系;东道国政府与海外投资者之间的投资待遇和投资管理法律关系;海外投资者与自然人、法人及其他经济组织之间产生的贸易和投资法律关系;海外投资者与投资母国政府之间的投资促进和投资保障关系等。

---

① 葛菲、贺小刚、高禄:"渐进还是快进? 制度距离与企业国际化速度",载《商业研究》2020年第 5 期。

② 李玉刚、纪宇彤:"企业国际市场进入模式、制度距离与合法性危机之间的关系——基于媒体内容分析法",载《华东经济管理》2018 年第 7 期。

从法律渊源看,企业的跨境投资和相关跨境贸易活动,既会受到国际贸易和国际投资领域的国际条约、国际商事惯例的调整与约束,也会接受投资东道国和投资母国国内法的调整与规制。

（一）国际条约、国际商事惯例

规范海外投资和贸易行为的国际规则是多方面的,涵盖了双边条约、区域性条约和多边条约。这些国际条约或者具有法律拘束力,或者属于缔约国合作倡议性法律文件。依据"条约必须遵守"原则,若海外企业的投资母国、东道国及企业所涉行为地国家缔结或者签订某个国际条约,则该海外企业的行为就将受该国际条约的保护和约束。为保护本国利益,各国纷纷签署国际投资协定,且各国签署的国际投资与贸易协定均会涉及投资的多层面、多领域问题。[①] 对于海外投资企业而言,海外经营活动的绝大多数领域已有相关国际条约加以调整,它们是大量国际投资与国际贸易法律纠纷及法律风险的主要来源,应予以重点关注。

1. 调整投资的国际条约

国际投资往往涉及一国重大、敏感问题。因此,国际社会尚未形成具有普遍约束力的、全球统一的国际投资规则,而多边法律文件大多仍停留在建议性和指南性阶段。已经生效的多边投资条约也往往仅解决国际投资的某一方面问题,如争端解决、国际融资担保等,如《关于解决各国和其他国家国民之间投资争端的公约》（Convention on the Settlement of Investment Disputes Between States and Nationals of Other States,即1965 年《华盛顿公约》，ICSID)、《多边投资担保机构公约》（Convention Establishing the Multilateral Investment Guarantee Agency,即《汉城公约》，MIGA)、《与贸易有关的投资措施协议》（Agreement on Trade-Related Investment Measures，TRIMs)等。调整国际投资的实体性规范因各国对投资的定义、国际投资条约的价值取向、规则制定的机构与场所、外资管辖权的范围等问题存在严重分歧而难以形成。

为弥补上述缺憾,区域性投资条约和双边投资协定的制定则较为活跃。例如,亚太经合组织（Asia-Pacific Economic Cooperation，APEC)、东南亚国家联盟（Association of Southeast Asian Nations，ASEAN)、北美自由贸易区（North American Free Trade Area，NAFTA)等区域性组织纷

---

① Vandevelde，Kenneth J.：A Brief History of International Investment Agreements，*U. C. Davis Journal of International Law & Policy*，Vol. 12，No. 1，p. 157，2005；Thomas Jefferson School of Law Research Paper No. 1478757，Available at SSRN，https://ssrn. com/abstract＝1478757.

纷达成适用于本区域的投资贸易协议,对投资范围、投资待遇标准、国有化、征收及补偿、投资争端解决等问题作出约定。双边投资条约(Bilateral Investment Treaty,BIT)是目前调整东道国和投资母国投资关系最直接、最有效的方式,因而成为国际间最为广泛的保护外国直接投资的国际文件。双边投资条约的主要内容包括投资促进和保护、投资待遇、损害和损失的赔偿、国有化和征收、代位权、投资争端解决等。2024年6月29日,我国和安哥拉签署的《中华人民共和国政府和安哥拉共和国政府关于促进和相互保护投资的协定》正式生效实施。至此,我国对外缔结并生效的双边投资协定已达110个。①

随着国际间投资的发展,各国围绕国际投资的谈判更加深入。国际投资协定体系正变得越来越分散、复杂和多样化。首先,投资保护不仅包括对有形资产的保护,也越来越多地涉及对知识产权等无形资产的保护;其次,新的国际投资协定强调投资自由化、便利化原则,要求保障一国投资者在另一国自由投资的权利;再次,投资争端解决机制日益多元,解决投资争端国际中心(ICSID)、联合国国际贸易法委员会(United Nations Commission on International Trade Law,UNCITRAL)、各国商会和企业家联合会等,都可以为国际投资争端调解及仲裁提供便利。最后,投资争端范围也日益扩展到与健康、安全、环境、劳工权利、腐败、企业社会责任(CSR)等有关的话题,反映出投资者的法律义务和责任日益强化之趋势。

2. 调整贸易的国际条约

企业国际投资活动会涉及各类贸易行为,产生大量国际贸易法律关系。相比于国际投资,国际贸易领域已基本形成较为完整的条约体系。

(1)调整国际货物贸易的条约。例如,调整国际货物买卖领域的《联合国国际货物销售合同公约》(United Nations Convention On Contracts For The International Sale Of Goods,1980,CISG);调整国际货物运输的《关于统一提单若干法律规定的国际公约》(International Convention for the Unification of Certain Rules of Law Relating to Bills of Lading,即《海牙规则》,Hague Rules)、1978年《联合国海上货物运输公约》(United Nations Convention on the Carriage of Goods by Sea,即《汉堡规则》,Hamburg Rules)、《联合国全程或部分海上国际货物运输合同公约》(UN Convention on the Contracts of International Carriage of Goods Wholly or

---

① "中国—安哥拉双边投资协定简介",商务部网站,http://tfs.mofcom.gov.cn/gzdt/art/2024/art_857b16fbb5c1430ca9a3b3314ece2c71.html,资料更新截至2024年6月26日。

Partly by Sea,即《鹿特丹规则》,Rotterdam Rules)、《统一国际航空运输某些规则公约》(Convention for the Unification of Certain Rules Relating to International Carriage by Air,即《华沙公约》,Warsaw Treaty)及其系列议定书等;调整国际货物支付的《联合国国际汇票和国际本票公约》(Convention on International Bill of Exchange and International Promissory Note of the United Nations,即《国际汇票本票公约》)。

（2）调整国际服务贸易、技术贸易与知识产权的国际条约。例如,服务贸易领域的《服务贸易总协定》(General Agreement on Trade in Services,GATs)及其他一系列有关服务贸易的协议;国际知识产权法领域的《保护工业产权巴黎公约》(Paris Convention for the Protection of Industrial Property,即《巴黎公约》)、《国际保护植物新品种公约》(International Union For The Protection Of New Varieties Of Plants,UPOV)、《关于集成电路知识产权条约》(Washington Treaty on Intellectual Property in Respect of Integrated Circuits,IPIC)、《保护文学艺术作品伯尔尼公约》(Berne Convention for the Protection of Literary and Artistic Works)、《世界版权公约》(Universal Copyright Convention)、《商标国际注册马德里协定》(Madrid Agreement Concerning the International Registration of Marks)、《专利合作条约》(Patent Cooperation Treaty,PCT)、《世界知识产权组织版权条约》(World Intellectual Property Organization Copyright Treaty,即《WIPO 版权条约》,WCT);涉及国际技术贸易的《与贸易有关的知识产权协定》(Agreement on Trade-Related Aspects of Intellectual Property Rights,TRIPs)等。

（3）调整国际贸易争端的国际条约。例如,WTO《争端解决规则和程序的谅解》(Understanding on Rules and Procedures Governing the Settlement of Disputes,DSU)、《承认和执行外国仲裁裁决公约》(the New York Convention on the Recognition and Enforcement of Foreign Arbitral Awards,即《纽约公约》)等。

3. 调整投资与贸易活动的国际惯例

国际投资惯例是在国际投资活动中形成的,为大多数国家和地区普遍承认的习惯规则、做法、先例和原则之总和。国际投资惯例的大部分习惯做法和行为规则属于选择性国际惯例,不同于国际条约规范,不具有直接的、普遍的法律约束力。国际投资惯例因缺乏有关国家、国际组织的整理和汇编,表现形式多样,且结构与内容复杂而分散,不如国际贸易惯例那样确定而集中。

从表现形式上看,国际投资惯例散见于投资东道国外资立法与实践、国际组织有关投资的倡议性声明等规范性文件。从法律关系的角度来看,国际投资惯例涉及外资企业的设立、生产、经营、管理等横向与纵向的各环节,以及各方面的通行规则与习惯做法。[①] 例如,"用尽当地救济"原则、确定法人国籍的"资本实际控制"原则、"注册登记地"原则等,均反映在有关国际投资的实践和相关法律文件中。

国际贸易惯例(International Trade Customs)是在长期的国际贸易交往中逐渐形成的,在某一地区、某一行业中不成文的,并被普遍接受和遵守的行为规范。国际贸易惯例内容庞杂,表现形式多样。国际商事活动同一领域既有世界性、地区性和行业性惯例,又有当事人相互间认可的交易做法和履约做法。在国际贸易领域,常用的国际惯例有《跟单信用证统一惯例》(ICC Uniform Customs and Practice for Documentary Credits, UCP600)、《托收统一规则》(ICC Uniform Rules for Collections, ICC Publication No. 522)、《约克—安特卫普规则》(York-Antwerp Rules 2004),以及 2000 年、2010 年和 2020 年的《国际贸易术语解释通则》(International Rules for the Interpretation of Trade Terms, INCOTERMS)等。与国际条约不同,国际贸易惯例必须由当事人在合同中选择,方能适用或者变更适用。

在国际投资活动中,当事人仅适用国际条约与商事惯例仍不能解决交易中的所有问题,往往需要同时适用国内法,才能使争议得以解决。例如,CISG 没有规定国际贸易合同的效力,对国际贸易合同的形式也无明确要求,有关货物所有权可能产生的影响及货物可能产生的人身伤亡等产品责任也不作规定。这些问题只能留给国际贸易合同当事人选择的国内法予以解决。因此,国际投资活动中,对投资者影响巨大的,往往是相关国家的国内法。

(二)东道国国内法律制度体系

国际投资法律体系包括国内立法,即资本输入国(东道国)为保护、鼓励与限制引进外资和技术的外国投资法,以及资本输出国(投资母国)为鼓励、管制本国国民海外投资与保护投资利益的对外投资法。这中间起决定作用的,是东道国国内法律制度。作为海外投资的经营地,东道国对海外企业实施属地管辖权。因此,东道国有关海外企业投资的相关规定,是所

---

① 董世忠主编:《国际经济法》,复旦大学出版社 2009 年版,第 394 页。

有海外企业都需要密切关注的重要法律风险环境,它决定了海外企业的设立方式、企业运行中的各项行为的合法性,以及企业清算终止等退出程序。东道国的投资法既有对企业的制约与监督,又有促进与保护的规定。

从世界各国的立法模式来看,东道国引进外资大体有两种立法模式:一种是制定专门的外国投资法来调整外国人在本国境内的投资活动;另一种是对外国人实行国民待遇,不区分外国人投资还是本国人投资,统一适用一套法律法规来规范投资活动。

从内容上看,资本输入国家的外资立法主要涉及:

其一,对投资范围的规定,即东道国哪些产业或者领域允许、鼓励或禁止、限制外国资本的进入。其中,发达国家一般采用"负面清单"模式①,规定对外资不开放的领域;相反,发展中国家往往采用"正面清单"模式②,规定开放的领域。例如,日本对可能威胁国家安全及未实行完全自由化的行业予以限制,在农林水产业、海运业、石油业、皮革及皮革产品制造业、航空运输业等保留行业,实施提前申报手续;对武器、飞机、核、宇宙开发、电力、煤气、供热、通信、广播电视、铁路等行业,实施外资管制③。"负面清单"与"正面清单"的主要区别是,前者规定"不能做什么",法无禁止皆可为;而"正面清单"规定"只能做什么",法已禁止不可为。也有国家在本国法或者与他国签订的国际投资协议中,兼采"负面清单"和"正面清单"的模式。例如,欧盟与加勒比论坛国家间的经济合作伙伴协定就规定,欧盟方面关于商业存在、跨境提供等,采用"正面清单"列出开放承诺与保留条款;而在主要人员和毕业实习生、履约服务人员与独立专业人员方面,则采用"负面清单"形式,列出各方的保留条款。

其二,对外资项目的审查和批准的规定。尽管不同国家对外资审批的具体条件和程序差异较大④,但是东道国政府一般会设立专门的外商投资审批机构,对外资项目从实质和程序两方面进行审查。东道国政府会评估外国投资项目是否有利于本国国民经济的发展,是否与本国的发展战略、规划相一致,是否有助于本国的国际收支平衡,以及投资项目是否提交必要的资料文件等。例如,根据 2013 年 11 月 1 日正式实施的蒙古国《投资

---

① "负面清单"(Negative list),又称"否定列表",是一国或地区禁止外资进入或者限定外资比例的行业清单,清单之外的领域、行业或部门向外资充分开放。

② "正面清单"(Positive list),又称"肯定清单",是一国或地区列出允许或者鼓励外资进入的行业清单,不在清单内的为禁止准入或不鼓励准入的行业或者领域。

③ 参见商务部:《对外投资合作国别(地区)指南:日本》,http://www.mofcom.gov.cn/dl/gbdqzn/upload/riben.pdf。

④ 参见史晓丽、祁欢:《国际投资法》,中国政法大学出版社 2009 年版,第 14 页。

法》,外国国有资产法人在矿业、金融、新闻通讯领域开展经营活动且其持股比例达到 33％或以上的,必须报主管投资事务的中央行政机关(即外国投资局)进行审批。①

其三,对投资方式的规定。许多国家对外国投资者在不同产业内的投资方式的要求不一,如要求外国投资者必须与本国投资者共同投资经营项目等。东道国对外资企业的资本构成也会作出规定,如投资者可以用货币投资,也可以用建筑物、厂房、机械设备或其他物件、知识产权、场地使用权等投资。以阿根廷为例,其《商业公司法》《民法典》和《商法典》允许外国投资者采用公司、合伙、合资、独资、分支机构、特许经营、代理机构、许可协议等形式投资,外国投资者也可以兼并或购买阿根廷法律承认的任何法人组织或者与其合资。②

其四,对出资比例方面的规定。大多数国家对外国投资者的出资比例会提出要求。有的国家规定投资者的投资比例的上限,有的则规定下限。通常,发展中国家会旨在防止外国资本对本国企业的控制,要求外资对企业的控制权不得超过 49％。例如,埃及规定,外商只能以合资的形式成立建筑公司,且外资股权不超过 49％③,非埃及员工在公司里的比例不得超过 10％④。

其五,对外国投资的优惠政策。为吸引外资进入本国市场,很多国家纷纷出台行业鼓励政策、地方鼓励政策,并且实施各种不同的财政及税收优惠政策。税收政策是各国控制外商投资经常使用的宏观调控手段。若一国希望大量引进外资,其税率就会相对降低,反之则提高。发展中国家往往会对其鼓励投资的产业或者希望外资投资的地区给予各种税收优惠措施。以印度尼西亚为例,该国鼓励投资者发展印尼旅游业和制造业。其中,旅游设施进口手续简化并免征关税,旅游土地使用年限考虑从目前的 30 年延长为 70 年;所有制造业均允许外资拥有 100％股权,1 亿美元以下的制造业投资项目审核将在 10 天内完成;税收方面,特别是企业所得税方面,提供各类不同的免征、减征优惠措施;为平衡地区发展,按照总体规划

---

①　参见商务部:《对外投资合作国别(地区)指南:蒙古》,http://www. mofcom. gov. cn/dl/gbdqzn/upload/mengguguo. pdf。

②　参见商务部:《对外投资合作国别(地区)指南:阿根廷》,http://www. mofcom. gov. cn/dl/gbdqzn/upload/agenting. pdf。

③　参见商务部:《对外投资合作国别(地区)指南:埃及》,http://www. mofcom. gov. cn/dl/gbdqzn/upload/aiji. pdf。

④　参见埃及《投资法》第 8 条,http://images. mofcom. gov. cn/eg/201708/20170810165157735. pdf。

部署和各地区自然禀赋、经济水平、人口状况等特点,提出重点发展"六大经济走廊"(Economic Corridors),对在上述地区发挥比较优势的产业,提供税务补贴等优惠政策。①

其六,有关劳动力雇用的规定。为解决本国就业问题并培养劳动者,许多国家对外资企业在吸纳本国劳动者的数量、为本国培养技术人才等方面提出要求。与此相适应,对外资企业雇用的外籍人员的数量及签证发放采取各类限制。例如,哈萨克斯坦对外国劳工实行严格的工作许可制度,外国劳工只有在本国人员不能完全胜任的工种或者缺乏的人才上,才可以取得工作许可。未获得哈萨克斯坦劳动部门颁发的工作许可的外国公民在哈萨克斯坦从事有偿劳务的,将被罚款、拘留、驱逐出境,其劳动部门对外国劳务的数量实行总量控制、按州发放。②

其七,有关国有化与征用的规定。为树立投资者信心,大多数投资东道国都会作出一般不实行国有化政策的保证,或者承诺因国家公共利益的需要,依一定的法律程序,对外资企业资产的全部或一部分实行征收的,将给予补偿等。

此外,一些投资输入国也会在外国投资者的地位和待遇标准、有关投资争议解决的原则和程序、保险等其他问题上作出规定。虽然大多数投资输入国对外国资本的进入持欢迎态度,但是基于各国政府的外国投资管理水平、管理手段的差异,东道国政府对外资企业管理不透明、管理不公平等问题仍然较为突出。越来越多的国家在劳动、环境等领域加强了监管,增加了海外投资企业的各类风险。

(三) 投资母国海外投资法律规范

很长一段时间,国际社会海外投资国家主要是发达国家。20 世纪 90 年代前,发达国家对本国的境外投资实行较为严格的限制政策,进而对本国企业的境外投资的主体、投资金额、外汇等各方面予以规范。不过,现阶段,国际社会的大多数国家均对本国企业的海外投资活动持鼓励的态度。海外直接投资的目的是追求比在国内投资更大的利润,但同时也意味着比在国内投资面临更大的风险挑战。对于资本输出国而言,私人对外直接投资关系到本国国家利益及本国经济发展。因此,有必要采取政策措施和法律手段来鼓励并保护本国私人海外投资。在此基础上,资本输出国的海外

---

① 参见商务部:《对外投资合作国别(地区)指南:印度尼西亚》,http://www. mofcom. gov. cn/dl/gbdqzn/upload/yindunixiya. pdf。

② 参见商务部:《对外投资合作国别(地区)指南:哈萨克斯坦》,http://www. mofcom. gov. cn/dl/gbdqzn/upload/hasakesitan. pdf。

投资的法律,除了少量涉及境内审批或者备案外,重点均集中于投资鼓励和投资保护。

在投资鼓励方面,各国一般会给予大量的政策支持和经济援助,如政府通过与其他国家政府签订税收协定,避免双重征税,或者在国内法中给予其他类型的税收优惠措施。在政府资助措施方面,各国措施也是五花八门、多种多样,如国家对海外投资项目给予出资或者贷款方面的资助,以及对海外投资项目提供技术人才培训等。更多国家通过本国使领馆,或者通过培育第三方服务机构或创设平台等,为企业提供海外投资的信息咨询、情报等服务。

在投资保护方面,投资母国主要针对本国私人投资者在东道国可能遭受的政治风险提供法律保护措施,最常见的保护措施是海外投资保证制度(Investment Guaranty)。海外投资保证制度,又称海外投资保险制度,是资本输出国政府对本国海外投资者在国外可能遇到的政治风险提供保证或保险,由投资者向本国投资保险机构申请保险。若承保的政治风险发生,致投资者遭受损失,则由国内保险机构补偿其损失。保险机构赔偿后,该保险机构所在国家即取得代位求偿权,有权向东道国索赔。这一制度的目的显然不仅限于像普通商业保险那样进行事后补偿,更重要的是对海外投资中的政治风险提供政府保证,防患于未然。为实现这一目的,投资母国通常会结合适用投资母国与东道国签订的投资保证协定,二者形成紧密配合。自1948年美国在实施马歇尔计划的过程中创设海外投资保险制度以来,日本、法国、德国、挪威、丹麦、澳大利亚、荷兰、加拿大、瑞士、比利时、英国等国家也先后实行了海外投资保险制度。目前,各资本输出国几乎普遍实行此项制度。

2001年12月,中国信保成立,标志着我国首家具有官方性质的专业出口信用保险机构出现。2003年,该公司签发首张海外投资保险单,开启了我国海外投资保险业务的实践。虽然这是我国海外投资保险制度的重大进步,但是由于实施时间较短,海外投资保险业务存在诸多问题。

其一,我国海外投资保险尚缺乏法律依据。目前,我国有关海外投资保护的法律还不是很完善,没有专门的《海外投资法》和《海外投资保险法》,仅有国务院一些部委颁布的行政规章涉及海外投资保险关系。另一方面,我国缔结或参加的双边投资协定或者国际公约也缺乏海外投资保证的内容,并且我国国内法律制度亦缺少与之配合的落实投资保证的法律规定。这种状况完全不同于其他海外投资大国。以美国为例,美国在《对外援助法》《海外私人投资公司法》等立法中,规定了"海外私人投资公司"这一专门海外投资保险机构的设立、权限等。同时,美国还在本国缔结或参加的双边与多边协议中,规定了其拥有依据海外投资保险取得的向东道国追偿的代位求偿权。此外,其他国家也有通过本国立法和国际实践确立完整的海外投资保险制度的先例,如日本的《贸易保险法》、韩国的《出口保险法》等。随着中国对外投资规模已经超过利用外资的规模,作为资本净输出国①,我国海外投资保障制度的完善迫在眉睫。否则,一旦我国企业遭遇非商业险风险,启动我国海外投资保险制度保障企业和我国国家利益将缺乏法律依据,企业获取投资母国海外投资法律保障的愿望也将会落空。

其二,我国海外投资保险承保机构的设置不尽合理。针对海外投资保险制度中的承保机构设置,各国有着不同模式。日本采用保险审批机构和业务经营机构合一的模式,德国则采用保险审批机构和业务经营机构相分离的模式。目前,我国采用与日本相似的模式,即审批机构和经营机构合一,对拟投保项目的审批和承保,均由中国信保全权负责。然而,结合国情,我国采用这一模式存在较大的弊端。一方面,行使审批职能与中国信保的独立法人身份不相符。尽管中国信保是政府全资的政策性公司,但它毕竟是独立的市场经济主体,具有独立的经济账户和经济利益要求,并非一个行政主体。令该公司既体现国家政策,又要追求经济利益,势必无法实现我国这一政策性金融机构的设置目的。另一方面,这一模式不利于通过海外投资保险实践来体现国家对海外投资的引导与调控,以及国家的财政支持与外交保护。

其三,投保人范围界定不合理。一方面,中国信保的投保指南将"以中国法设立的由香港、澳门、台湾的企业、机构、公民或外国的企业、机构、公民控股的企业"排除在投资保险范围外。这种做法与我国法律认定法人国籍的原则,即"注册登记地"主义,并不相符,一定程度上挫伤了那些依中国法律在中国境内设立的,其注册登记地和主要营业地都在中国的"三资企业"的投资热情。并且,这种做法也与国际通行惯例不符。另一方面,该投保指南又将依外国法设立的95%以上股权属我国企业的投保人视为合格的投保人。这样规定虽然可以保护那些我国企业的海外子公司的对外投资利益,也与国际上以股东国籍认定法人国籍的原则相符,但是由此导致的问题是,一旦损害事实发生,我国无法依据外交保护权原则,实施相应的代位求偿权。国家实施外交保护权通常受"国籍连续"规则的限制,即该被

---

① "我国加速从吸引外资国转为对外投资国",http://business.sohu.com/20150212/n408951550.shtml。

保护对象与请求权提出国家的国籍需要一致，且应当持续一定的时间。这一弊端所包含的法律风险，早在 20 世纪 50 年代的比利时在国际法院诉西班牙政府的巴塞罗那电力公司案中就得到了验证。国际法院以涉诉公司的国籍为加拿大而非比利时为由，驳回了比利时政府的请求。①

其四，海外投资保险险种无法体现当前国际政治风险的新动向。当前，中国信保海外投资承保的政治风险主要是征收、汇兑限制、战争及政治暴乱，以及包括经营中断、违约在内的附加政治风险。② 然而，国际社会的政治风险情形正发生着极大变化。恐怖主义、国家审查标准升级、国际环境因素引发的政府违约等层出不穷。为此，许多国家正结合新情况，不断推出新的险种。例如，美国海外私人投资公司推出了恐怖主义险、针对东道国政府不当干预碳信用额度的特别管制险等。

其五，合格投资项目的投保前提条件设置不合理。根据中国信保的投保指南关于承保对象的内容，合格投资项目的条件并未要求投资目的地国家必须是与中国签订双边投资条约的国家。这种做法也与其他国家的做法差异较大。大多数国家一般都会明确规定，本国国内法的海外投资保险制度是以本国与资本输入国签订有双边投资条约为前提。一旦政治风险发生，本国可在获得代位求偿权后，根据两国间的投资协议，要求东道国政府对其蒙受的损失加以补偿。这种国内法和国际法的完美结合，可以更加切实保护海外投资者的利益。对于东道国而言，一旦订立双边投资协议，势必谨慎实施政府行为，尽可能避免政治风险损害的发生。我国目前采用单边主义模式的结果是，代位求偿的依据只能是外交保护权，而外交保护的实施存在较大的不确定性，会受到"用尽当地救济""国籍继续""卡尔沃主义"等国际投资习惯规则的限制。这意味着，我国要想实现代位求偿权，将费时费力，且不确定权利能否实现。若海外投资保险机制中的代位求偿权无法实现，将损害我国的国家利益，最终也会影响到我国海外投资保险事业的健康发展。此外，我国海外投资保险在承保险种、保险费率、出险情形、理赔手续等各方面，仍有待进一步明确。③

我国海外投资保险制度在体系、保险人经营模式、海外投资保险资本

---

① 该案详情参见梁淑英主编：《国际法教学案例》，中国政法大学出版社 1999 年版，第 157—160 页；"比利时诉西班牙——巴塞罗那电车、电灯和电力有限公司案"，http://www. lawyee. org/Case/CaseIntlProfile. asp? rowId=B5A38DD1-B784-4BDF-9648-E6B4E539FA1D。

② 中国出口信用保险公司网站，http://www. sinosure. com. cn/ywjs/xmxcp/hwtzbx/ hwtzbxjj/index. shtml。

③ 参见侯林："我国海外投资保险制度亟待完善"，载《学习时报》2014 年 12 月 15 日。

结构、海外投资保险追偿机制方面存在的不足，以及与国际立法的衔接上的差距，将会为我国海外企业识别与评估海外投资保险法律风险带来较大的难度，也会令海外企业的投资利益保障面临不确定风险。在我国尚未建立成熟的海外投资保险制度，重构海外投资保险人经营模式、海外投资保险的资本模式，以及完善双边协定中的代位权条款、海外投资保险追偿机制前，海外投资企业有必要加强此类法律风险的研判、分析，做好相应的风险应对策划。[①]

当然，在识别东道国及投资母国法律风险环境时，企业不能忽视各国国内法与国际法的关系问题。这关乎各国的法律适用和司法实践表现，也对企业能否准确识别与评估法律风险意义重大，它又反映在两个问题上：

（1）一国——特别是东道国——承担的条约义务以何种方式在国内实施，以及实践中是否存在与该国际条约不同的解释。进一步的问题是，若存在解释上的差异性，海外企业应关注这种差异性是否会对东道国的投资产生不当影响。

（2）条约与国内法的效力位阶问题，即当东道国缔结的条约与它的国内法存在冲突时，是否必然信守"条约必须遵守"原则，还是将国际条约置于宪法之下、其他国内法之上。

由此可见，企业对东道国及投资母国宏观法律风险环境进行识别、分析时，不能孤立地研究相关国际条约、商业惯例，或者东道国及投资母国国内法，而是必须同时关注相关国家对国际法律制度环境的态度与实践做法，并分析对本企业的影响。

二、国际法律文化环境

文化是人类在社会发展进程中创造的物质财富和精神财富的总和，它包括物质文化、制度文化和心理文化。法律文化是各民族、国家和地区及其社会成员在长期的社会实践中逐步演变形成的，并在一定历史时期具有相对稳定性的法律状况的整体表现。法律文化集中体现了法治建设和法律发展的整体水平，包含立法、执法、司法和守法，以及法律教育、法律职业、民众的法律意识和法律观念等众多内容。[②] 作为社会现象的一种，法律文化具有丰富的内涵，不仅体现在法律的执行机构、物质设施、器物等法

---

① 参见刘亚军："'一带一路'海外投资保险法律制度重构"，载《社会科学辑刊》2021年第1期。

② 参见何勤华：《混合的法律文化》，法律出版社2008年版，序言。

律文化的"物质(器物)之法"上,而且呈现于法律规范等"制度之法"上,那些隐藏于人们的日常行为、习俗背后的法律意识、法律心理、法律惯例等"观念之法"同样不能被忽视。

以上不同的法律文化大致可划分为两个部分,即显性层面的法律文化和隐性层面的法律文化。显性层面的法律文化包括法律制度、规范,以及法律组织结构和实施等。隐性层面的法律文化是各类法律意识形态的总和。显性的法律文化比较容易改变,而隐性的法律文化根深蒂固、较难改变,对一国司法权威的影响也最大。受不同国家、民族的历史传统影响,法律文化反映出独特的地域性和民族性。因此,不同国家和民族的法律文化会呈现不同的特点与属性,不同法律文化的关联程度也存在较大差异。

法律规范是具有国家强制力的社会规范,它用最明确的方式对社会成员的言行作出要求,清晰表达人们对自然、人类、社会及其相互关系的认识和态度。[①] 在法律颁布实施前,法律规范只是处于应然状态。只有通过实施法律的过程和活动,即在社会生活中,人们通过执法、司法、守法、法律监督等各方面的活动对法律制度实际施行,法律规范才能从抽象的行为模式变成人们的具体行为,从应然状态到实然状态,从静态的法律条文变成动态的法律活动,才能将法律的要求在社会生活中转化为现实,达到法律预设的权利和义务的结果,反映立法者的价值追求。法的实施涉及一国全体社会成员的各方面活动,包括国家机关和国家授权单位依照法定职权与程序将法律规范适用到具体人或组织的执法活动,也包括一国境内的公众、社会组织和国家机关依法行使权利(权力)、履行义务的守法活动,以及国家司法机关及其公职人员依照法定职权和程序实施法律的司法活动与各种形式的对立法、执法和司法活动的合法性的监察及督促活动等。法律文化的动态性不仅体现在法律实施的各个环节,而且表现为其不断发展变化的动态演进过程。随着社会变迁、历史的更替、人类文明进步,法律文化不断吸收新的元素,满足现实需要。因此,法律文化不仅反映着一个国家及民族的传统法律文化,而且反映着实际存在的不同于传统的新法律文化。[②]

法律观念是人们关于法律的思想、观点、知识和心理的总称,涉及法律知识、法律情感、法律意志、法律信仰等方面。法律观念包括人们对法律和法律制度的评价、解释、明确的要求,以及其本质与作用的系统的、必然的、

[①]　何民捷:"发掘传统法律文化的价值——访中国人民大学法学院教授曾宪义",载《人民日报》2006年3月24日。

[②]　段秋关:"中国传统法律文化的形成与演变",载《法律科学》1991年第4期。

理性的认识等内容,也包含着人们对法律零散的、偶然的愿望和情绪等感性认识。作为社会个体的一种重要的心理现象,法律观念是一国法律文化的重要内容,也是法律价值观被社会化的方法和过程的直接体现。正因为如此,许多学者更多地将法律文化理解为法律观念。[①] 他们认为,有必要把法律意识作为东道国社会文化和法律文化的重要的有机构成部分加以考察,探讨其社会文化和法律文化原因,阐释其法律文化之功能[②];同时,将法律意识放在该国社会文化的历史演进过程中加以观察和分析,放在当代法律文明发展和中外法律文化的冲突与融合的大背景下加以解读及阐释[③]。为此,企业可以通过对一国民众的法律心态、法律情绪、法律思维、法律意志等现象的研究,预测潜在的法律风险的发生概率及可行性的应对措施。

法律文化具有丰厚的历史底蕴和悠久的法律传统,它代表的往往是多数群体或整个地区的法律价值观念。这种观念将在相当程度上影响着某个国家或民族法律文化的性质和内容,影响着该国的司法权威性,并对该国的法律实践具有潜在指引作用。站在海外投资企业的角度,由于其经营行为和活动大多发生在东道国境内,东道国对其拥有属地管辖权,因此除了国际投资法律规范和东道国外商投资法律制度外,东道国法律制度体系、法律运行、法律意识情况等法律文化的各方面要素,都会直接或间接地影响海外投资企业。在识别海外投资的法律风险时,企业不仅需要关注国际投资法律体系所反映的直接、静态的、较易于查明的法律风险,而且不能忽视东道国法律文化影响下的一些较为宏观的、不易感知的法律风险。任何国家法律规范的实施都植根于特定的文化背景中,企业只有认识并全面了解东道国的法律文化及其运行模式,把握东道国法律制度与法律文化的关系,掌握不同社会主体从事法律活动的行为、习惯、意识等因素及其影响程度,才能对东道国投资环境及其可能的风险作出更全面而准确的判断,提高对风险所致损失的预判力。[④]

人类的法律文化是在不同的地理环境、历史环境和社会环境中成长起来的。因此,世界各地的法律文化各具个性,又有一定的交融与混合。通

---

① 例如,美国学者梅里曼和弗里德曼就将"法律文化"(Legal Culture)理解为生活于特定文化之中人们的法律观念。参见[美]埃尔曼:《比较法律文化》,贺卫方、高鸿钧译,清华大学出版社2003年版,第9—20页。

② 刘旺洪:《法律意识论》,法律出版社2001年版,第13—14页。

③ 刘旺洪:《法律意识论》,法律出版社2001年版,第14页。

④ 参见霍科:"浅析法律文化与法治建设的关系",载《法制与经济》2012年第9期;范健等编著:《法理学——法的历史、理论与运行》,南京大学出版社1995年版,第61—68页。

常,我们采用"法系"概念,将世界各国具有共同法律传统的若干国家和地区的法律进行归类,研究不同法系所具有的共同的法律文化传统及特征。当代世界依然具有生命力的主要法系有三个,即大陆法系、普通法系和伊斯兰法系。此外,印度法系和中华法系虽已解体,但仍有许多国家的法律受到影响,各自体现不同的特征。亚洲和非洲的一些国家与地区的法律,往往兼有西方某一法系与原有的宗教法系的特点,如印度法律主要属于普通法系,但又保留了部分印度法系的传统;叙利亚法律就是在原有的伊斯兰法系的基础上,融入了大量大陆法系的内容。通过对当今世界主要法系的共同法律传统和特征的梳理,海外投资企业能更好地在面对仅获得东道国法律制度中初步的法律概念,或者缺乏具体法律文献资料,或者对该国法律文化缺乏必要了解的境况下,借鉴具有同一法律传统或者同一法系的其他国家的法律文化作为参考。

（一）大陆法系国家法律文化环境

大陆法系,又称民法法系(Civil Law Family),是欧洲大陆各国及受其影响的其他一些国家的法律体系。大陆法系以罗马法为基础建立,以1804 年《法国民法典》和 1896 年《德国民法典》为代表,适用地域范围极为广泛。除法国、德国外,比利时、意大利、西班牙、葡萄牙、荷兰、奥地利、瑞士等欧洲国家,英国的苏格兰地区,美洲的原西班牙、葡萄牙、荷兰、法国的殖民地地区(如美国的路易斯安那州、加拿大的魁北克省、波多黎各等),北非、南非的扎伊尔、卢旺达、布隆迪、阿尔及利亚、埃塞俄比亚等国,以及日本、土耳其等国家和地区,均深受大陆法系的影响。

大陆法系的主要特征为:(1)强调法律的成文性,注重法律的系统化、条理化、法典化和逻辑化;(2)法律的实施强调以法律条文为依据,法官对其引证与解释。由于法律条文高度抽象概括,法官在适用法律时,必须结合实际情况,对条文进行解释。这样,同一法律的实际应用可能会因不同法官的理解而产生不同的解释,得到不同的结果。

以上对大陆法系主要国家和法律特征的梳理与概括,对海外投资企业意义重大。以我国对外投资能源项目为例,这类项目目前主要分布于南美洲、非洲、中亚、中东及东南亚地区。这些国家的法律体系大多属于大陆法系,但各自又具有不同特点。例如,南美洲历史上曾是西班牙和葡萄牙的殖民地,其法律传统大多受西班牙、葡萄牙等国法律的影响,与这些国家的法律具有一定的相似性;而非洲的许多国家历史上曾是法国殖民地,不但官方语言使用法语,受法国法律的影响也较大。由此,在目前我国对这些投资目的地国的法律环境知之甚少的情况下,法国法律制度及法律文化或许可以作为识别与评估这些非洲国家法律风险环境的部分参考。

需要特别指出的是，虽然同样作为大陆法系国家，但是不同国家的法律文化在长期发展中会体现不同于他国的特征。以苏联解体后独立的十多个国家的法律文化为例，尽管仍受到苏联社会主义法律制度的部分影响，并且依然处于法律制度的调整和变革进程中，但是从它们进行的各类法律制度改革的情况来看，它们属于大陆法系的倾向较为明显。例如，俄罗斯联邦现在的法律体系尽管被许多人理解为仍处于开放的、未定型的、具有包容性的、集传统与现代于一身的法律体系[①]，但是它作为大陆法系的特征较为明显。首先，它强调法律必须由立法机构制定颁布。其次，它承袭了古罗马法的法律传统，注重国家法律的法典化、系统化。俄罗斯联邦已颁布了多部具有法典化色彩的法律，如《俄罗斯联邦民法典》《俄罗斯联邦刑法典》《俄罗斯联邦民事诉讼法典》《俄罗斯联邦仲裁程序法典》《俄罗斯联邦刑事诉讼法典》《俄罗斯联邦刑事执行法典》等。最后，在俄罗斯司法实践中，法官较少遵从先例，这一点也与大陆法系的许多国家相似。俄罗斯法律文化中还存在着形式与实质的分裂、法律制度的西方化与法律实践的俄罗斯化等特征。

（二）普通法系国家法律文化环境

普通法系（Common Law Family），又称英美法系。19 世纪开始，随着英国殖民地的扩张，英国法被扩大到英国殖民地、附属国的许多国家和地区，包括美国（路易斯安那州除外）、加拿大（魁北克省除外）、印度、澳大利亚、新西兰、巴基斯坦、孟加拉、马来西亚、缅甸、新加坡、韩国、南非等国家和地区。

与大陆法系相比，普通法系的判例法无论在法律渊源体系还是现代司法适用上，都始终保持着核心地位。[②] 法官对案件判决后确立的法律原则或规则，会成为以后本院和下级法院相同或相似案件的判决依据，即法官审理案件受到"遵循先例原则"（stare decisis）的约束。除非出现新情况，或者有充分的理由足以使法官基于衡平法或价值政策等重新考量后，修改或推翻先前判例的审理结果，否则先前案件形成的规则必须为法官所遵循。普通法系的判例法体系以公序良俗和最广大社会大众的公平认知作为判案的基础。这种"同案同理"的传统有助于提高司法效率，增强法律的确定性和可预测性。不过，经验主义的产物在许多注重逻辑概念体系的大陆法

---

① 杨昌宇："法系视角下俄罗斯法律传统及对中国的启示"，载《学术交流》2016 年第 9 期。
② 刘兆兴主编：《比较法学》，中国政法大学出版社 2013 年版，第 237 页。

系学者眼中,常被认为是繁杂和不成体系的。当然,普通法系的制定法、公共政策(Public Policy)等在其司法体系中也在发挥着越来越重要的作用。普通法系重视程序且恪守司法独立,可能会由于程序上的违规而导致案件最终出现看似不公平的结果。令状制度(Writ System)、对抗制诉讼模式及陪审制是普通法系司法体系的突出特征,严格执行这些程序能确保司法独立原则的贯彻执行。

普通法系一方面随着英帝国殖民统治得以强行输出。之后,制度惯性、治理习惯、法律思维等因素使得英美法律的全部或者部分在全球广泛传播,并融入本地习俗与传统,从而发扬光大。[①] 在国际社会的某些领域,普通法系法律制度具有广泛影响力,尤其是在国际贸易、海事海商等方面。在国际投资领域,普通法系法律制度的影响力也同样不容忽视。

(三)伊斯兰法系国家法律文化环境

伊斯兰法系,也称伊斯兰教法系、阿拉伯法系,是信奉伊斯兰教的阿拉伯各国和其他穆斯林国家法律的统称,它初创于 7 世纪至 9 世纪的阿拉伯半岛,以伊斯兰教教义为基本准则,经法学家们的注释和编纂,并伴随法官判案的实践活动而逐步发展起来。伊斯兰法适用于所有穆斯林,"属人法"的特性使伊斯兰法能够随着全球穆斯林人口数量和比重的增长而不断扩大其影响力。[②] 这意味着,不但伊斯兰教国家的非信仰伊斯兰教的人有义务同该国的其他穆斯林一样遵守伊斯兰教法律,那些生活在非伊斯兰教国家的穆斯林也有义务遵守伊斯兰法。

伊斯兰法系体现了政教合一的传统。《古兰经》、圣训、公议(即伊制玛尔)、类比(即格亚斯)为主要渊源。其中,《古兰经》具有最高宪章性质,它"法度自安拉意志出"的思想直接影响着整个伊斯兰法系。公议和类比必须以经、训为基础。从效力上看,经、训的效力高于公议、类比。伊斯兰教的教法以其独特的结构和渊源,在世界五大法系中独树一帜。教法在结构上分为两部分,即"沙里亚"(الشريعة)和"斐格海"(الفقه)。"沙里亚"是指安拉对人类社会有关信仰、道德、法律、政治、经济等一切内容的法律规范的总和,是安拉指引的道路和安拉意志的总体体现。它完全区别于世俗法,

---

① 刘兆兴主编:《比较法学》,中国政法大学出版社 2013 年版,第 232 页。

② 美国独立民调机构和智库皮尤研究中心(Pew Research Center)2015 年发布的调查报告《世界宗教的未来:人口增长预测,2010—2050 年》(*The Future of World Religions:Population Growth Projections,2010—2050*)显示,目前伊斯兰教是世界第二大宗教,拥有 16 亿信众,占全球人口的 23%。这些数字预计在未来的几十年中会发生改变,因为世界总人口将在 21 世纪中期达到 93 亿左右。那时,伊斯兰教人数将增长 73%,基督教则增长 35%,即分别为 28 亿穆斯林和 29 亿基督徒。

不可人为修改,构成教法的总纲和法律框架。"斐格海"是伊斯兰教法学,是具备严格特定条件的伊斯兰教法学家对"沙里亚"中有关人与安拉、人与人之间法律内容的正确理解和诠释,是教法学家创制的符合"沙里亚"要求的法律实体学科。伊斯兰教的教法内容博大精深、丰富多彩。概括地讲,伊斯兰教的教法主要包括两大方面:一是调整人与安拉之间关系的宗教规范;二是调整人与人之间关系的社会规范。前者作为宗教规范,主要规范信仰者个人与安拉之间的关系。伊斯兰教的教法不但对穆斯林规定了宗教信仰,也同时具体规定了宗教礼仪,即信仰的表白、礼拜、斋戒、天课、朝觐。中国穆斯林将它简称为念、礼、斋、课、朝。① 后者与第一部分宗教礼仪相比,是伊斯兰教的教法之应用部分,主要规范人与人之间、人与国家及社会之间的关系,内容基本囊括了现代法律的公法与私法、民法与刑法、实体法与程序法等,并应用于伊斯兰教国家政治、经济、文化、商业、金融、合同、婚姻、财产等社会生活领域。不过,尽管这部分内容包罗万象,但却因传统伊斯兰社会的司法系统不同于现代司法体系,并无类似现代法律形式的法学学科划分,呈现"诸法一体"的特征。法官也几乎对所有民事、商事、刑事等控诉案件予以审理和判决。②

在中世纪,伊斯兰法系表现出强烈的排他性和独立性,受其他法系影响较少。19 世纪下半叶的伊斯兰现代主义运动和二战后伊斯兰国家的法律改革运动,使伊斯兰教的教法之形式和内容发生了较大变化。当今,众多伊斯兰教国家已将西方法律或经过改革形成的世俗法作为国家的基本法律,只有少数国家仍把伊斯兰法作为基本的法律制度。

不过,伊斯兰法系国家法律变革的情况不尽相同,大致可划分为三类:

第一类是彻底放弃伊斯兰法的国家,它们因引入其他法系的法律制度而并入其他法系,如已转变为普通法系的印度、已转变为大陆法系的土耳其等。

第二类是仍把伊斯兰法作为基本法律制度的国家,它们是伊斯兰法系的"承继者",以沙特阿拉伯、阿曼、巴林、阿拉伯联合酋长国为代表。它们尽管数量有限,但是可以作为伊斯兰法系仍然为"活法系"的有力证明。

第三类是混合型法律制度的国家,是伊斯兰法系与其他法系的"混血儿"。目前,这类国家仍处于法律变革的过渡阶段,很难将它们归入特定法

---

① 参见中国伊斯兰教协会网站,http://www. chinaislam. net. cn/cms/sxjs/yslzs/jf/201205/23-276. html。

② 参见中国伊斯兰教协会网站,http://www. chinaislam. net. cn/cms/sxjs/yslzs/jf/。

系。代表性的国家有埃及、叙利亚、黎巴嫩、伊拉克、伊朗、巴基斯坦、突尼斯、摩洛哥、苏丹、利比亚等。这些国家大多经历过盲目照搬西方法律和恢复传统法律制度的冲突与斗争。受伊斯兰教教义和穆斯林民众信仰的影响，穆斯林民众常常表现出对西方化和世俗化法律的排斥，依然用传统规则来约束自己和要求他人。特别是伊朗、巴基斯坦、苏丹、利比亚等国，在复兴伊斯兰法的运动中，呈现出传统法律制度排斥外来世俗法律制度的趋势。它们不仅在新的法典与法规中较多沿用传统法律规则和概念，而且十分注重在立法中对传统法律精神和原则的秉承。[①] 它们在法律移植的内容上也经过仔细甄选，对婚姻、家庭、继承等较强体现伊斯兰传统文化价值与特定社会伦理的领域拒绝引入西方法律，只是在适当修改后予以保留。在宪法、行政法等公法领域，尽管有国家移植了西方法律，但往往并未收到预期效果。相比之下，劳动、商业、交通事故等文化价值不强的法律的引入则比较成功。

传统伊斯兰法律制度与法律文化是融为一体的。法律制度不仅是社会秩序和人们行为的规范，而且通过宗教的驯化、制度的强化和个人的体验逐渐内在化，成为人们价值的载体和信念的要素。在传统伊斯兰法中，有许多规定与现代法律规则及原则不一致。例如，在土地所有权方面，阿拉伯贵族和普通自由人对土地只享有占有权而没有所有权；麦加城及其邻近地区是圣地，非穆斯林不得在该地居住。在继承法方面，非穆斯林不能继承穆斯林的财产，遗嘱人只能处分其财产的1/3。刑法上，仍然保留血亲复仇制度。伊斯兰国家没有"律师"这一概念，当事人需自己在法庭上辩护，最终交由法官裁决，速审速罚。判案亦以化解冲突，不令双方留下积怨，保障穆斯林社会的和谐稳定为目的。

近些年，伊斯兰世界不仅正经历着政治和军事冲突，而且也面临着深刻又复杂的法律冲突——不仅是传统法律与现代法律的冲突、外来法律与本土法律的冲突，还有法律文化与法律制度的冲突、法律制度与法律实施的冲突。这些碰撞与冲突导致许多国家的法律改革停留在表层，或者令法律制度与法律文化不符的情况大量产生。例如，伊斯兰法奖励公平交易，但禁止利息，并且认为借贷发生后，要贷款人耐心等待，若借款人无法还款，贷款人应该放弃全部或部分贷款，作为对借款人的施舍。这样的规定显然与现代法律价值不符。为此，人们以"重复买卖"（Murabaḥah）的方式来规避这一规定，实际上是贷款人提供贷款时，采用被伊斯兰法允许的信

---

① 参见高鸿钧：《伊斯兰法：传统与现代化》，清华大学出版社2004年版，第388—410页。

用销售(Credit Sale)的形式来获得贷款还款的担保。①

　　在"一带一路"步入深度发展阶段的大背景下,我国企业的许多项目投往孟加拉国、马来西亚、印度尼西亚,以及阿拉伯世界的众多穆斯林国家与地区,了解伊斯兰法律文化环境对那些企业的法律风险管理非常必要。伊斯兰法律的与宗教和道德密切关联、理论和时间的灵活性等特性都是我国法律制度体系及文化所没有的。这样差异巨大的法律风险环境需要企业深入这些国家的机关、社会组织和民众中,观察"现实版"的伊斯兰法律,获得经验性的法律风险管理措施。

　　以上重点梳理了当代世界三大主要法系的法律环境。虽然这三大法系对世界各国法律制度及法律文化的影响甚广,但并不意味着世界各国仅受它们所属法系的影响而表现出法律制度及法律文化环境的趋同性。事实上,社会结构、历史传统、文化理念、价值取向、经济基础等各方面要素对不同国家法律制度和文化的影响不容小觑,从而导致不同国家的法律文化表现出多样性与复杂化。一方面,法律文化与各个民族、国家和地区的居民的生活习俗、经济水平、政治形态、社会发展等整体文化的状态紧密相连。世界上有多少个民族、国家和地区,就必定会存在多少种法律文化环境。因此,法律文化环境不会是单一的,而必定是多元的。另一方面,世界上存在着的各个民族、国家和地区的法律文化,在其诞生、发展和演变的过程中,也必定会受到其他民族、国家和地区的法律文化的影响,因而在其自身的法律文化中,或多或少地带有其他法律文化系统的因子。同时,世界各法律文化系统之间也会互相影响、彼此交融,从而形成各种不同的混合的法律文化。② 历史上曾经辉煌的其他法系,如中华法系、印度法系、犹太法系、非洲法系等,对各国习惯法及其法律文化的影响就不容忽视。中华法系在历史上不但影响了中国古代社会,而且对今天的中国、日本、朝鲜和越南也具有着不小的影响力。亚洲与非洲的一些国家和地区的法律,往往兼有西方某一法系与原有的宗教法系的特点。例如,印度法律以普通法系为主,兼具印度法系的特征;叙利亚法律以大陆法系为主,又有伊斯兰法系传统。再如,印度尼西亚将荷兰的民法和伊斯兰教的"沙里亚"融合在一起;菲律宾的法律包含了西班牙法、美国法和"沙里亚"的要素。这就需要企业在法律风险识别的过程中,不仅需要关注东道国所属的法系,更应该深入了解

---

　　①　Usmani;Taqi:*An Introduction to Islamic Finance*. *Creative Commons Attribution-No Derivative Works* 3.0,p.65,Retrieved 4 August 2015.

　　②　何勤华主编:《混合的法律文化》,法律出版社 2008 年版,序言。

东道国深层次的法律文化,关注不同投资国家法律及法律文化的差异性。

三、变化中的国际法律风险环境对法律风险识别的影响

任何法律风险识别和管理活动都必须从客观出发。外部法律风险环境左右着企业法律风险识别和管理活动的部分方向与内容,同时影响着企业法律风险识别与管理的决策和方法。"靠山吃山,靠水吃水"的同时,"山""水"的风险必须提早知晓并加以防范。国际法律风险环境与企业法律风险识别及管理存在着相互影响和作用关系,一定条件下,对企业的法律风险管理具有决定作用。国际法律风险环境内涵丰富、变化多端。海外企业不仅需要关注国际法律制度环境,特别是东道国子环境,还需要通过经营活动,不断观察这些制度在特定国家文化背景影响下表现出来的法律文化环境,视情况将它们都纳入法律风险识别的范围。此外,企业还需密切关注它们变化的情况和趋势,评估对企业的影响和作用。

现阶段,中国国内经济和海外投资的明显增速,令一些国家对中国政府鼓励对外投资的态度产生疑虑,从而"贴标签"式地对中国海外投资企业的态度发生很大改变。这些变化对中国企业影响巨大,海外投资企业有必要加强对这类变化的理解,加强风险动态监控工作。同时,国际环境的巨大变化也给国际投资法律风险环境带来深刻影响,表现出一些新的动向和趋势。

首先,各国对外国投资安全审查政策的强化,增加了中国企业投资准入的难度。企业的境外投资计划一旦进入东道国投资安全审查程序,往往会引发政治和社会风险等连锁反应,利益集团、媒体、公众都可能影响投资的最终结果。中海油并购优尼科案、海尔并购美国家电生产商美泰克案、西北有色并购美国优金公司案等,都是这类风险的典型案例。

其次,国际投资中的国有化趋势抬头,正不断困扰着我国海外投资企业。随着中国企业对外投资的范围和规模的扩大,国有化成为企业不可忽视的潜在风险。

再次,国际恐怖主义抬头,恐怖活动增多,时刻威胁我国企业财产及人员生命安全。美国咨询公司盖洛普(Gallup)发布的 2018 年《全球法律与秩序》报告显示,北美地区法治环境和治安状况最好,东南亚排第二,东亚、西欧排第三,玻利维亚、塞拉利昂、博茨瓦纳、多米尼加、墨西哥、南非、利比尼亚、加蓬、南苏丹、阿富汗等国家(地区)的法律与秩序指数排名全球垫底。① 该

---

① "2018《全球法律与秩序》报告发布:新加坡治安世界第一,留学多了一个理由",http://www.sohu.com/a/234647927_155266。

评估报告的数据采集涵盖 142 个国家与地区的 148000 人,内容涉及是否遭遇犯罪和求助的情况,以及被调查对象的主观安全感受。类似这样的评估报告可以作为企业分析与评估企业宏观法律风险环境的重要参考。

最后,国际社会对企业加强社会责任的要求日益高涨。企业社会责任的要求已经被一些国家明确规定在本国法律制度中。① 其中,社会腐败越来越成为投资东道国民众零容忍的社会风险之一。在 ICSID 中心审理的 Wena v. Egypt 案中,一方当事人首次将腐败作为抗辩理由。② 1992 年至 2013 年,ICSID 中心有近 20 个裁决案件涉及腐败问题。其中,15 个案件均由东道国以涉案合同或交易涉及腐败为由提出抗辩,或者要求撤销裁决。审理这些案件的仲裁庭大多裁决自己对案件没有管辖权。仲裁庭拒绝管辖的理由大致可归纳为以下几个方面:(1)违法行为不产生诉因。仲裁庭认为,以贿赂方式签订的投资合同违背投资东道国国内法,案件申请方不应享有任何请求赔偿的权利。(2)即使贿赂不违反部分国家的公共政策,也与大部分国家的公共政策是相悖的。换言之,贿赂和腐败行为违背国际公共政策。(3)东道国官员的索贿行为不能被认定为属于东道国国家责任。③ 从 ICSID 中心对腐败的态度可以看出,国际仲裁机构不姑息腐败对国际投资活动所带来的负面影响。这一态度应当引起我国海外投资企业的注意。当前,我国很多投资流向法治不尽完善且腐败行为发生概率较高的国家,投资涉腐将面临极高的社会风险和法律风险,因为几乎所有东道国的法律都规定腐败属于违法行为,而大多数国家间的双边投资条约都有要求本国投资者"遵照东道国法律法规"的规定。由此,企业的任何涉腐投资都可能因有违国际投资协议中的规定,被排除在"适格投资"范围之外,从而无法依据双边投资协定,获得外国投资保护优惠或者投资母国的外交保护;同时,可能也无法获得类似 ICSID 中心这样的国际仲裁机构的投资争议管辖。④ 换言之,海外投资者在投资中若涉嫌腐败,投资中遭遇

---

① 参见埃及《投资法》第二章第三节"投资者的社会责任",http://images.mofcom.gov.cn/eg/201708/20170810165157735.pdf。

② Wena Hotels Limited v. Arab Republic of Egypt (ICSID Case No. ARB/98/4),Para. 46.

③ 银红武:"ICSID 仲裁庭应对东道国腐败抗辩的困境及其解决——以仲裁庭对涉腐投资主张无管辖权为切入点",载《湖南师范大学社会科学学报》2019 年第 4 期。

④ 例如,Inceysa v. El Salvador 案的仲裁庭认为,萨尔瓦多共和国与西班牙在 1995 年缔结的双边投资条约所约定的受 ICSID 管辖的同意,不能扩展至通过欺诈手段作出的投资。该投资违反了萨尔瓦多法律,不是适格的投资,故仲裁庭裁定对该案无管辖权。Inceysa Vallisoletana S. L. v. Republic of El Salvador, Award, August 2,2006. para. 83.

东道国违约等不公正待遇时,即使投资者将这一投资争议提交国际仲裁机构,东道国也极有可能以腐败抗辩来挫败外国投资者诉请国际仲裁救济的图谋。[1]

面对国际投资法律风险环境的新变化,海外企业除应密切关注并评估这些变化对自身的影响外,还需要严格遵守相关法规及国际标准。海外企业不仅应将这些规则或者标准视为企业的自觉行为,而且应明确,遵守这些规则或者标准是企业践行合规经营承诺的重要表现。

---

① 银红武:"ICSID 与内国执法机关间反腐协作机制的构建:缘起、法律基础与策略",载《武大国际法评论》2020 年第 2 期。

第五章　海外投资企业法律风险识别方法

　　工欲善其事，必先利其器。如同中医"望闻问叩切"五诊法，法律风险识别工作也需要采用合适的识别方法和实施步骤，方能实现法律风险识别的目的，满足企业法律风险管理与合规管理的需要。

　　法律风险识别有多种不同识别方法，不同识别方法各有优势与不足。法律风险识别方法的选择不当，可能造成识别结果的错误或者偏差，影响法律风险管理与合规管理效果。海外企业法律风险识别在方法选择上，必须考虑法律风险与其他风险之间的关联性和其自身特性，符合法律风险管理的要求，实现法律风险识别的目标，并体现法律风险识别的各项原则。选择法律风险识别方法，应该立足海外企业需要和现实基础，从获得外部法律风险和企业内部法律风险的结果需求角度，综合选择适用不同的风险识别方法。企业选择法律风险识别方法时，还需要考虑为法律风险识别投入的人力、物力因素，过度增加法律风险识别的经费或者工作量，会引起企业收益下降，从而挫伤企业法律风险识别和管理的积极性。由此，风险识别人员对法律风险识别方法的研究至关重要，必须根据实际条件，选择最适合企业情况的识别方法或者识别方法组合。本章同时引入我国一起海外投资失败案例，拟通过分析该案例的失败原因，评价海外企业在选择法律风险识别方法时的考虑因素。

　　无论运用哪种风险识别方法，都需要遵循一定的风险识别步骤。企业应在满足法律风险识别内在要求的前提下，遵循"寻找风险、描述风险和确认风险"的思路，按照风险信息收集筛选、风险识别方法选择、法律风险识别与分析、汇总法律风险识别结果等步骤来识别企业的法律风险。

第一节　法律风险识别方法选择与实施步骤

一、法律风险识别方法概述

法律风险识别方法（Legal Risk Identification Method）是指对企业所处的法律风险环境、法律风险对象和法律风险行为采用分析、判断或者归类的方式，将特定海外企业现实的或潜在的法律风险及其性质、特征、后果等进行甄别与分析时所采用的方法。

法律风险管理领域并没有创设单独适用于法律风险识别的方法。他山之石，可以攻玉。在法律风险识别的方法尚未自成体系的情况下，其他学科的研究方法或许能够为法律风险识别方法的选择提供参考或借鉴。从学科分类的角度上看，法律风险管理属于法学和风险管理学的交叉学科。法律风险识别能够运用法学的某些分析或者研究方法来识别风险。同时，法学是社会科学的分支学科之一，社会科学的研究方法，如观察法、调查问卷法、访谈调研法等，也可以被借鉴用于对法律风险的识别。法律风险同时也是风险识别和管理的对象。风险管理中的风险识别方法，如德尔菲法、事故树法、幕景分析法等，也可以运用于法律风险识别。

风险识别方法各具特色，又都具有自身的优势和不足。任何一种风险识别方法都有其优势与特长，但任何一种方法都无法穷尽企业面临的所有法律风险。因此，对法律风险进行识别，可以采用不同方法，多角度、多层次地探析企业面临的各项法律风险。不同类型识别方法的运用，将有助于从不同视角观察、探析企业在运营和管理环节存在的法律风险因素、法律风险表现及法律风险所致损害结果。面对国际复杂多变的风险环境，若仅凭员工与管理者的感官感受、经验等来判断企业是否存在法律风险及存在何种法律风险，显然无法适应现代企业精细化管理的要求。发展更加科学、准确的法律风险识别方法，构建符合企业情况的法律风险识别方法体系，有助于企业进一步完善其法律风险管理体系与合规管理体系。

二、法律风险识别方法选择依据

法律风险识别方法的选择，与人们对法律风险的认识和法律风险管理观念的差异密切相关。通常，那些认为法律风险具有主观性，是由特定社会与文化因素所构成,随人类社会与文化环境的不同而不断发生变化的人,会倾向于采用人员访谈法、专家调查法、案例分析法等定性识别方法来识别法律风险。运用这些方法有助于区分海外企业法律风险的性质和类型。相反,那些认为法律风险具有客观性,风险可用数理统计方法观察和测度的人,会更倾向于采用幕景分析法、财务报表分析法等[①]定量识别方法来识别法律风险。这些方法的运用能直观反映海外企业在经营状况、财务状况等方面的客观情况,强化企业法律风险发生概率、损失度等方面的数据判断依据。

依据法律风险的分类和性质的不同,企业可以采用不同的风险识别方法。企业法律风险识别方法的选择,首先必须符合法律风险的特点,特别是海外企业应从国际化经营的风险特殊性出发来选择风险的识别方法。考虑到企业所处的外部法律风险环境和企业内部法律风险环境存在较大差异,企业可从不同法律风险环境视角,对外部法律风险环境和企业内部法律风险环境采用不同的识别方法。鉴于企业外部法律风险环境具有宏观性、非特异性、不易为企业所控制等特性,识别方法可以选择法律与文献梳理法、案例研究法、专家调查法等方法。鉴于同一东道国、同一行业的外部法律风险具有一定的普遍性的规律,海外企业可参考国家、社会中介、专家学者的研究成果,以及处于同一外部法律风险环境的其他企业的法律风险识别结果,比较是否与本企业的外部法律风险环境及其法律风险相似。对企业内部风险环境,选择识别方法则应注重分析企业内部特有状况,发现企业独有的法律风险。通常,风险识别人员可以采用的风险识别方法有影随法、企业内问卷调查法、人员访谈法、流程图法、财务报表分析法等。

法律风险识别也可基于识别目的视角,对不同目的下的识别方法进行选择。若为探寻法律风险发生因素,企业可以采用事故树分析法、工作分解结构法、流程图分析法等;若为评估法律风险造成的损害结果,企业可以采用案例分析法、因果图法等。

三、法律风险识别实施步骤

法律风险识别是系统、持续地寻找风险、描述风险和确认风险的活动过程。为了确保全面识别海外企业所有可能的法律风险、风险事件、发生

---

① 参见汪忠、黄瑞华:"国外风险管理研究的理论、方法及其进展",载《外国经济与管理》2005年第27期。

因素和风险结果,法律风险识别应遵循一定的实施步骤。虽然不同风险识别方法可能有符合特定识别方法的具体的操作步骤,但是大多数法律风险识别方法在实施时,仍遵循一般规律和常规操作步骤。

（一）风险信息收集筛选阶段

法律风险识别团队在开展海外企业法律风险环境识别工作前,需要确认企业内部与外部法律风险环境的范围和风险识别的对象及内容;同时,可按照空间、时间和海外项目生命周期的各个阶段及不同性质的法律风险类型,明确不同风险识别人员风险识别的内容和对象,尽量做到不遗漏重要的法律风险识别对象。

法律风险识别建立在大量资料与数据的基础之上,收集、处理并生成为各个法律风险识别方法所用的信息是一项重要工作。法律风险识别中的很多方法离开了数据支撑,或者数据和信息占有不全面,将直接影响风险识别活动的开展,并影响结果的准确性。因此,海外企业应当注意法律风险识别信息数据库的建立和相关数据的收集、整理,成立专门的信息收集、处理部门,借助各类信息平台来扩展信息收集的渠道。企业可对海外投资的内部与外部信息建立不同的信息获取途径,如文件、邮件等途径用于企业内部信息的收集,网络媒体、电视新闻等途径用于外部信息的收集;建立初步信息筛选工作机制,过滤无用信息并缩小查询范围;加强有用信息的整理和汇总并及时反馈信息,增加信息的利用率。为此,企业应对不同来源的信息进行分类,可根据信息利用的目的、利用方式,或者按照不同风险识别方法等进行归类。例如,可按照法律风险的不同分类方法进行归类,或者通过识别内部与外部法律风险环境,将信息收集、整理划归不同部门、人员负责。

（二）风险识别方法选择阶段

法律风险识别团队在积累一定风险信息后,可视风险情况和海外企业内外部环境及风险识别目标,选择不同的风险识别方法,对处于不同法律风险环境的法律风险表现、法律风险事件及各种法律风险可能发生的因素进行分析。由于法律风险因素具有一定的偶发性,企业上述风险识别的对象并非轻易显现,需要法律风险识别团队进行实时观测、记录和分析,尽可能揭示不同风险因素之间的关系。风险识别的方法具有各自优劣特性,法律风险识别团队可以以一种方法为主,以其他方法为辅;也可以在不同阶段,采用不同的风险识别方法;甚至可以同时结合使用几种风险识别方法,如法律与文献梳理法经常和案例研究方法同时使用。

（三）企业法律风险分析阶段

法律风险识别包含两个阶段，即感知风险和分析风险。其中，感知风险是基础。通过以上两个阶段的活动，企业基本能够实现对法律风险信息的调查和了解，完成企业是不是存在法律风险的初步判断。法律风险识别的第二个阶段是分析风险，查找导致法律风险暴露的各种因素，确认法律风险性质及其产生原因与风险暴发条件，形成法律风险发展变化的规律画像，甚至对法律风险的主要影响因素及其对海外投资企业法律风险的影响方式、影响方向、影响力和后果等进行预测。简言之，这一阶段就是对确定的法律风险事件归类，提炼出不同类别法律风险的各种属性的过程；通过对识别出来的法律风险进行分组或归类，为风险分析、量化、评价和管理奠定基础。法律风险分析阶段包含着对法律风险事件的发展过程及结果之预测，是对法律风险的深层次分析与推断。若海外投资企业法律风险产生的制约因素发生变化，企业应在分析阶段及时调整风险识别清单，将可能产生的新的风险源列明，并归入特定法律风险分类。法律风险的分类是一个不断改进和完善的过程。每一类别的法律风险都可以根据海外企业识别或者后续管理需要作进一步细分。不同风险类别也是企业各种法律风险识别框架的基础。由此，法律风险初次分类的结果可能与最终法律风险清单呈现的结果大相径庭。

法律风险分析阶段与风险评估不能完全区分开来。在法律风险初始清单形成后，法律风险识别团队可将清单发放给不同专家或者企业内部不同部门管理人员和普通员工，开展对清单列明的法律风险的分析判断和甄别活动，明确企业可能面临的所有风险，估计法律风险事件的发生概率及损失程度，形成法律风险等级，并提出应对和防范措施。

（四）法律风险识别结果阶段

海外企业在经过以上几个步骤后，可以在完成风险识别工作的基础上，形成法律风险识别的结果，即法律风险识别清单（The Legal Risks Identification List）和法律风险识别报告。

法律风险识别的步骤并非严格区分、不可逾越，也并非一次完成，而应作为海外企业持续性、制度化的工作。为减少法律风险识别人员主观原因所导致的风险识别结果的偏差，每次参与法律风险识别的人员可以在保持人员稳定性的基础上，吸收不同专家或者不同专业背景的人员，确保法律风险识别的广泛性和客观性能够真正落实。

第二节　外部法律风险环境的识别方法

在企业海外投资面临的各类法律风险中,不了解东道国的投资法律环境、不熟悉投资项目情况、缺乏对政治风险的研判等,往往是导致我国企业境外投资失利的直接原因。我国大多数海外投资企业都存在对法律风险认知与评价不足的问题。对于这些企业外部环境因素所导致的法律风险或者损失,有必要运用外部法律风险的识别方法,直接获取企业投资中的一般法律风险信息。

识别企业外部环境法律风险的方法多样,包括但不限于法律与文献梳理法、专家调查法、案例分析法等。

一、法律与文献梳理法

法律与文献梳理法是指法律法规、文献资料梳理法,它通过对企业海外投资项目所涉的国际条约、东道国及投资母国政策和法律制度、行业规定、相关研究文献的信息汇总、归类或深入研究,搭建海外企业法律风险识别框架,梳理法律风险环境中的各类法律风险及其产生原因。在开展各项法律风险识别工作前,法律风险识别者应当首先进行以海外企业或法律风险行为为中心的法律与文献资料的搜集、整理、分析及提炼工作,如相关的法律风险研究成果、相关领域研究论文,以及海外企业从各种渠道收集的相关文字文献、数字文献、图像文献、有声文献资料等,从中发现这些文献资料中的法律风险描述。由于法律制度研究和文献资料凝聚了前人研究的经验与智慧,法律风险识别者容易比较快速、高效地了解企业外部宏观法律风险环境的一般状况,形成投资目的地国家法律风险的一般印象,尽快确立法律风险识别的方向和大体范围,为后续采用其他风险识别方法,如现场观察法或者访谈法,提供理论基础。

（一）法律与文献梳理法的实施基础

随着海外投资的深入推进,有关企业外部法律风险环境的研究文献越来越丰富。我国政府也在不断努力,并已取得不菲的研究成果。以商务部2008 年开始组织编写的《对外投资合作国别(地区)指南》为例,其每年根据目标国家对外投资情况,不断更新相关内容和信息,已推出第 16 版。截至 2024 年 12 月 1 日,《对外投资合作国别(地区)指南》已经覆盖 196 个国家和地区①,可以满足中国企业认识海外投资外部法律风险环境的一般需要。又如,自 2015 年开始,中国国家税务总局陆续发布《国别投资税收指南》,结合各国税收法律政策及其变动情况,通过多方资讯渠道,广泛收集境外投资目的地国家现行税收制度、双边税收协定(协议或安排)、投资涉税风险及税收争议解决等内容。② 截至 2021 年 6 月 6 日,《国别投资税收指南》已覆盖 104 个国家和地区。③ 再如,中国国际贸易促进委员会发布的《对外投资国别地区营商环境指南》通过系统介绍有关国家和地区的经贸概况、吸收外资环境和政策、中资企业发展状况、中资企业融资与投资风险防范等内容,帮助企业提前了解、熟悉、掌握投资东道国营商环境。以上各种指南从不同专业视角,为企业初步了解东道国政策与法律风险环境提供了方向和指导。但是,企业若前往东道国国内开展长期投资运营活动,以上文献研究尚不能完全满足企业准确认知外部法律风险环境的需求。法律与文献梳理法用于识别企业外部法律风险环境,应当成为企业自身主动、独立承担的任务,企业应以投资项目为核心,确定外部法律风险环境的识别范围,充分运用此方法来深入细致地开展法律风险识别活动。

(二)法律与文献梳理法在海外企业法律风险识别中的运用

法律与文献梳理法包含着对海外企业面临的大量与其日常经营管理相关的法律法规的全面、系统之梳理。企业的法律风险常常来自法律法规的义务要求或者权利授予,"这是企业的法律风险区别于企业的其他风险的一个最根本的特征"④。海外企业对文献资料的梳理和研究,也有助于其后期制定风险管理措施,为比对海外企业的行为是否合规提供判断依据。学术文献都是非常好的认识企业外部法律风险环境的背景资料。其中,部分文献可能专注于对某个国家的法律风险环境的国别研究,部分文献则开展对某个或者某类海外投资法律风险的研究。通过梳理,企业能获得不同侧面、不同角度的海外投资法律风险识别和管理信息,为后续其他识别工作的开展奠定基础。由此,法律与文献梳理法既可用于识别宏观及中观法律风险环境,又可用于识别单一法律风险。以下结合实例,分别探

① 参见商务部"走出去"公共服务平台,http://fec. mofcom. gov. cn/article/gbdqzn/index. shtml。
② "国税总局国际司司长详解《国别投资税收指南》对企业有什么用",http://www. sohu. com/a/229653898_118622。
③ 参见国家税务总局网站,http://www. chinatax. gov. cn/n810219/n810744/n1671176/n1671206/index. html。
④ 陈丽洁:《企业法律风险管理的创新与实践——用管理的方法解决法律问题》,法律出版社 2009 年版,第 35 页。

讨这一方法在行业法律风险环境下的运用，以及对单一法律风险的运用。

【示例1】企业赴塔吉克斯坦共和国开展农业投资外部法律风险环境识别

对企业海外投资行业法律风险环境的识别，离不开对宏观法律风险环境的识别和对具体行业法律环境的认识。由此，对塔吉克斯坦共和国农业投资外部法律风险环境的识别可遵循以下步骤：

第一步，了解塔吉克斯坦共和国国情和基本法治环境。

塔吉克斯坦共和国的国土面积为 14.3 万平方公里，是中亚面积最小的国家。尽管成为主权国家的时间不久，但该国已经基本建立起一套较为完整的法律制度体系，部分制度和立法理念正努力向国际标准靠拢。同时，塔吉克斯坦共和国目前仍处于转轨阶段，法律制度的修改和更新速度较快，司法体系也在不断完善中，表现为单独立法数目众多、法律更新速度快。该国法律制度体系不完整、法律缺乏明细规定、法律规定与实际情况脱节、同一对象不同职能部门重叠管理、执法部门选择性执法及执法效率差等问题突出。

第二步，确认塔吉克斯坦共和国农业投资活动政策和法律制度体系的范围。

截至 2020 年 9 月 24 日，相关法律数据库收录的塔吉克斯坦共和国的政策、法律约为 621 部。[①] 以塔吉克斯坦共和国议会颁布或修改各类法律的条目为依据计算，该国各类法律、修正案、政府公报、备忘录、示范合同等共有近 5000 份。[②] 该国农业投资相关的法律制度涉及宏观投资政策环境，鼓励中小企业创业、就业促进政策，粮食安全政策，农业各产业发展规划，农业投资主体（如德赫坎农场、农业工业综合体）制度，农业土地管理制度（特别是外国人土地使用权制度），水资源管理制度，与农业生产相关的其他自然资源制度，与农业投入品相关的（种子、动物育种、农药和农业化学品）管理制度，农业生产监管与保护制度，以及与农业投资和贸易相关的制度。面对如此庞大的制度体系，企业需要依据经营行为和该国管理体系要求，进行深入细致的梳理。结合企业投资塔吉克斯坦共和国农业项目的需求，农业相关制度是梳理和研究的重点，某些制度需要引起企业高度重视。例如，农业生产用地中的土地法律制度可能就蕴含较大的法律风险。塔吉克斯坦共和国对外国人使用土地规定了不同于本国人的制度。中国企业在塔吉克斯坦共和国开展农业生产应以何种形式获得土地使用权、如何正确使用和保护土地及土地之上的建筑物、附着物等问题，都需要企业研究相关制度后，开展进一步的风险识别与评估活动。

由于聚类研究或具象分析是很多文献分析的基本方法，因此法律与文献梳理法对单一法律风险的识别也具有优势。海外企业可将学界对单一

---

① 参见塔吉克斯坦共和国法律数据库，http://base. mmk. tj/view_sanadholist. php。

② 参见独立国家联合体法律数据库，http://base. spinform. ru/spisdoc. fwx? countryid＝9。

法律风险的识别研究成果，运用于对这些法律风险的识别。以下用企业海外投资可能涉及的商业贿赂风险为例，探讨企业如何利用这一方法来开展对单个法律风险的识别活动。

【示例2】海外企业商业贿赂法律风险识别

针对近几年中国海外企业涉嫌商业贿赂及商业贿赂法律风险增长迅速的问题，多位学者展开研究，探讨这一现象的社会成因、各国对这一行为的态度和法律制度规定，以及国际社会相关国际公约规定和国家间的合作。[①] 也有学者立足中国海外企业问题，分析引发这一风险的企业内部管理（如内控审查不严）等问题，以及外部社会风险环境，如这类问题在"一带一路"高腐败国家尤为突出的应对等。[②] 反商业贿赂的法律法规错综复杂，东道国、区域性和全球性的反商业贿赂法律法规已形成严密的反商业贿赂法网是引发这一风险的法律原因。为此，学者们不仅研究美国《反海外贿赂法》、俄罗斯相关反贿赂的法律和实践，而且有对国际上相关反商业贿赂公约进行介绍和研究的成果。[③] 通过研究，学者们共同的研究结论为，海外企业应加强对贿赂法律风险的重视；同时，应建立符合国际法律规范的企业风险防范体系，在会计制度、审计制度和监查制度上予以完善；制定商业贿赂法律风险评估机制、预警机制和应对机制，必要时成立商业贿赂调查部门，以便搜集国际商业贿赂案例，形成海外企业内部反商业贿赂体系等。[④] 类似研究为海外企业商业贿赂的法律风险提供了现象描述、内外因分析和评估应对建议，也为企业开展这一问题的专家调查、问卷调查等提供了参考依据。

（三）法律与文献梳理法的优势和局限性分析

法律与文献梳理法还具有抽样量大、费用低，以及不存在研究对象的"情绪反应"等优点。当然，尽信书则不如无书。这种方法因为大量借助间

---

① 例如，杨先明、郭树华、蒙昱竹："腐败惩治、腐败距离对国际直接投资的影响"，载《财经问题研究》2018年第11期；杨超："意大利反腐败法律的最新发展"，载《中国审判》2020年第7期；王宇石："论国际投资仲裁中的腐败抗辩及其处理"，载《湘潭大学学报（哲学社会科学版）》2020年第2期；王晓峰、阿迪拉·阿布里克木："中亚国家国际投资仲裁中腐败问题研究—以以色列金属技术有限公司诉乌兹别克斯坦案为例"，载《国际法研究》2018年第4期。

② 例如，王玲："国际投资法体系下跨国公司涉及腐败合同的效力性"，载《中外企业家》2013年第5S期。

③ 例如，王志祥、刘婷："跨国公司商业贿赂犯罪：现状、域外治理及借鉴"，载《铁道警察学院学报》2016年第4期；宋寒松、胡健波、唐姚："构建我国企业'走出去'反腐败法律风险防控体系"，载《人民检察》2014年第24期；周琪："美国反腐败机制是如何建立的"，载《中国党政干部论坛》2015年第3期；庞冬梅、［俄］塔尔巴加耶夫·阿列克谢·尼古拉耶维奇："俄罗斯反腐败立法规制"，载《学术交流》2017年第4期。

④ 参见王兆忠、孙晨："'一带一路'倡议下我国涉外企业商业贿赂法律风险的识别与防控"，载《长江论坛》2019年第3期。

接经验,所在存在缺乏直观感与现实感的缺陷。风险识别者容易受到相关文献作者的思想倾向之影响。在文献资料短缺时,部分研究可能误导企业对特定领域的法律风险情况的预判,或者因缺乏相关研究而无法采用这一风险识别方法。相反,在文献资料过于丰富的情况下,海外企业同样需要花费大量时间和精力去整理与甄别,不能完全确保法律风险识别的系统性和全面性。

二、专家调查法

法律风险识别很多属于定性研究,并依赖行业专家或法律风险专家的意见和经验。由此,专家调查法是法律风险识别中较为常用的风险识别方法。另外,大多数专业领域专家来自科研院所或者政府机关、服务机构,即使非常熟悉常规企业的经营管理运作,也往往无法对特定企业内部的法律风险表现如数家珍。所以,本书将专家调查法作为识别企业外部法律风险环境的常规方法进行探讨。

专家调查法是一种通过征集一定数量的专家意见,作为企业法律风险识别、评估和决策依据的风险识别方法。专家调查法的显著特征是集中专家意见,为企业法律风险识别活动提供方向或线索指引,或者提供法律风险识别的内容。专家调查法可以通过多种形式开展,德尔菲法和头脑风暴法是较为常用的专家调查法。

（一）德尔菲法

德尔菲法（Delphi Method）是众多专家就某一主题达成一致意见的一种方法,它属于主观预测方法。20 世纪 60 年代,美国兰德公司（Rand Corporation）首次使用该方法进行定性预测和评估风险。因实践效果较好,德尔菲法迅速得到广泛传播,并应用至各领域的综合评价实践。它以书面形式,背对背地分轮、多次征求和汇总专家意见,通过组织者多次汇总专家意见,归纳和反馈回专家,使专家意见趋于一致,作为最后预测和识别的依据。[①] 当专家意见逐渐趋于一致后,组织者基本可以形成项目的初步风险清单。德尔菲法吸收不同的专家与预测结论,充分吸纳专家经验和学识,加上匿名性、多轮反馈性、结果统计性等实施机制,保证了组织者得到的是较为客观、专业性强且有着高可靠性的集体判断结果,能够更有效地达成企业早期识别及应对风险的目的。

---

① Julie Macfarlane; John Manwaring; Symposium; Reconciling Professional Legal Education with the Evolving (Trial-less) Reality of Legal Practice, 2006 *J. Disp. Resol*, p. 253.

德尔菲法在内容、方法和程序上的独特优势,使其具有一定的科学性和实用性,是解决非结构化问题的有效手段。[1] 它是一种主观的定性分析方法,能够取各家所长,充分吸收专家意见,形成对法律风险一致的定性结论。将德尔菲法用于企业外部法律风险环境的识别具有如下优势:它采用匿名方式,收集国际法律专家、专业领域研究专家、精通企业经营管理专家等各领域人士的意见,使专家评估意见能以更客观、更真实、更准确的方式呈现出来,确保集中特定法律风险识别领域内一定数量的不同背景的专家智慧来集思广益,并由专家相互匿名、独立判断,给出量化的评估意见;同时,它的反馈机制与信息统计特点能够保障专家有机会修正观点,对某一领域的风险,形成全面、共同意见。这样经过反复几次调查评估之后,"取其所长,补其所短",海外企业就能汇总得出接近现实情况的外部法律风险识别清单或者评估报告。

德尔菲法用于企业外部法律风险环境识别时,可大体遵循以下流程:

第一步,法律风险识别团队根据企业外部法律风险环境识别目标,筛选并邀请一定数量法律专家、风险管理专家、行业领域专家组成专家库。若识别企业内部法律风险环境中的法律风险,企业内高管和各部门(如财务、技术、知识产权、销售、人力资源等)的主要负责人均应包含其中。海外企业应告知专家法律风险环境识别的目标和相关要求,并提供必要的信息和资料。

第二步,专家以背景信息、资料为基础,依据专业领域知识与行业经验,提供若干法律风险识别框架或者识别思路,提出法律风险点,形成初次法律风险识别结论,并提交给法律风险识别团队。法律风险识别团队也可提前根据拟调查的内容,设计法律风险调查问卷。法律风险调查问卷可以采用多种形式,以便提供更多思路给专家思考并作出判断。

第三步,法律风险识别团队汇总专家意见,反馈至各专家,进行第一次专家意见之间的横向比对;然后,提出更多问题或修改问题,组织第二轮调查,进一步向专家征询意见。如此反复三至四个回合后,在专家意见比较一致、协调,或者达成共同意见时,法律风险识别团队即可停止意见征询。法律风险识别团队将根据最后一轮的调查结果进行分析和数据处理,得出对特定法律风险环境的定性与定量评价或预测结果,形成风险预测报告。通过这种"化零聚整"的形式,法律风险识别团队延伸了专家意见的广度和

---

[1] 高晓康、张今渡、施雨辰:"粗糙集理论在注射成型中的应用",载《模具工业》2007年第5期。

深度,并弥补了不同专家专业知识的短板和实践经验的欠缺。

德尔菲法在企业外部法律风险环境识别时也存在如下缺陷:

首先,德尔菲法获取的结论毕竟来自专家们的主观判断结果,可能存在与实际情况的偏差,虽然这种偏差是所有风险识别方法的共性缺陷。

其次,德尔菲法成功实施的关键之一在于专家意见,所以专家的专业性决定了调查结果的准确性。基于海外投资法律风险识别的专业性和高要求,所选专家的人数和能力受到极大限制。企业也可能受本身能力限制,无法寻找到合适的专家参与此项调查。

再次,德尔菲法的反馈环节试图形成最终的一致意见,但这也反过来使专家们的认识和看法在法律风险识别团队无形的暗示下,不断被修正,从而可能间接抹杀了这一方法的创新性与独立性。

最后,德尔菲法在实施过程中也存在过程复杂、花费时间较长等弊端。①

（二）头脑风暴法

头脑风暴法(Brain Storming),又称集思广益法,是由美国 BBDO 广告公司的奥斯本(Adam Osborne)于 1939 年首次提出的,并从 20 世纪 50 年代起广泛应用。这种方法采用专家会议的形式,会议主持人首先需要激发专家们的"灵感",通过专家之间的信息交流和相互启发,形成信息流。不过,必须打破常规从众心理的"群体性"思维模式。这种方法更鼓励专家思维高度活跃,避免与会专家成员之间的心理暗示和相互影响,从而获取数量较大,并且具有风险预测和识别结果的结论。

头脑风暴法运用于识别企业外部法律风险环境,具有和德尔菲法同样的优势,即通过专家打破常规思维模式、鼓励灵感"再现",通过会议碰面形式,以及通过与会专家的互相启发,得到对法律风险识别多维度、方向性的启发。头脑风暴法主张多角度、多方位、多层次的设想,并对任何设想不马上进行价值判断,仅为后续工作提供思路与线索。由此形成的企业法律风险及其类型仅记录在案,留待后续其他法律风险识别方法印证。显然,头脑风暴法的缺点也非常明显,头脑风暴获得的大量思维启发就是此种方法的最直接结果,是否准确、是否符合企业情况等,都需要其他风险识别方法进行验证。同时,头脑风暴法也不能寄希望于一次专家会议就实现全部的风险识别目的。

---

① 田军、张朋柱:"基于德尔菲法的专家意见集成模型研究",载《系统工程理论与实践》2004 年第 1 期。

三、案例研究法

案例研究法,又称为案例法,由美国哈佛大学法学院首创,这一方法作为法学研究方法得到广泛重视。对于海外企业,投资以英美法为背景的东道国,案例可以直接作为法律加以适用。由此,法律风险识别应当重视对相关案例的研究。海外企业已经发生的纠纷、诉讼等,是海外企业显性法律风险的直接体现。海外企业通过对这些案例的分析与归纳,能快速积累海外投资经验,为类似投资提供法律风险点参考,并及早暴露企业投资中的问题,分析海外投资中的法律风险特征与规律。海外企业对以往纠纷案例的分析与汇总工作,也有助于挖掘其隐性法律风险,为后续法律风险识别工作确定识别的重点与方向。案例研究法还能够给法律风险识别者提供较为系统的法律风险结论或者观点,并通过完全直接地对研究对象进行考察与思考,建立起比较深入和周全的理解。

不过,案例研究没有一种标准化的数据分析方法依托,所进行的归纳常常不是统计性的而是分析性的,这必定使归纳带有法律风险识别者一定的随意性和主观性。海外企业纠纷或者诉讼案例的发生往往具有一定的偶然性,以案例为依据的分析结论必然带有一定的片面性。当海外企业所处的司法环境发生变化时,以往的案例则无法构成企业法律风险状况的现实反映。此外,大量的时间和精力耗费是案例研究所必须考虑的现实问题。

第三节　内部法律风险环境的识别方法

企业内部法律风险环境通常具有可预见性、可控制性和可调节性。但是,对于首次走出国门的企业,海外投资完全是陌生的,并无既有管理经验可供借鉴。同时,相比外部法律风险环境,海外企业内部法律风险环境的独特性和企业间的差异性明显。海外企业是否能够有效识别内部法律风险环境中存在的法律风险,才是真正考验法律风险识别团队能力,以及关系企业法律风险管理成效的重要环节。为此,需要选择合适的风险识别方法,为企业内部法律风险识别助力。

结合企业内部法律风险环境的特点和识别原则要求,影随法、问卷调查法、人员访谈法、观察法等研究方法非常适合在内部法律风险环境识别中运用。不过,每种研究方法适用时,都应当考虑其优劣,综合加以选择运用。

一、影随法

影随法（Shadowing）是影随者（the Researcher or the Shadower）在一段时间内，对某个组织或者群体的特定研究对象（a Shadowed Individual，被影随者）采用跟随方式，近距离观察、记录其言行，通过交流并结合其所处环境及背景，全面分析被影随者行为的目的、意图的一种研究方法。由于影随者需要在研究期间像被影随者的"影子"（Shadow）一样，伴其左右，因而得名影随法，取其"如影随形"之意。

影随者一般从被影随者进入工作场所工作时就开始其跟随、记录活动，直到被影随者离开工作场所为止。影随长短视研究需要而定，或者一天，或者几个月不等。被影随者可能是某特定个体，也可能是某群体或某公司的多个人。影随者可以采用录音、录像或者文字记录的方式，如实记录（记载）被影随者在影随期间的所有语言、活动（如各类文案工作、会议、会见客户、谈判等），包括其肢体语言、神态等。被影随者的所有外在表现及所处的公司（组织）的设置、环境背景安排等要素，共同构成影随者的观察视角，形成丰富的研究背景。影随活动结束时，影随者将获取密集、多角度的一手信息，成为定量或者定性分析的基础性数据。

与其他研究方法相比，影随法具有如下特性：

（1）影随法是定量和定性方法相结合的研究方法。影随法不同于传统的定量研究方法（Quantitative Research），也不同于传统的定性研究方法（Qualitative Research）。定量研究的目的在于检验事先提出的假设正确与否，最终支持或反对假设。定量研究的测量工具相对独立于研究者，研究者不一定亲自从事资料筹集工作。定性研究是依据一定的理论与经验，从事物的内在规定性角度来研究事物，直接抓住事物特征的主要方面；研究者与研究对象的关系密切，研究者本身就是测量工具。尽管影随法需采用定量研究中的观察、调查、统计等方法，满足研究结果的客观、中立、严密等要求，但是用影随法获取的数据往往比用定量方法获取的数据更为直接而详尽，甚至能得到其他方法无法获取的数据。[1] 影随法是集定性和定量方法于一身的研究方法。从影随的过程来看，影随活动是影随者有目

---

① 影随法不依赖被调查对象的描述形成调查数据，而是直接接触企业中琐碎的、平常的且不易伪造的细节，收集并形成调查数据，这些数据往往用一般的调查方法难以获取。S. McDonald：Studying Actions in Context：a Qualitative Shadowing Method for Organizational Research，*Qualitative Research*，Vol. 5 No. 4，p. 457.

的、有计划地认识被影随者的活动。影随者需要借助定性研究方法,对影随对象和影随内容、性质等进行概括性分析,并借助分析结果,对被影随者开展全面、深入的影随活动,获取的数据信息将为定量分析奠定基础。定量分析的结果将使影随者不断调整对被影随者的认识和研究方向,从而形成对被影随者本质和特征分析的结论。影随法的这一研究过程,恰恰符合定性研究方法和定量研究方法的辩证统一关系,即定性研究是定量研究的基础,是它的指南,但只有同时运用定量研究,才能在精确定量的根据下保证确定性。①

（2）影随法注重对被影随者的直接观察和全面接触,获取全面、真实、丰富的一手信息。与传统的直接观察法相似,影随者需要采用直接观察的方式,近距离记录被影随者在自然状态下的言行举止、神态、活动等。不同的是,影随者还需要探究被影随者的目的、动机及其心理。因而,采用影随法能使影随者获得更为全面的被影随者的信息。同时,由于信息都是在自然而然的背景下获取,不存在对被影随者的强迫,因此调查结果更接近实际。

（3）影随法通过分析微观个体活动和动因来揭示宏观状况。影随者并非仅对企业任何个体（岗位或单元）进行简单调查与分析,而是对该个体关系网乃至企业进行全面判断。通过"一对一"的细微观察,影随者获取的信息与相关背景环境的结合,将促使影随者不仅可以提炼出研究对象的特征性观点,而且能由此考察和分析出其所在的企业或者行业的真实状况,得到普通定性研究方法无法获取的从个体到整体的信息和研究视角。

（4）影随者与被影随者的角色随影随调查而不断调整和变化。影随初期,影随者需要如普通的观察者一样,进行非参与性观察,尽可能不打扰或者不影响被影随者的工作。在影随活动的中期与后期,影随者需要积极主动地开展与被影随者的交流,弥补直接观察的缺陷与不足,探究被影随者行事的原因和所持的观点。此时,被影随者更像是"影随活动的参与者（Participant）",不仅是研究的焦点所在,而且是资源的提供者和影随者影响的对象。站在影随者的角度,影随者或者以观察者身份,直接体验被影随者的职业经历和感受;或者基于自己的专业背景,探究被影随者的行为及意图,并判断它们是否得当,进而影响被影随者。

---

① National Health and Medical Research Council（NHMRC）（2007）, National Statement on Ethical Conduct in Human Research, www. nhmrc. gov. au/_files_nhmrc/file/publications/synopses/e72-jul09. pdf。

影随法最初产生于提高企业员工工作效率的研究中,它通过再现企业某一时段的管理流程和情况,揭示各岗位间的相互依存关系,并解决竞争性的需求问题。这种特定环境背景下的行为研究,为企业员工的行为管理提供了独特视角,与我国海外企业内部法律风险识别与管理的目的和对象并行不悖,即都着眼于揭示企业存在的问题——特别是行为——来发现企业管理问题并提高管理水平。

（一）影随法识别海外企业法律风险的优势

1. 影随法有助于企业获取全面、优质的一手法律风险信息。与其他风险识别方法相似,影随法具有直接观察和全面接触被影随者的特性,但又存在明显不同。相比于直接观察法,二者都需要近距离地观察、记录被研究对象在自然状态下的言行举止、神态、活动等。由于都是在自然背景下获取,不存在对调查对象的强迫,因此识别结果比较接近实际。但是,影随者同时还被要求探究被影随者行事的目的、动机,这将获得更多被影随者的信息。与现场工作日记法（Diary Methods,也称日志法）比较,二者都强调活动记录,但日志法是由被调查对象（记录者）记录自己在一段时间内的工作内容与过程,而影随法是由影随者完成记录。记录主体的客观性保障了影随法的准确性和公正程度远高于日志法。[①]

影随法采集大量企业内部风险信息的特性,已被国外研究者经多次实例证实。[②] 这对于海外企业——特别是投资"一带一路"沿线国家的企业——而言,能够很好地解决一手法律风险信息不足的问题。企业法律风险识别具有高度的信息依赖性。将影随法用于对海外项目的直接现场观察,能够收集全面、鲜活的微观法律风险信息,进而通过分析其环境风险因素,揭示企业所处的内部法律风险环境状况。通过风险识别人员的影随活动,被影随者能够避免对法律风险理解上的偏差,确保信息获取的客观、及时和准确。影随法及时整理数据信息的特性,不但有助于影随者根据影随需求来及时调整工作的重点和方向,得出细致的、具有创新性的研究结论,而且为结论提供了坚实而庞大的数据支撑。

2. 影随法有助于提高法律风险识别结果的预测精度。海外企业法律

---

① C. Eager；C. Oppenheim：An Observational Method for Undertaking User Needs Studies, *Journal of Librarianship and Information Science* 28(11).

② 例如,Walker 等人在 1956 年发表有关一个汽车组装厂 56 个工头的影随研究结果,经后期定量数据分析,形成重大研究成果,并成为组织行为学中的重要方法。C. R. Walker；R. H. Guest；A. N. Turner：*The Foreman on the Assembly Line*, Boston, MA：Harvard University Press.

风险识别常常需要综合运用定量与定性研究方法,结果相互印证,确保风险信息采集与法律风险分析结果的准确性,即访谈法、德尔菲法、问卷调查法、风险案例法等定性方法与情景分析、压力测试等定量方法相结合。只有这样,才能按照法律风险发生的可能性及影响程度,对法律风险进行分析、排序,确定法律风险的发生原因、可能性和损害等级,关注重点法律风险并采取优先控制的措施。影随法的这一优点充分体现了研究方法的综合化,不但可以提供丰富、全面和系统的被影随者的真实工作图景,而且通过这种接地研究,从枯燥的数据中显现出法律风险识别对象的行为模式和目的等。

3. 影随法有助于提升企业法律风险识别能力。影随法具有用被影随者视角来洞察企业(管理)状况的功能,它从被影随者的角度,而不是从影随者的角度或者群体(或组织)管理者的角度,认识或评估被影随者群体或者企业。这种视角有助于发现企业法律风险管理的微观症结,对症下药,制定符合企业各岗位职责所需的风险管理制度和规划。① 影随法具有"体验式学习"(Experiential Learning)的功能。通过观察和交流,被影随者就像信息资源的提供者;影随者既学习了被影随者的职业技能、获得了执业体验,又了解到被影随者的行事方式与动因。影随者的身体、想法、感觉、行动等融入影随活动,并内化为其主观判断的参考。这种"体验"超越了传统的观察法和访谈法。② 具体到海外企业法律风险识别活动,法律风险识别者与其他岗位人员的专业背景、执业经验不同。在风险识别前,法律风险识别者不一定熟知其他岗位人员的工作情况,从而影响其对特定岗位的法律风险判断。同时,其他岗位人员可能也不能完全理解和辨识执业中的全部法律风险。通过"体验式学习"和"角色互换",法律风险识别者将提高对其他岗位人员的工作性质、职责要求的认知度和理解度,"体验"被影随者的工作状况,并从专业角度观察、判断甚至挖掘可能的法律风险。同时,这一过程也有助于加强沟通,增进法律风险识别者与被影随者之间的了解

---

① G. Johnson;L. Melin;R. Whittington:Micro Strategy and Strategizing:Towards an Activity-based View,*Journal of Management Studies* 40(1),p. 17.

② Isabelle Bartkowiak Theron;Jennifer Robyn Sappey:The Methodological Identity of Shadowing in Social Science Research,*Qualitative Research Journal*,Vol. 12 No. 1. 加拿大萨斯喀彻温大学(University of Saskatchewan)的 Elizabeth Quinlan 一篇影随法的论文提到,在进行影随调查的过程中,被影随者非常慷慨地将自己的工作状况真实、全面地展现给影随者;工作间隙,被影随者还向影随者解释他们行事的原因和意图,那些被影随者特别强调或深入分析的部分及他们忽略不提的部分,可能使影随者不断调整研究侧重点和方向。参见 E. Quinlan:Conspicuous Invisibility:Shadowing as a Data Collection Strategy,*Qualitative Inquiry*,Vol. 14 No. 8,p. 7.

和互信,使被影随者变被动为主动地参与法律风险识别活动。这种"换位"有助于转变企业整体法律风险识别和管理理念,转变法律风险管理机构职能,培育企业法律风险管理文化,培养一批熟悉东道国外部法律风险环境和企业内部法律风险环境的识别人员。

4. 影随法有助于海外企业遵循法律风险识别原则。识别法律风险时,海外企业必须遵循基本原则。实施影随法首先符合法律风险识别系统、全面原则,它同时符合法律风险识别多方法综合运用原则。任何法律风险识别方法都有其优势与不足,采用单一识别方法不足以完全辨识企业海外投资的各类法律风险。影随法兼具多种方法的优点,充分体现识别方法综合化的要求。影随法的实施与法律风险识别步骤相符。法律风险识别者先初步确立影随目的和内容,以确定识别的对象和范围,形成法律风险识别的基本框架,再通过对影随对象的细致观察,全面收集企业各岗位法律风险点,经过后期信息的归类、分解,得出法律风险来源、特征和可能结论,形成初始法律风险清单。影随法实施的过程也是法律风险信息不断积累的过程,积累形成的庞大数据基础也是企业法律风险管理与合规管理的重要基础。

影随法对企业内部法律风险环境下的行为研究,为企业员工行为管理研究提供了独特视角,并与海外企业法律风险识别与管理的目的相符。法律风险识别者充分理解影随法的特性并正确发挥其功能,有助于海外企业明确内部法律风险识别范围,提升企业法律风险识别效果。

(二)影随法在海外企业法律风险识别中的运用

20 世纪四五十年代,影随法作为一种定量研究方法[1],产生于企业员工的"动作与时间研究"(Time and Motion Study)[2]。之后,影随法逐步演变为归纳被影随者观点或意图的定性研究方法。由于能提炼出研究对象在纷繁复杂的组织环境下"是什么""怎么样""为什么"的答案[3],20 世纪 90年代开始,影随法被广泛应用于心理学、组织行为学、管理学[4]、信息研

---

[1] C. R. Walker; R. H. Guest; A. N. Turner: *The Foreman on the Assembly Line*. Boston, MA: Harvard University Press.

[2] 即在生产管理中,以设计最佳工作方法为目的,对作业动作和时间进行的测定与研究。参见 http://en. wikipedia. org/wiki/Time_and_motion_study。

[3] H. Mintzberg: Structured Observation as a Method to Study Managerial Work. *Journal of Management Studies*, 7(1), pp. 87 - 104.

[4] L. A. Perlow: The Time Famine: Toward a Sociology of Work Time, *Administrative Science Quarterly* 44(1), p. 80.

究①、社会学、人类学等领域。学者们通过对研究对象细节的观察和记录，探究复杂社会背景下的微观问题。② 影随采集的数据也成为研究结论的数据佐证，增加解释力和洞察力。

近十几年来，影随法越来越多地被组织行为学者应用于对个人的行为管理研究，从而使企业管理聚焦于从单一岗位到企业的多个管理流程，由此评估企业整体管理制度或流程的合理性。影随法的这种由"个体"信息揭示"群体"状况的研究视角，使其不但成为评估公共政策计划、方案实施机制及行为动因的重要工具之一③，而且逐步作为组织行为学研究中的新方法，日益受到广泛关注。影随法也受到许多职业培训机构及大学的关注，它们在职业探索（Career Exploration）活动中开创出工作影随法（Job shadowing）④，以增强影随者对未来职业、自身技能等的理解力。⑤

将影随法引入海外企业法律风险识别领域，必须结合海外投资法律风险和中国企业法律风险识别中的障碍与问题，充分发挥影随法的功能，构建海外企业法律风险信息库，提升其法律风险识别能力和法律风险管理水平。有鉴于此，应把握影随法实施中的关键环节，从以下几个方面展开：

1. 法律风险识别影随团队和人员的组建

组建分工明确、职责分明的法律风险识别机构和人员作为影随者，是影随法成功运用于法律风险识别的关键。企业可以将法务部作为基础，联合信息部门及外部法律专家、行业专门人员共同组成法律风险识别团队，开展多种形式的影随活动，收集有价值的法律风险信息。影随者必须熟悉与海外投资相关的国内外法律知识，熟悉企业所属行业的一般法律风险及其成因，并掌握东道国对投资和企业运营方面的制度及运行要求。只有这

---

① R. Orton；R. Marcella；G. Baxter：An Observational Study of the Information Seeking Behaviour of Members of Parliament in the United Kingdom，*ASLIB Proceedings* 52(6)，p. 207.

② S. McDonald：Studying Actions in Context：a Qualitative Shadowing Method for Organizational Research，*Qualitative Research*，Vol. 5 No. 4，p. 473.

③ V. C. Polite；R. McClure；D. L. Rollie：The Emerging Reflective Urban Principal：The Role of Shadowing Encounters，*Urban Education* 31(5)，p. 9.

④ 即工作影随者在一定时间内影随其感兴趣职业的人的活动，通过直接观察被影随者的真实工作状况，并通过提问，获得对自我和未来工作环境的认识，以促进职业发展。Penny Loretto：Exploring Careers through Job Shadowing：Job Shadowing Offers a Unique Opportunity to Learn More About Career，http://internships. about. com/od/internships101/a/whatisjobshadowing. htm. Julie Knudson：Job Shadow，*Credit Union Management* 36，No. 3，p. 466.

⑤ L. S. Paskiewicz：The Shadowing Experience：Valuing the Link Between Faculty Practice and Student Learning，*Journal of Professional Nursing* 18(4)，p. 239. D. E. Bartz；R. L. Calabrese：Enhancing Graduate Business School Programmes，*Journal of Management Development* 10(1)，p. 26.

样,法律风险识别者才能从内外法律风险环境及其相关人员的活动中发现法律风险因素,通过洞悉被影随者意图、行为性质等,辨识潜在的法律风险因素,把握被影随对象存在的微观、具体的法律风险和原因。

法律风险信息是法律风险管理决策的支撑。将法律风险信息转化为决策不是简单的信息汇总。由于影随信息的来源是多种多样的,而法律风险管理决策所需要的信息依据也极为广泛,因此企业内部所有人都可能通过影随活动的开展,被培育成为法律风险信息的情报人员、法律风险识别的兼职人员或者专职后备人员,从而使企业整体法律风险识别能力得到提升。

2. 影随法构建与实施法律风险信息采集机制

完善的法律风险信息收集与整理机制,是确保海外企业法律风险识别准确性的关键。除了组建专门的法律风险信息收集与整理部门外,法律风险识别者还需要为影随工作的开展制定合理的实施方案,确保影随活动及时、全面、正确地采集相关法律风险信息。法律信息的采集、整理、分析,是整个机制不可或缺的重要环节。将影随法应用于法律信息采集、整理工作,有助于实现对相关法律风险信息的积累,形成独具企业特色的法律风险信息数据库。

鉴于海外投资项目的所有环节和所有部门都可能存在法律风险,建议识别覆盖海外企业的所有部门及人员。为此,法律风险识别者需要开展前期调查活动,明确影随识别的目的和目标。法律风险识别的广泛性原则要求识别人员应向企业不同岗位人员广泛收集信息,并进行汇总与归纳整理。然而,影随法"一对一"的工作模式,不可能使识别人员对企业所有人员开展影随活动,只能根据法律风险辨识的范围要求,制定切实可行的影随实施方案,确定影随形式、流程和内容,被影随者数量、人员,以及影随时间等。影随法在选择被影随者及其人数和时间安排方面,都与最终能否实现法律风险识别的目的有着密切关系。可以考虑对关键岗位上的人员展开全方位影随活动,使识别后的法律风险信息具有代表性。以国际工程承包项目为例,企业国际工程承包的形式、相关合同、合同管理流程等是企业法律风险识别的重点。若法律风险识别者需要辨识合同在履行过程中是否存在法律风险,可以选择合同履行过程中的关键岗位的负责人或者主要执行者作为被影随者开展影随活动。影随活动收集的信息需要凭借法律风险识别和管理理念,结合企业情况加以甄别并决定取舍。法律风险识别者对业务部门人员的影随观察,可凭借他们对行业的专业性和敏锐度,以及对客户信息的动态把握,分析企业存在的外部法律风险源;对研发部门人员的影随活动,注重了解本企业与竞争企业存在的知识产权侵权及被侵权的法律风险动向等。

在影随活动开始前,法律风险识别者应向被影随者说明影随的目的、形式、所需时间等,打消被影随者的疑虑;应提供全面、细致的保密措施来确保被影随者的知情同意权,并确保被影随者不会因影随调查而在安全、保密等方面受到任何影响。法律风险识别者的影随活动应当不带任何主观色彩。因此,为避免产生先入为主的印象,影随者一般不进行过多准备,如不专门设计影随提纲。影随观察以不干扰或中断被影随者的正常工作或者不占用其时间作为基本要求,以如实记录被影随者工作中的活动、语言,甚至肢体语言、神态等作为基本的影随内容,通过直接观察的形式来初步辨识被影随者履职中可能存在的法律风险。作为补充,法律风险识别者应不失时机地向被影随者询问其行事的意图或者想法,探究直接观察无法获取的被影随者的看法、观点和行为的动机,查明潜在的法律风险因素等相关信息。

在影随活动中,法律风险识别者应首先融入被影随者的工作氛围和角色,设身处地地认识、理解被影随者,并随时将被影随者的言行信息迅速纳入自己的认知体系;同时,作为法律专业人员,影随者也必须能够探查被影随者行事中潜藏的法律风险及其原因。简言之,法律风险识别者要经历一个"先融进去,再跳出来"的过程。法律风险识别者对被影随者的观察和接触,应不止获取法律风险信息,更应不断归纳、调整先前对企业法律风险的认知观点或者方向,并在影随活动结束前,将自己的看法、观点及时地传递给被影随者,或者与其探讨避免法律风险的可行的方案或措施,共同建构新的认识。

企业应当利用影随法通过分析微观个体活动和动因来揭示宏观状况的优势,开展对东道国法律风险环境的识别工作。法律风险识别者并非仅对企业任何个体(岗位或单元)进行简单调查与分析,而是应从单一风险点出发,全面判断企业整体法律风险环境。通过"一对一"的细微观察,风险识别者将获取的风险信息与相关社会环境背景相结合,最终使其不仅可以提炼出风险识别对象的特性,而且能由此考察和分析出整个公司、行业乃至东道国的真实法律风险环境状况,得到普通定性研究方法无法获取的从个体到整体的信息和研究视角。

3. 影随后法律风险信息的整理、归纳与持续实施

影随活动结束后,所有影随记录都需要及时整理并归纳。尽管这是一项耗费法律风险识别者精力和时间的事情,但却是整个影随活动结果呈现

的关键阶段。数据收集和整理的工作,可能在影随活动结束的当天就需要进行。一些关键结论或者思路,甚至可能需要影随者在影随进程中就及时整理并记录在案。对影随记录及时、准确整理,有助于法律风险识别者保存一手法律风险信息,并验证是否存在法律风险及风险发生的概率和可能的损失。

企业进行海外投资时,法律风险会不断发生变化,新的法律风险可能随时出现。为此,必须持续性地开展影随活动,或者持续影随不同的被影随者,或者对某特定被影随者开展持续性的影随追踪(Tracing)活动。只有这样,才能反映海外投资企业不同阶段、不断变化的法律风险状况,满足法律风险动态识别的需要。

(三)影随法在法律风险识别中的局限性分析

任何调查研究方法都有其局限性,影随法也不例外。尽管影随法在海外企业法律风险识别领域具有相当高的应用性和可行性,但是也存在若干局限性,可能会制约其在企业海外投资法律风险识别领域的广泛推广。

1. 开展影随活动本身存在一定难度。海外企业实施影随法将面临诸多困难。首先,开展影随活动就面临实施障碍。与观察法相比,观察法可随时随地进行,简便、易行且灵活性强,而实施影随法时,影随者不仅需要获得被影随者所在单位批准,还需要打消被影随者的疑虑,征得其本人同意。而且,尽管影随法要求以不打扰或不影响被影随者正常工作活动或者占用被影随者的工作时间为基本条件,但是完全不影响被影随者几乎难以实现。有时,影随可能影响或破坏被影随者的正常活动,从而导致无法获得真实的影随信息。[①] 何况,在法律风险识别过程中,被影随者很难不将法律风险识别者联想为在检查其工作是否存在纰漏。在此心理下,被影随者对影随活动产生主观抗拒几乎无法避免。

2. 影随调研缺乏隐秘性,可能影响法律风险识别者与被影随者建立互信关系。影随者与被影随者之间建立相互信任关系对成功获得真实、准确的影随信息至关重要。影随者对被影随者的信息进行匿名处理,也是保证影随调查成功顺利进行所必不可少的步骤。即使法律风险识别者在整个影随进程前后都提供全面、细致的措施来确保被影随者的知情同意权、隐私权等,法律风险识别者进行影随调查也并非一帆风顺,因为信任关系的建立并非一朝一夕。直接面对面的接触会使被影随者在安全性或者隐

---

① E. Quinlan: Conspicuous invisibility: shadowing as a data collection strategy, *Qualitative Inquiry*, Vol. 14 No. 8, p. 1496.

秘性方面产生疑虑,从而遭到其拒绝。何况,在影随调查期间,法律风险识别者可能或多或少地影响被影随者的正常工作(如被影随者与其客户进行商业会谈,可能会因为法律风险识别者的影随而令客户产生猜忌等),或者了解到被影随者可能的商业秘密或其他机密的事件等(如无意间听到的电话等),以至于被影随者宁可腾出时间接受访谈来配合法律风险识别者,也不愿意影随者近距离地观察他/她的工作、工作场所,以及他/她与同事间的关系等。即使所有的法律风险识别者基于企业安全和保密性考虑签署了相应保密协议,遵守保密承诺,对一些敏感事项的影随也很难保证被影随者的回答或者反应是真实、全面的。此外,法律风险识别者的价值观、态度,以及与被影随者交流的水平、方式等,都会影响到被影随者,从而产生结论的偏差,影响影随效果。

3. 影随工作和结论受法律风险识别者的能力与主观判断力的影响较大。影随调研的方向,影随数据的收集、分析和整理,以及影随结论等,将直接受法律风险识别者能力与主观判断力的影响。法律风险识别者是整个影随活动的关键之一。一方面,法律风险识别者不但需要较高的业务水平,其敏锐的洞察力、良好的记忆力、必要的心理学与社会学知识、对现代化设备的操作技能,以及与被影随者良好的沟通交流能力等,都是进行整个影随活动和后期数据整理与分析所必须具备的能力。若被影随者不同意用现场录音或录像方式,对影随者的记忆力和笔录速度的要求就很高,否则可能遗漏关键信息,失去影随意义。另一方面,基于影随信息客观性、真实性的要求,法律风险识别者必须在道德和学术上符合影随调查的需要,如与被影随者或者影随活动无利益关系等。不过,随着与被影随者的密切接触,让法律风险识别者做到完全不受被影随者的任何影响,几乎是不可能的。影随调查的灵活性一定意义上意味着随意性和后期数据样本的庞杂性与多样性。法律风险识别者不仅要具有采集海量数据的能力,而且必须具备较高的数据管理能力[①]和严密的推理能力与综合思维能力。

此外,海外企业实施影随法,需要投入较多的人力、物力和时间,耗费时间、精力,产生的费用较多。较大规模的影随活动可能需要训练一批影随人员,这将进一步增加成本和费用。因此,这种方法在实施时,常会受到时间、空间和经费的限制而难以大规模进行。与问卷调查相比,影随法的

---

① P. Forsblad: Observation for What?, in J. G. Hunt; D. M. Hosking; C. A. Schriesheim; R. Stewart (eds): *Leaders and Managers: International Perspectives on Managerial Behaviour and Leadership*, New York: Pergamon, p. 200.

样本数量较小。为此,海外企业采用影随法时,需要与深度访谈法、问卷调查法、德尔菲法、事故树法等研究方法结合使用,方能起到更好的法律风险识别的效果。

二、其他适于识别内部法律风险环境的方法

除影随法外,其他风险识别方法也可以用于企业内部法律风险环境的识别调查活动,以确认企业内部法律风险的性质、特征、分类,以及企业法律风险发生的整体结构与内在联系。通常,实证研究法,如事故树法、问卷调查法、访谈法、观察法等,有助于查找企业各层面法律风险,符合法律风险识别全面、综合、客观、真实的工作要求,符合法律风险识别探寻风险因素的目的。

(一)问卷调查法

问卷调查法也称书面调查法或填表法,是用书面形式来间接搜集研究材料的一种调查手段,其通过向调查者发出简明扼要的征询单(表),请示填写对有关问题的意见和建议来间接获得材料和信息。按照问卷填答者的不同,问卷调查可分为自填式问卷调查和代填式问卷调查。其中,自填式问卷调查又可分为报刊问卷调查、邮政问卷调查和送发问卷调查;代填式问卷调查按照与被调查者交谈方式的不同,可分为访问问卷调查、电话问卷调查等。

将问卷运用于企业的法律风险识别工作,是较为常用的一种搜集法律风险信息的方式之一。风险识别者首先需要明确拟收集的风险信息的大致内容,然后设计问卷。对于被调查者的回答,风险识别者可以不提供任何答案,也可以提供备选的答案,还可以对答案的选择规定某种要求。风险识别者根据被调查者对问题的回答,可采用 SPSS 等统计工具或者方法,将问卷答案进行统计分析后得出结论。

问卷调查法适用于获取企业最初的法律风险信息,特别适用于调查了解企业的一般风险信息。而且,这种方法费用较低,效率却较高。但是,采用这种方法获得的法律风险信息基本依赖于调查问卷本身。因此,风险识别者设计的调查问卷的范围、角度与质量,将直接导致风险信息收集效果的优劣。若问卷考虑到各种不同情况,则容易让被调查者理解并能够回答;若问卷备选项设计的选项范围过于狭窄,则往往使得调查对象无法回答,从而得不到真实情况的信息。因此,调查问卷方式往往带有非常浓厚的法律风险识别者的个人倾向,甚至风险识别者对海外企业的风险信息的理解会一定程度影响调查问卷的结果。实践中,问卷调查法往往在法律风

险识别领域仅起到"投石问路"的作用,即获得法律风险的概况性信息。进一步的法律风险信息常常需要风险识别者在第一轮的调查问卷排除了某些并不存在的选项或者信息,从而得到有效的反馈后,进一步锁定目标,根据前次问卷的结论,重新发动第二轮的问卷调查。[①]

（二）人员访谈法

人员访谈法又称为访谈法或研究性交谈,这种风险搜集方式是风险识别者与被调查对象面对面直接交谈,它通过被询问者的答复来搜集客观的、不带偏见的事实材料,以准确地说明样本所要代表的总体情况。访谈法收集信息资料具有较好的灵活性和适应性,尤其是在采集法律风险信息,需要向不同管理层面、管理部门的人员了解不同情况时,可以进行事实调查、意见征询等个别化研究。

根据分类角度的不同,访谈法可作不同方式的划分。根据被访者人数,可以进行个别访谈,也可以开小型座谈会进行集体访谈。根据访谈内容的作用方向,可分为导出访谈（即从受访人那里引导出情况或意见）、注入访谈（即访谈人把情况和意见告知受访人）,以及既有导出又有注入的商讨访谈。例如,在风险识别访谈中,可由风险识别者首先启发受访人对自身岗位或工作中法律风险的认识,引出相关话题,或者双方展开探讨式的访谈。

访谈研究法在法律风险识别中是一种较为简便易行的方法,它比较容易通过交流,获取受访人岗位或职责方面的较深入的、具体而准确的法律风险信息,并进一步掌握该法律风险产生的原因、带来的影响等。风险识别者与受访人进行相互交流,有助于风险识别者根据受访人的反映,对调查问题作调整或展开。如果受访人不理解问题,可以提出询问,要求解释;在风险识别者发现受访人误解了问题时,也可以适时地解说或引导,从而提高风险信息的真实性和可靠性。而且,因访谈流程速度较快,受访人在回答问题时,常常无法进行长时间的思考,所以回答往往较真实、可靠;此外,面对面的交谈方式也减少了拒绝回答的概率,即使受访人拒绝回答某些问题,也可大致了解受访人对这个问题的态度。

不过,访谈研究法也有它的缺点。第一,成本较高。访谈调查常需要面对面的个别访问,耗费时间和精力较多。较大规模的访谈需要训练一批访谈人员,这就使这种方式比问卷调查要付出更多的时间、人力和物力,费

[①] 吴江水:《完美的防范:法律风险管理中的识别、评估与解决方案》,北京大学出版社 2010 年版,第 5 页。

用支出大大增加。第二,访谈对法律风险识别者的要求较高,不但需要其具备较高的法律理论与实践经验,而且需要其具有较强的语言沟通能力和法律风险信息分析能力。第三,访谈结果的主观性强。法律风险识别者的价值观、态度、谈话的水平等都会影响受访人,造成访谈结果的偏差。站在受访人的角度,因调查的问题往往涉及受访人的工作或者职责,受访人容易夸大某些内容或者掩盖某些情况,尤其对一些敏感的问题,往往会回避或不作真实的回答,致使收集到的风险信息扭曲和失真。此外,出于以上原因,访谈调查的样本一般较小,加上不同受访人的回答多具随意性,较难形成对访谈结果的统一处理和分析,故定量分析较为困难。

（三）观察法

观察法也称现场调查法,是风险识别的常用方法,是以感官活动为先决条件,与积极的思维相结合,在不干涉对象自然状态的前提下,通过直接观察,系统地对客观事物进行感知、考察,发现和描述潜在风险隐患的一种研究方法。这种方法是研究者根据一定的研究目的、研究提纲或观察表,用自己的感官和辅助工具去直接观察被研究对象,它一般由专业的风险识别人员或研究机构的专家来进行,能够使风险识别者获得第一手资料,并提出防范风险的措施建议。科学的观察具有目的性、计划性、系统性和可重复性。

法律风险识别不仅需要识别静态的法律风险,更需要判断企业是否存在动态法律风险并分析其原因。对于法律规范有特别规定场所的,或者具有合规管理操作流程的,往往需要风险识别人员通过现场观察才能确切了解其法律风险。[①] 比如,在针对某零售企业营业场所是否存在法律风险的识别活动中,风险识别者通过对其营业场所的现场观察发现,存在玻璃柜台棱角尖锐容易造成人身伤害、局部灯饰容易造成顾客烫伤、部分玻璃隔断没有明显标志容易发生碰撞、进户电线安装不规范容易造成事故等风险隐患。又如,在海外工程承包法律风险识别中,通过对施工现场的观察,法律风险识别者能够发现,存在现场工人懈怠可能导致工期延误等法律风险。

采用观察法能够增强风险识别者对企业的感性认识并启发思维,发现不易识别的动态法律风险。在法律风险识别工作中,观察法还具有下列优势:

---

① 吴江水:《完美的防范:法律风险管理中的识别评估与解决方案》,北京大学出版社 2010年版,第 153 页。

一方面,通过观察,法律风险识别者能直接获得第一手风险信息,不受被观察者的意愿和回答能力影响,确保风险信息的真实性和生动性。

另一方面,观察法能捕捉到正在发生的现象,使风险信息的获取具有及时性,更接近真实,而且简便易行、灵活性强,可随时随地进行。不过,观察法受时间、空间的限制较多,且通常只有行为和自然的物理过程才能被观察到,即这一方法对动态风险行为较易实施,但面对静态法律风险或者涉及以被观察者思维判断或智能性为主的工作时,则较难作出判断。此外,被观察者行事的动机、态度、想法等,也无法通过观察法获取。

观察法实施后的观察结果容易受观察人员主观认识的影响,存在发生偏见的可能。此时,需要借助人员访谈法或者其他方法来弥补其缺陷。

（四）事故树分析法

事故树分析法(Accident Tree Analysis,ATA)会事先预测风险事故,再分析其原因,进而查找引发事故的具体原因,即风险因素。事故树分析法起源于故障树分析法(Fault Tree Analysis,FTA),是美国贝尔电话实验室(Alcatel-Lucent Bell Labs,阿尔卡特朗讯贝尔实验室)的维森(H. A. Watson)于1962年对导弹发射系统进行安全分析时首先提出的一种风险识别方法。[1] 作为一种演绎的逻辑分析方法,事故树分析法遵循从结果找原因的原则,分析风险与产生原因之间的因果关系,即在识别出各种潜在风险因素的基础上,运用逻辑推理方法,沿着风险产生的路径,探求风险发生的概率,提供各种控制风险因素的方案。事故树分析法能对各种系统的危险性进行辨识和评价,分析事故的直接原因,也能深入揭示出事故的潜在原因。这种方法既可用作定性分析,也可用作定量分析。

将事故树分析法运用于法律风险识别过程,有助于将企业国际投资视为完整系统,并将该系统内的若干环节视为各自独立事件,从而基于它们是否引发法律风险的两种可能性,区分为引发风险和不引发风险两种不同情况。在绘制法律风险事件树分析图时,按照事件系统的组成要素和先后顺序,从初始环节事件开始,从左向右分析各个环节法律风险事件的发生与否的可能,直到最后一个环节的法律风险识别事件为止。

事故树分析法可以用简单的图示方法给出法律风险发生的全过程,它能较为直观、明了地按照法律逻辑来推演原因,并明确法律风险发生概率

---

① 蒋绍军:"基于事故树分析法的锚杆支护煤巷顶板安全评价",载《矿业安全与环保》2009年第36期。

的大小,从而进行法律风险事件发生概率的计算等定量分析。从预测结果的角度查找法律风险因素,企业就能根据可能遭受的法律损害性后果,去调查分析引发该后果的各种原因[1],见招拆招,为进一步确定法律风险应对方案及制定相应规章制度,提供有针对性的意见、建议。不过,这种倒查式的法律风险识别方法,需要法律风险识别人员预先知晓法律风险的发生原因,即某种法律结果的产生原因已经被提前确认。由此,对于未知的法律风险原因,企业需要先借助法律与文献梳理法、专家调查法等方法,才能全面运用该风险识别方法。同时,事故树法分析的重点是特定法律风险事件,针对那些关涉企业全局的法律风险因素,运用此方法开展分析判断较为困难。事故树分析法的分析结果之可信度,取决于法律风险概率估计的精度。若初始事件或潜在风险存在极大的变化,如东道国政策变动导致企业规章制度调整,分析结果或许会存在较大偏差,且"树"的分支会随变量个数呈指数增长,产生不必要的多余分叉。由此,运用该方法去识别那些简单直接的法律风险或者专项法律风险(如知识产权风险、税收风险、合同风险等)比较适合。

（五）幕景分析法

幕景分析法也称情景分析法(Scenarios Analysis),由美国 SHELL 公司的科研人员 Pierr Wark 于 1972 年提出,是一种能识别关键因素及其影响程度的方法。[2] 一个幕景就是一项事业或组织未来某种状态的描述,可以在计算机上计算和显示,也可用图表曲线等简述。幕景分析法研究当某种因素变化时,整体情况怎样、有什么危险发生等,就像一幕幕场景一样,供人们比较研究。[3] 幕景分析法的特点是根据发展趋势的多样性,通过对系统内外相关问题的系统分析,设计出多种可能的未来前景,然后对系统发展态势作出自始至终的情景和画面的描述。[4] 幕景分析法既注意描述未来状态,又注重描述未来某种情况发展变化的过程。[5] 幕景分析法是一种适用于对可变因素较多的项目进行风险预测和识别的技术,它在假定关键影响因素有可能发生的基础上,构造出多种情景,提出多种未来的可能

[1]　Lloyd Burton; M. Jude Egan: Courting Disaster: Systemic Failures and Reactive Responses in Railway Safety Regulation, 20 *Cornell J.L. & Pub. Pol'y*, p. 533.

[2]　William J. Aceves: Predicting Chaos? Using Scenarios to Inform Theory and Guide Practice, 45 *Va. J. Int'l L*, p. 585.

[3]　李旻然:"BT 项目供应链体系风险管理评价",载《现代商贸工业》2011 年第 15 期。

[4]　查兴:"施工企业项目风险管理",载《建筑》2001 年第 8 期。

[5]　http://wiki.mbalib.com/wiki/%E5%B9%95%E6%99%AF%E5%88%86%E6%9E%90%E6%B3%95。

结果,以便采取适当措施来防患于未然。①

幕景分析法运用于法律风险识别领域,可鲜明地展示风险事件,给企业管理者及法律风险管理者留下深刻印象,并帮助其增强分析未来法律风险的能力。风险识别者在筛选、监测和诊断法律风险的过程中,同样可以适用这一方法。例如,筛选法律风险时,可以考虑哪些因素非常重要以至于不能忽略,哪些因素明显不重要等;也可以在法律风险监测中,结合风险事件的发生及其后果,对企业或个人的行为进行观测、记录、分析等。但是,应用幕景分析法时,要注意避免"隧道眼光"(Tunnel Vision)现象。所有的幕景分析都是基于目前的状况和信息水平进行考虑,可能与海外企业未来的实际风险状况存在一定的偏差,就像从隧道中看洞外的世界,具有局限性。所以,为避免此现象带来的弊端,幕景分析法最好能与其他分析方法一同使用。②

除以上讨论的风险识别方法适于识别企业内部法律风险环境外,风险识别领域还有其他方法可以应用,如财务分析法、核对表法等。

财务分析法是以海外企业的会计记录和财务报表为基础,并将每一个会计科目看作一个风险单位加以分析,确定海外投资项目可能存在哪些损失,以及在何种情况下会遭受这些损失。财务报表分析法属于静态的风险识别方法,是对财务报表所列的各项会计科目进行深入的分析研究。

核对表法也称检查表法,是法律风险管理部门将检查表的各项指标对照被检查部门或者人员的各项言行,判断是否存在法律风险的记录和提取数据的方法。检查表法大致可划分为两个环节:第一,设计检查表阶段。设计人员应根据历史资料、以往项目风险识别的知识及其他信息来源,着手制定法律风险管理措施,罗列海外企业相关部门或者相应环节存在的法律风险因素,并排列成一览表。第二,实施检查阶段。将海外企业相关被检查对象的具体情况与检查表对照来识别法律风险。通过综合运用专门技术和工具,可进一步确保高效、无遗漏地识别法律风险。使用核对表的优点之一,是风险识别过程迅速简便;其缺点是核对表不可能包罗万象,使用者考虑的范围也容易被限制在核对表所列范畴之内。核对表应逐项列出海外企业所有类型的法律风险,以便通过核对,删除、增加或者变更风险清单所列的各项风险点。

---

① 祝连波:"大型建筑施工企业信息化水平评价研究",重庆大学 2008 年博士学位论文,第98 页。

② 林逢春、陆雍森:"幕景分析法在累积影响评价中的实例应用研究",载《上海环境科学》2001 年第 6 期。

以上对不同法律风险环境下风险识别方法的探讨,是为更好地识别海外企业所面临的不同法律风险,并最终控制和预防法律风险。通过分析,我们发现各领域的识别方法或者研究方法具有一定的交叉与重合。不过,任何一种风险识别方法都有自身的局限性,单独使用都不可能完全探明企业面临的全部法律风险,以及揭示所有法律风险因素。不同种类或不同性质的法律风险,需要采用不同的风险识别方法。同理,同一类型的法律风险,甚至同一风险,也需要采用不同识别方法来相互印证法律风险识别结果。当然,特定的风险识别方法对某些企业有效,但可能不一定适用于另一些企业。同时,企业若长期依赖某一种或者某几种风险识别方法,也会导致法律风险识别出现"视线盲区"。

法律风险随时存在于海外企业的各项生产经营活动之中,所以法律风险的识别和衡量也必须是一个连续不断的、常态化的过程。仅凭一两次的运动式风险识别活动,不能解决企业面临的全部法律风险问题。许多复杂或者潜在的风险需要经过多次识别,才能获得较为准确的判断。因此,风险识别人员必须结合具体情况和条件,选择效果最优的风险识别方法或者方法组合,以取得较为满意的结果。

第四节　选择海外企业法律风险识别方法的考虑因素

企业投资海外更注重如何在国际经营环境下,合理利用国内外各种生产资源,以实现利润最大化。海外项目的可行性研究也多注重对经营情况与营商环境的调研分析,较少侧重法律风险分析,特别是法律风险环境的识别和研究。我国许多海外投资失败项目都是因企业对投资目的地法律风险环境的风险识别方法运用不合理、相关风险认识不充分而引发各式各样的问题,最终导致投资失败并遭受损失。中国铁建股份有限公司总承包的"沙特麦加轻轨项目"就是这方面的典型案例。

一、"沙特麦加轻轨项目"失利原因分析

"沙特麦加轻轨项目"是迄今世界上设计运能最大、运营模式最复杂、同类工程建设工期最短的轻轨铁路项目,也是中企在海外工程中首例集设计、施工、采购、安装、联调联试及运营维护于一体的轻轨项目。不过,这一具有里程碑式的项目在全国的出名,却源于仅18公里的轻轨项目就亏损了41.53亿元!其中,不仅涉及复杂的施工环境、巨大的文化差异等外部

宏观法律风险环境因素,也涉及企业选择合同模式不当、对合同条款理解不到位、项目风险管理出现重大偏差等内部法律风险环境因素。

（一）特殊施工环境和文化差异考验

沙特阿拉伯地处西亚,施工环境较为恶劣,夏季地面温度高达 70 多摄氏度且极度缺水,对现场施工人员的施工作业构成极大挑战,也成为工程顺利推进的障碍之一。从法律风险视角看,高温可能导致项目施工所需混凝土的质量要求高于一般工程,增加施工成本。为解决白天高温无法施工的困境,企业不得不改为夜间施工,容易产生工期延误风险。同时,施工人员可能因酷暑而引发中暑风险,损害身体健康,企业为此需多支出劳动保护成本。

东道国（中东地区）与国内巨大的文化差异,以及特殊的社会风俗和宗教信仰,加大了项目实施的难度。在国际工程项目中,文化环境差异性风险不容忽视。一些细小的文化差异可能导致矛盾冲突升级扩大,甚至引发骚乱或者导致项目失败。为此,项目管理者应重视对项目参与方及项目所在国的文化背景调查,并针对不同的文化背景,制定文化差异化管理方案,确保项目顺利实施。[1] 沙特阿拉伯是典型的穆斯林国家,其富足的生活环境、慵懒的生活节奏等都与国内的施工文化不同。这种不同直接体现在技术工人和普通施工人员的招募与任用上。工程需要大量穆斯林工程师和管理人员,企业在国内和在沙特阿拉伯当地招聘都遇到了困难。劳工主要来自印度、巴基斯坦、孟加拉、尼泊尔等国,劳工的工作态度比较"懒散",缺乏中国工人的"勤劳、守纪律"。劳工不仅要求缩短工作时间,工作中还必须安排"早茶""下午茶"等休息时间。这种情况与国内工人一天 24 小时"三班倒"的工作模式形成鲜明对比,由此成为该项目工期大面积延误的重要原因之一。

沙特阿拉伯在中东地区是宗教限制严格的国家,除斋月、朝觐等宗教习俗和作息习惯对施工的影响外,还受制于某些特殊伊斯兰法的限制,产生特殊的法律风险。伊斯兰法律规定,非穆斯林不能进入某些特定的宗教场所和区域。工程所在地麦加是伊斯兰教第一圣城,城中有伊斯兰教第一大圣寺——禁寺。寺周围被划为禁地,禁止非穆斯林入内。施工同时,还必须严格遵守伊斯兰教的规定和习俗。然而,中国铁建股份有限公司却不了解这些规定,致使项目用工中,无法及时安排足够穆斯林劳工进驻施工

---

[1] 陈观福主编：《国际风电 EPC 总承包项目管理埃塞俄比亚 ADAMA 风电 EPC 总承包项目管理实践》,机械工业出版社 2015 年版,第 2 页。

现场。穆斯林劳工短缺、严格的工作签证许可等风险事件的发生,极大影响了项目工程进度,工程运营成本也大幅攀升。

沙特阿拉伯业主迥异的行事风格,事后也被证明成为项目亏损的原因之一。一方面,业主在跨越道路形式、结构形式、车站面积、设备参数等方面,一直不断增加新的功能需求。大规模地调整指令不但影响工程进度,而且大大增加了工程量。另一方面,施工中的征地拆迁问题本应由业主提前完成,然而业主拖沓的工作作风和较低的工作效率,以及各地方政府出于自身利益的考虑,在配合能力、配合权限、配合态度等方面的差异,致使施工一直处于边征拆、边施工的状态,增加了承包方工作难度和施工成本,工期也一直处于不确定状态。加上业主不能诚信履约、过多干预工程施工等现象频发,严重影响了工程的顺利开展。

（二）国际工程承包模式选择不当

对项目承包模式的选择和对合同条款的理解,是国际工程承包合同是否成功履行的关键。中国铁建股份有限公司恰恰在这些方面缺乏全面充分的认识,对由此造成的不利风险环境缺乏必要的预判和应对策略,是项目失败的致命原因。

该项目采用了中国铁建股份有限公司当时不十分熟悉的 EPC＋O&M（Engineering, Procurement & Construction 和（Operation & Maintenance）总承包模式,中国铁建股份有限公司是项目的总承包商。EPC 模式的特点之一就是承包商吸收设计阶段的风险,因而是对承包商风险最大的承包模式。项目签约时,沙特阿拉伯业主提供的设计仅为概念设计,进一步的设计是在签约后才逐步细化。2010 年下半年,项目进入大规模施工阶段后,各分部、分项工程全面展开后,中国铁建股份有限公司才发现实际工程量已远远超过签约时预计的工程量。加上业主不断提出新的功能需求,部分已完工工程在大量指令性变更的情况下不得不重新调整,进一步导致工程量激增、工期延误,合同成本投入大幅增加。显然,中国铁建股份有限公司应该在项目投标前,充分理解 EPC＋O&M 总承包模式的合同各方当事人的权利与义务,并在深入分析业主的概念设计要求后,估算出较为准确的项目工程量,以及评估这一模式对自身可能带来的风险、风险环境、应对成本等。然而,中国铁建股份有限公司后期在这方面的官方解释却是,投标时间紧,导致低估工程量和报价。

另一方面,中国铁建股份有限公司未能充分了解和预判该 EPC＋O&M 项目运行中的法律风险环境,是造成损失的另一个关键原因。通常,EPC 项目具有以下几个主要特征:

其一，业主把工程的设计、采购、施工和调试与试运行工作全部委托给工程总承包商组织实施，业主只负责整体的、原则的、目标的管理和控制。

其二，业主只与工程总承包商签订工程总承包合同。此后，工程总承包商可以把部分设计、采购、施工或调试与试运行服务工作委托给分包商完成。分包商仅与总承包商签订分包合同，分包商的全部工作由总承包商对业主负责。

其三，业主可以自行组建管理机构，也可以委托专业的项目管理公司代表业主对工程进行整体的、原则的、目标的管理和控制。

其四，业主把 EPC 的管理风险转嫁给总承包商。因而，工程总承包商要承担更多的责任和风险，同时也拥有更多获利的机会。

其五，业主介入具体组织实施的程度较浅，EPC 工程总承包商更能发挥主观能动性，充分运用其管理经验，为业主和承包商自身创造更多的效益。[①]

简言之，在 EPC＋O&M 总承包模式下，承包商要对项目的设计、采购、施工和运营维护负全部责任。承包商承接 EPC 项目，不但是为了土建施工的项目收益，而且将利用项目的设计和设备采购来赚取更高的利润。由此，中国铁建股份有限公司想当然地以为自己拥有项目的设计权、采购权和施工权，业主无权干涉工程分包和材料的供应商等。然而，项目实际履行时，业主却聘请了专业工程咨询管理公司协助它对中国铁建股份有限公司进行严密、细致的管理，包括在招标文件中对设备、材料的参数、施工工艺、验收要求等作出了非常详尽的规定。在此项目中，"设计分包商均是由业主指定的西方公司和当地公司，直接听令于业主"，并且"业主要求500 万里亚尔（约 900 万元人民币）以上的合同分包商需其批准，关键环节的分包商均由业主指定"。这种状况显然有悖于通常的 EPC 项目管理。毫无悬念，中国铁建股份有限公司其实并非完整的施工总包商。该项目业主大量指定自己信任的设计分包商及材料设备的品牌，不但使材料设备的采购价格远远超出签约时的报价，而且这些业主指定的分包商和品牌供应商也并非如普通的 EPC 分包商那样积极配合总承包商的施工进度与施工要求，而是直接对业主负责。这就为中国铁建股份有限公司在对分包商和材料的选择与管控上留下重大隐患，造成中国铁建股份有限公司在核心设备及材料采购问题上，并没有获得更多的主动权，反而承受着业主的过多

---

① 以上引自陈观福主编：《国际风电 EPC 总承包项目管理埃塞俄比亚 ADAMA 风电 EPC 总承包项目管理实践》，机械工业出版社 2015 年版，第 7 页。

干预,以及强硬的供应商和专业分包商的挑战。

中东地区近几年处于大规模的建设环境中,供应商和专业分包商供不应求。在分包作业方面,沙特阿拉伯分包商与供应商不仅控制了资源,而且同样存在办事效率低下等问题,经常导致计划工期出现阶段性延误。这些困难和问题都远远超出了企业预判,致使施工屡屡陷于被动局面,而这些法律风险原本完全可以在项目投标前,通过法律风险环境调查和合同条款约定加以避免。

（三）合同条款理解偏差,权利保障运用不充分

中国铁建股份有限公司在合同文件的理解上也与业主分歧较大。通常情况下,国际工程承包合同签订时,项目的业主和承包商往往依据FIDIC 合同条款管理项目。索赔是 FIDIC 合同管理的关键,它贯穿 FIDIC合同履行始终。任何一个国际工程承包项目都无法避免索赔的发生。索赔使承包商在工程范围发生变化、内容调整、施工条件变化等情况下,有机会获得工程造价权益的保护,避免发生成本失控的严重风险。[①] 然而,中国铁建股份有限公司与沙特阿拉伯业主签署的却是非保护性合同,致使FIDIC 合同赋予承包商的一些保护性权利在项目合同条款上被轻易放弃。这使中国铁建股份有限公司在后期项目变更索赔上处于完全不利的地位,法律风险环境进一步恶化。

（四）项目法律风险管理的重大失误

尽管中国铁建股份有限公司在沙特阿拉伯已积累了十余年的市场经验,但是在对沙特阿拉伯的文化、制度、管理等方面的风险识别和评估方上,依然存在较大的偏差。在整个项目的过程管理中,中国铁建股份有限公司暴露出较大的法律风险管理漏洞。其实,国际工程项目的承包商有权采用国际上多年形成的严格的合同条件和工程管理的国际惯例管理项目,而不是完全依据某一国的法律法规或靠某一方的行政指令来管理项目。[②]在这个方面,中国铁建股份有限公司恰恰忽视了国际工程承包合同在国际工程实践中的常规管理模式,过度考虑业主方的利益诉求,令自身在项目风险管理上处处被动、受制于人。

第一,在项目的报价方面,中国铁建股份有限公司的项目报价只有 22亿美元,而具有本土优势的当地建筑承包商的报价约 27 亿美元。经议标

---

① 陈观福主编:《国际风电 EPC 总承包项目管理埃塞俄比亚 ADAMA 风电 EPC 总承包项目管理实践》,机械工业出版社 2015 年版,第 2 页。

② 陈观福主编:《国际风电 EPC 总承包项目管理埃塞俄比亚 ADAMA 风电 EPC 总承包项目管理实践》,机械工业出版社 2015 年版,第 2 页。

后,中国铁建股份有限公司最终以 17.7 亿美元的低价中标,为后续项目亏损埋下了隐患。显然,在竞价策略上,中国铁建股份有限公司让步过大。这个让步源于企业对当地市场情况、当地规范和技术要求等的不熟悉。企业片面认为,中标后能够使用国内的材料和设备来控制工程施工成本,结果合同履行时发现,因与项目咨询公司编制的合同及技术规范出入极大,施工成本大幅增加。类似情况在其他中国公司海外投标中屡见不鲜。企业报价时常常不对合同及规范作慎重分析,或者不依据合同和规范在项目实施地进行有针对性的询价,而是依照国内价格投标,由此导致低价中标,最终招致亏损。中国铁建股份有限公司在这个项目上是初次进入沙特阿拉伯市场,理应在项目投标前,对东道国市场认真考察,对材料和分包商进行逐项询价。然而,限于项目报价时间紧、询价困难,只能套用国内经验估价。事实上,该项目大约每公里 9800 万美元的造价,相当于国内轻轨的 3 倍。加上劳务费比国内要高许多,并且施工中采用的标准是欧洲标准,许多设备需到欧洲采购,为此企业需要承担更高的价格成本。

第二,针对高风险的低价中标及某些不可预见的风险,中国铁建股份有限公司并未采取诸如保险等风险转移手段,在人员调配、环境转换等方面的准备工作明显不足。在风险已经实际发生时,中国铁建股份有限公司也未及时采取有效的应对措施,丧失了风险管控的最佳时机。典型的例子就是中国铁建股份有限公司未充分行使工程承包商的权益,未在合同或 FIDIC 条款规定的期限内开展有效索赔,也未针对项目风险开展有效评估和风险应对措施。FIDIC 合同中有关 Variation & Claim 的条款规定,承包商应在接到变更指令的 28 天内,提交变更索赔申请,超过期限而没有提交变更索赔申请的,将视为没有额外费用和工期要求。然而,中国铁建股份有限公司却选择在项目竣工后,成立专门部门负责索赔和补偿事宜,丧失了提出索赔的最佳时机。另一个风险管理措施不到位的例子发生在项目实施的 2009 年。当时,项目已经出现 2.94 亿元亏损,大量增加的工程量未获得业主的批准,变更没有得到确认。然而,中国铁建股份有限公司不是采取及时联系业主来陈述问题和困难,以及提出索赔直至暂时停工等控制风险和损失的措施,而是进一步加大投入,形成会战,致使工程亏损越变越大,最终产生近 42 亿元的巨额损失。①

---

① 以上参阅"中国铁建沙特麦加轻轨项目 41 亿巨亏原因",http://www.360doc.com/content/17/1229/14/32047733_717409922.shtml;"中国铁建沙特项目巨亏深层原因揭秘",http://blog.sina.com.cn/s/blog_540752bd0102dr45.html。

该项目亏损的公告一经发布,产生了连锁反应。中国铁建股份有限公司股价创上市以来的最大单日跌幅,其品牌和信誉受到严重影响,部分人员承担了行政责任。唯一值得安慰和肯定的是,海外项目的风险管理问题正伴随着一个个触目惊心的亏损案例,逐步受到中国海外企业的重视。[①]

二、对选择海外企业法律风险识别方法的启示

"沙特麦加轻轨项目"的失利除了以上分析的原因外,深层次的原因或许值得每个走出国门的企业思考。企业应如何辨识东道国法律风险环境? 企业识别法律风险环境行为本身是否存在风险? 企业是否适应了东道国法律风险环境,损失就可以避免? 这些问题的回答均涉及国际投资法律环境的识别与互动适应风险的讨论。东道国投资法律环境的识别与互动适应风险,是指由于受到各种主客观因素的影响与制约,投资者识别与适应东道国的投资法律环境存在着不确定性及实际困难。其中,投资者适应东道的投资法律环境并不是单向的、被动的。如何根据投资的具体情况和合理需求,与东道国形成互动适应安排,存在着较大的不确定性与实际困难。这类风险在我国海外投资失败案例中非常常见,反映出中国企业在海外投资法律风险识别上普遍存在的以下三大问题:

(一)国际法律制度环境认知偏差风险的识别方法选择

当前,全球各类双边投资条约有近 3000 个,投资者和东道国的利益平衡一直是投资条约最核心的问题,国际投资环境的改变使二者间的利益不断处于调整和变化中。为达成协议,许多条约在投资者权益及东道国应尽的义务方面仅作原则性规定。这种状况容易引发的问题是,不同仲裁庭对不同投资条约的相同或类似条款,甚至是同一投资条约的同一个条款,作出完全不同的解释和适用。例如,作为外资待遇标准的重要组成之一的公平公正待遇(Fair and Equitable Treatment,FET)标准,在国际投资条约和双边投资协定中广泛存在。由于该条款措辞模糊,不同投资案件的仲裁庭会根据自身理解作出裁决,从而不断丰富该标准的内涵。常用的 FET 标准经历了由最初的实体法条的界定,过渡到"稳定的法律商业环境"及后来的"投资者的合理期待"的单一要素标准,最后发展到结合东道国法律的

---

① 2009 年 6 月,中铝集团收购力拓的交易失败,力拓单方面毁约并向中铝支付了 1.95 亿美元"分手费"。2009 年 9 月,中国海外工程有限公司波兰 A2 高速公路项目,因无力支付建材货款及费用而与波兰当地分包商发生资金纠纷,被波兰政府中途解除合同,中方赔偿 1.885 亿欧元。2009 年年底,中化集团在海外投资的 3 个油气田项目累计亏损 1526.62 万美元。此外,中国中冶投资巴布亚新几内亚瑞木镍钴矿项目,2016 年与 2017 年连续两年亏损超 10 亿元。

透明度、稳定性、正当程序、合法期待保护等多重要素的综合判断标准。这些要素的权重在不同案件中各有不同，往往是投资争端解决中的焦点性问题。[①] 虽然国际投资法的这种不稳定状况会随着后续投资条约的修订有所改进，如逐渐限定某些概念的适用范围、将内容具体化、规定例外条款等，但是对海外投资企业依然是巨大的法律风险隐患。再以 FET 条款为例，我国尽管在与其他国家签订的双边投资协定（BIT）中普遍约定了 FET 条款[②]，但措辞笼统、可仲裁的范围宽泛、限制性规定较少。对于我国海外企业而言，一旦发生争端，很难准确判断会对企业造成何种影响。这意味着投资中最重要的法律屏障——投资东道国与我国的双边投资协议，本身并未提供具有明确内容的法律权益保障。

站在东道国法律视角来看，东道国的法律体系尽管包含了某些国际条约，或者与投资母国签订了相关双边条约、协议，但是东道国的国际法与国内法律制度不统一也可能导致法律风险。尽管"条约必须遵守"原则是《维也纳条约法公约》（Vienna Convention on the Law of Treaties）所提倡的，为各国普遍接受的国际法原则，但是并非所有国家都加入了该公约，也并非所有缔约国都在其国内法中明确了"本国缔结或参加的国际法优于国内法"的原则。当东道国参加的条约与国内法不一致时，企业很难判断最终的法律后果为何。在"一带一路"沿线国家，这类问题表现得尤为突出，给我国投资者在识别并满足东道国合规要求方面造成极大困扰。

中国企业的问题大致又存在两种情况：一是用中国法律来理解外国法律，或者仅关心投资目的地的经营环境或商业风险，或者对投资目的地国家法律制度知之甚少，误以为与中国法律制度相似。这种"想当然"在我国民营企业海外投资中较为常见，企业或者未经深入、周密的调研论证，盲目"抢抓机遇""摸着石头过河"；或者企业对投资信息的真实性、全面性不加判断，陷入虚假或信息不全的陷阱中；或者企业以为"关系"比东道国法律更重要，误以为只要搭上东道国官员的"关系"，投资就会顺利展开。[③] 好在凡此种种现象正伴随着一起起投资失利的案例，引起海外企业警醒。近些年，我国政府推出的一系列鼓励投资的政策和切实增加投资保障措施的服务，也进一步减少了由此导致损失的案例发生。二是企业虽然有知晓外国法律的意愿，并已经部分知晓当地法律，但仍以"中国式思维"处理危机，

---

① 邓婷婷：《国际投资协定中的公平与公正待遇研究》，法律出版社 2017 年版，第 94—130 页。

② 少部分国家例外，如斯洛伐克、波黑和白俄罗斯之间的 BIT 没有公平与公正待遇的规定。

③ 赵国华、陈岩："中国民营企业海外投资需谨防的几个陷阱"，载《经济师》2018 年第 2 期。

轻信可以避免可能的法律风险或者损失,结果损失惨重。这类案件在中国自然人群体中较为常见,如美国校园霸凌案的中国留学生及他们父母庭审过程中的行贿事件①。再如,2012 年 4 月底,一名中国留学生涉嫌强奸女房东,其父母欲贿赂受害人而被起诉。② 针对上述情况,企业应当选择法律与文献梳理法,加强对此类问题的研究与风险预判;必要情况下,可采用专家调查法,通过国际法领域专家的介入,开展对此类风险的识别和判断。对与国际投资相关的案例——特别是国际社会有关 FET 条款的案例——进行收集和跟踪研究,是企业应对这类风险环境的又一方法。这种方法对于在案例法传统的国家投资的企业而言,风险识别的确定性将大大增强。

（二）对东道国法律文化的认知偏差风险的识别方法选择

对于外国投资者而言,东道国的制度规范及其运行环境本身就是一个不熟悉甚至完全陌生的领域。同时,法律文本的抽象性容易使境外投资者错误地理解东道国法律的内在精神与具体要求。这就容易导致我国企业即使理解外国法律的相关规定并且遵照执行,也会因未深入了解外国法律执行情况和司法实践,在具体操作和适用法律方面存在偏差,引发法律操作风险。这一层面的法律风险环境几乎可以归入隐性风险环境,企业预防和应对此类风险的难度最大,因为企业不但需要准确理解并认知东道国法律制度环境,而且需要观察这些法律在东道国国内的动态运行状况。

这类风险除了需要越来越多的企业"切身体验"外,还需要企业在不断的投资实践活动中逐步理解法律的内在要求,并不断调整风险识别和管理策略及制度。企业是否可以运用合适的风险识别方法来减少或者缩短"学习期"呢？ 显然,某些法律风险识别方法是可以达到这个目的的。例如,通过对先期投资于目标东道国的中国企业或其他国家的外国投资者的访谈,或者通过聘请当地专业服务机构提供专家咨询意见,或者通过先成立办事处,采用影随法、观察法、幕景分析法等方法,均能尽可能快地提高企业法律风险辨识能力和风险管理水平。只有这样,海外投资者戏称的"海外投资之路上的荆棘与障碍是未来投资成功的学费"才能够少交一些,探索之路才能够少一些曲折,最终实现海外企业经营管理活动与东道国法律风险环境的合理调配。

①　"因校园欺凌中国留学生被判无期　父母试图行贿了事结果一起被捕",http://www.sohu.com/a/146369072_712278。

②　"中国留学生涉嫌强奸被捕　父母奔赴美国贿赂遭拒",http://news.sohu.com/20120422/n341284407.shtml。

（三）东道国过度维护本国利益风险的识别方法选择

国家主权原则和保护本国包括经济利益在内的各项利益原则，是国际法与国际经济法的基本原则，它们赋予每个主权国家享有这些基本权利。在国际投资领域，国家出台任何鼓励境外投资的法律制度，根本目的依然是助力本国经济发展、改善民生，维护本国各项权益。在这个方面，东道国和境外投资者的利益诉求并不总是一致，出现法律制度规定与解释上的不一致的情况并非少见。这种情形在"一带一路"沿线国家和地区投资中尤为突出。例如，基于不同的角色地位和利益需求，境外投资者与东道国政府可能对同一个国际条约、双边条约及东道国国内法的理解和解读不同，在适用上存在差异或者矛盾，企业因而遭受损失。另一方面，东道国政府及民众出于对境外投资者欢迎加抵触的矛盾心理，普遍对境外投资者持防范态度，或者对投资者违规、违约行为过度解读，以至于执法机构、司法机构在行使自由裁量权时，存在着对本国人及本国利益过度保护、对投资者过度严格要求等现象。① 受"中国威胁论""中国扩张论"等不当言论影响，东道国政府或民众会更容易排斥中国企业，或者对中国企业产生偏见和抵触。

在这样的风险环境下，法律与文献梳理法及案例法是非常重要的风险识别方法。通过这些方法的运用，企业能够对与东道国签订的各类协议提前进行研究，做好充分的应对和理解。当东道国存在政府违约行为、法律制度变动等情况时，运用争端解决救济方法是企业不得不采取的唯一选择。对于投资中存在的社会风险、文化风险，企业应选择社会风险识别方法，如春雨"润物细无声"地化解社会矛盾，争取赢得投资东道国民众的认可，为企业海外投资争取安全、稳定的投资环境。

从对"沙特麦加轻轨项目"的分析可见，中国铁建股份有限公司在沙特阿拉伯不但存在着对东道国投资法律环境的识别障碍，而且在与业主及这一复杂风险环境的交互中产生了严重的"水土不服"，项目之后发生的巨额亏损几乎是必然的。显然，适应特殊的海外投资风险环境只是中国企业成功迈出的第一步，及时、准确地识别风险，以及构建精准、有效的风险管理制度和措施，才是夺取海外投资项目胜利的关键。海外投资不易，且行且珍惜！

---

① 以上部分观点借鉴赵洲："东道国投资法律环境的识别与互动适应风险问题——基于'一带一路'战略下的分析"，载《安徽理工大学学报（社会科学版）》2016 年第 2 期。

第六章　海外投资企业法律风险识别结果

海外企业法律风险识别是企业法律风险管理的基础，也是实施法律风险管理的重要阶段。在识别法律风险的过程中，将产生一系列法律风险识别成果。这些成果有些是中期成果，有些是最终成果，它们共同组成海外企业法律风险识别成果库，将为企业后期法律风险评估、法律风险管理与企业合规管理奠定扎实基础。

海外企业法律风险最重要的成果集中体现为法律风险识别清单和法律风险识别报告，它们是企业构建法律风险管理数据库、开展法律风险预警管理及出台风险管理应对措施的重要依据。此外，企业在法律风险识别中收集的基础资料，经过整理、归纳形成的如海外企业法律法规数据库、海外企业内部规章与制度数据库、海外企业外部法律风险环境信息数据库、海外企业案例数据库、海外企业合同管理系统调查问卷、海外企业法律风险管理专家调查表等，都是法律风险识别结果的重要组成部分，它们往往相互关联、互相印证，共同发挥反映企业法律风险状况的作用。

第一节　海外投资企业法律风险识别清单

法律风险识别清单又称法律风险清单，是法律风险识别团队根据前期法律风险识别信息和研究结果，结合企业具体情况和未来法律风险管理需求，总结编制而成的囊括海外企业所有法律风险点的列表。法律风险清单为企业法律风险管理人员进行法律风险评估或开展其他风险管理行为奠定基础，是构建法律风险清单数据库的基础文件。

任何法律风险清单都应体现前期法律风险识别的思路，描述特定的法律风险识别对象和识别范围，甚至对法律风险等级进行排序。通常，法律风险清单的目的是帮助企业提示法律风险、界定法律风险性质、标示法律风险来源、确定法律风险对应的管理部门等。不过，法律风险清单可根据实现目的和功能需求不同，采用不同的清单设计形式。

法律风险清单按识别活动阶段，可形成初始法律风险识别清单（The Initial Legal Risks Identification List）和最终法律风险识别清单（the Eventually Legal Risks Identification List）。

初始法律风险识别清单是风险识别的起点或阶段性成果。法律风险识别团队应尽可能全面、准确地反映企业现实和潜在的各种法律风险点。初始清单可以在参考各类公开法律数据库、学术研究成果、行业标准，以及同行业、同类型或者在同一国家企业投资的各类法律风险信息成果与研究文献之基础上编制；也可以根据企业规章制度、记录、案例、档案等信息，结合企业现状和发展状况等信息，归纳整理而成。在这一基础上，风险识别人员可以逐步细化清单内容，增加新的风险点、风险因素，或者筛选风险点，形成内容较为系统完整，体现企业法律风险事件、法律风险特征、法律风险要素等信息的最终法律风险识别清单。最终法律风险识别清单应该能够系统、全面地体现企业识别法律风险活动阶段内的全部法律风险状况，反映风险重要程度的级别，以及风险对应的管理部门、岗位人员等信息。

一、法律风险清单的构建思路

法律风险清单是前期法律风险识别的结果体现，因此法律风险清单通常的设计思路应与前期法律风险识别思路保持一致，或者按照法律风险识别框架来构建法律风险清单思路。例如，企业可按照外部和内部法律风险环境进行区分。外部法律风险环境进一步分为政治风险环境、经济风险环境、法律风险环境、社会风险环境、自然风险环境等，内部法律风险环境进一步分为战略风险环境、制度风险环境、运营与管理风险环境、劳动风险环境、知识产权风险环境、税务风险环境等。对于那些直接用于企业职能部门法律风险管理的清单，企业也可以根据职能部门或者对应岗位，进一步区分不同维度。

总之，法律风险清单在设计之初应根据使用目的，确定构建思路，明确用途和使用对象，构建形式灵活、功能各异的法律风险清单。不过，任何类型的法律风险清单都应符合后期法律风险评估和管理之需要。

二、法律风险清单的功能定位

风险识别清单由美国风险管理与保险学会及美国管理学会首创，它最初是用于法律风险识别的方法之一。这种方法始于编制初始风险清单，再反复经历各种识别方法的验证，形成最终风险清单，体现被识别主体的全部风险特征。站在风险管理角度,风险清单是法律风险管理的基础性文件,后续所有风险管理方案和措施都应以此为依据,方能应对得当、管理有效。站在法律风险识别角度,企业海外投资的法律风险清单具有下列作用:

(一)法律风险识别的方法之一

法律风险识别初期,风险识别团队需要用体系化的形式来反映海外企业面临哪类和哪些法律风险。同时,这些法律风险的产生因素、损害后果、发生损失的概率等,都需要以一种清晰、明了的方式展现出来。为此,法律风险识别团队需要先熟悉海外企业国际化经营的基本情况、企业组织机构情况、各类涉及法律风险管理制度的建设情况、安全生产情况、劳动用工情况等,作为编制初步法律风险识别清单的素材。法律风险识别清单可先通过列表方式,逐个排查是否存在某个法律风险点,进行法律风险辨识活动。从这一点来说,法律风险识别清单也可以称为法律风险清单排查表。风险识别团队需要通过专家访谈、问卷调查等方式,逐步增加或者删除某些与企业国际化经营情况不符的风险,逐步接近真实的企业法律风险状况。

(二)企业法律风险的呈现方式之一

海外企业法律风险清单是对企业海外投资存在的法律风险的定性判断,它用简洁、明了的语言,以及清晰、完整的图表,反映企业的全部法律风险现状。这种用某一法律风险点对应特定法律风险因素、特定风险判断法律依据,以及法律风险的归类、风险等级、损害结果等的聚类排列形式,不但反映了不同法律风险点的关系和归属,而且较为充分地体现了企业法律风险管理的可操作性与针对性。通过对企业法律风险点的风险描述和同种类风险归类,企业不同职能部门或者岗位的人员将明晰与自身关系密切的风险点,做到心中有数、应对有序。基于风险清单的不同使用目的,法律风险清单可灵活调整其排列形式,满足不同情况下的需求。

(三)法律风险管理数据库的基础文件

企业信息化的管理模式和管理需求赋予法律风险清单新的用途,即法律风险清单可以转化为法律风险管理数据库的构建基础。从企业数据和信息管理视角看,法律风险识别的所有成果都属于企业数据和信息财富的重要组成部分。企业充分挖掘法律风险清单的数据信息,有助于扩大法律风险清单的使用范围,使其在法律风险管理中成为必不可少的基础数据文件之一。

法律风险清单首先具备数据和信息查询功能。我们可将法律风险清单中每一个风险点以风险代码表示。清单中的每一栏目都可对应到法律风险管理数据库的字段,方便查找。由此,在使用界面上,法律风险清单数据库将能够提供给使用者更为便捷的精确查询或模糊查询的服务。这种功能可以使企业法律风险清单数据库随着持续化的法律风险识别活动而逐步建立、日益丰富;同时,法律风险清单可设置多种维度的参数,使用者选择不同参数将输出不同结果。[①] 此外,单个"用户"或某类"用户"可满足其个性化需求。

法律风险清单是法律风险识别的产出,这一结果对企业法律风险归类和等级排序具有重要意义。企业由此也可以将此清单作为法律风险预警评价指标体系的基础文件,并标识法律风险预警信号,从而为构建企业法律风险预警系统奠定基础。

三、法律风险清单的内容

虽然不同类型的法律风险清单可能详略不一、形式各异,但是作为前期法律风险识别结果的集中体现,考虑到后期清单表的重要作用,在清单构建中,下列内容应当尽可能全面、准确地反映:

(一)法律风险识别对象和范围

在法律风险识别过程中,法律风险识别团队应当对企业不同法律风险点予以命名,解释其内涵和外延,以便企业后续风险管理与合规管理能够用统一、无争议的概念来描述企业各个法律风险。有关法律风险识别对象和风险识别范围的描述,可参见表6-1。

表6-1 某海外企业法律风险及含义表

序号	法律风险点	法律风险含义	法律风险范围
1	政治风险	政治风险是投资地国家的国内政治环境或与其他国家之间因政治关系改变而引起本企业合法权益处于不确定性的任何可能性。	企业外部法律风险
2	经济风险	经济风险是因国内外经济环境的不确定性因素致使企业在正常经济活动中蒙受经济损失的可能性。	企业外部法律风险
3	法律风险	法律风险是外部和企业内部法律环境改变导致的不符合法律规定或合同约定的行为使本企业承担负面法律后果的可能性。	企业外部、内部法律风险
4	社会风险	社会风险是文化、宗教、员工心理导致的可能引起企业乃至企业外的各类冲突、不稳定事件等的可能性。	企业外部、内部法律风险
……			

[①] 参见沈益、陈征宇、沈敏、徐玉燕:"企业法律风险防控体系信息系统的设计及实现",载《科技通报》2018年第9期。

　　针对法律风险描述的详略,可依据这类(个)风险的重要程度的不同来确定是否予以解释及是否详尽解释,以便企业全体员工很好地理解和使用法律风险清单表。例如,表6-1中的政治风险可以视情况,决定是否需要对东道国政策变动风险或者征收风险予以解释。一般法律风险对于没有法律背景知识的员工而言会存在理解障碍,为此需要详尽解释,如何谓"违约风险"、何谓"刑事责任"、何谓"行政责任"等。

　　法律风险识别清单往往应当载明法律风险识别的对象和法律风险发生范围,同时应描述法律风险点的基本表现形式,方便使用者理解特定法律风险的状况。

　　(二)法律风险的性质和归类

　　不同法律法规会引发不同法律风险。将法律风险分类识别、归类管理,是大多数企业常用的识别和管理手段。为此,法律风险清单设计时,应考虑到企业的现实需要。例如,在企业合同风险识别中,可按照合同从签订到履行完毕的全过程分不同阶段进行识别,也可以按照买卖合同、租赁合同等不同合同性质分类列明。很多企业为了部门管理的便利性考虑,可能对合同按照签约部门来划定,如采购部门的合同、知识产权部门的合同、人事部门的合同等。也有企业根据合同金额高低来划分不同合同,以便对重要性不同的合同启动不同管理和应对措施。不同性质法律风险的分类列明,也便于针对同类型法律风险提供统一的应对建议。

　　(三)法律风险源和法律依据

　　法律风险识别团队开展企业法律风险识别活动时,需要将自身行为与相关法律规定比对研究,判断是否存在法律风险、存在哪类法律风险,以及可能遭受怎样的法律后果。由此,在法律风险清单中,可以将法律风险发生原因和相应的法律依据列明。

表6-2　某海外企业法律风险清单表(节录)

项目管理阶段	风险名称	法律风险源	法律依据	可能的法律后果
招投标阶段	招标方式风险	国家规定必须招标的项目支解后规避招标	《招标投标法》第3条:"在中华人民共和国境内进行下列工程建设项目包括项目的勘察、设计、施工、监理以及与工程建设有关的重要设备、材料等的采购,必须进行招标: (一)大型基础设施、公用事业等关系社会公共利益、公众安全的项目; (二)全部或者部分使用国有资金投资或者国家融资的项目; (三)使用国际组织或者外国政府贷款、援	

项目管理阶段	风险名称	法律风险源	法律依据	可能的法律后果
			助资金的项目。 前款所列项目的具体范围和规模标准,由国务院发展计划部门会同国务院有关部门制订,报国务院批准。 法律或者国务院对必须进行招标的其他项目的范围有规定的,依照其规定。" 《招标投标法》第4条:"任何单位和个人不得将依法必须进行招标的项目化整为零或者以其他任何方式规避招标。" 《招标投标法》第49条:"违反本法规定,必须进行招标的项目而不招标的,将必须进行招标的项目化整为零或者以其他任何方式规避招标的,责令限期改正,可以处项目合同金额千分之五以上千分之十以下的罚款;对全部或者部分使用国有资金的项目,可以暂停项目执行或者暂停资金拨付;对单位直接负责的主管人员和其他直接责任人员依法给予处分。" 《政府采购法》第26条第2款"公开招标应作为政府采购的主要采购方式。" 《政府采购法》第28条"采购人不得将应当以公开招标方式采购的货物或者服务化整为零或者以其他任何方式规避公开招标采购。" 《民法典》第791条:"发包人可以与总承包人订立建设工程合同,也可以分别与勘察人、设计人、施工人订立勘察、设计、施工承包合同。发包人不得将应当由一个承包人完成的建设工程支解成若干部分发包给数个承包人。"	1.合同无效。 2.责令限期改正,可以处项目合同金额千分之五以上千分之十以下的罚款;对全部或者部分使用国有资金的项目,可以暂停项目执行或者暂停资金拨付;对单位直接负责的主管人员和其他直接责任人员依法给予处分。
		国家规定必须招标的项目未招标	《招标投标法》第3条:"在中华人民共和国境内进行下列工程建设项目包括项目的勘察、设计、施工、监理以及与工程建设有关的重要设备、材料等的采购,必须进行招标: (一)大型基础设施、公用事业等关系社会公共利益、公众安全的项目; (二)全部或者部分使用国有资金投资或者国家融资的项目; (三)使用国际组织或者外国政府贷款、援助资金的项目。 前款所列项目的具体范围和规模标准,由国务院发展计划部门会同国务院有关部门制订,报国务院批准。 法律或者国务院对必须进行招标的其他项目的范围有规定的,依照其规定。"	

项目管理阶段	风险名称	法律风险源	法律依据	可能的法律后果
评标过程风险	评标委员会不满足5人以上单数的要求	《招标投标法》第 37 条:"评标由招标人依法组建的评标委员会负责。依法必须进行招标的项目,其评标委员会由招标人的代表和有关技术、经济等方面的专家组成,成员人数为五人以上单数,其中技术、经济等方面的专家不得少于成员总数的三分之二。前款专家应当从事相关领域工作满八年并具有高级职称或者具有同等专业水平,由招标人从国务院有关部门或者省、自治区、直辖市人民政府有关部门提供的专家名册或者招标代理机构的专家库内的相关专业的专家名单中确定;一般招标项目可以采取随机抽取方式,特殊招标项目可以由招标人直接确定。与投标人有利害关系的人不得进入相关项目的评标委员会;已经进入的应当更换。评标委员会成员的名单在中标结果确定前应当保密。"《招标投标法实施条例》第 70 条第 1 款:"依法必须进行招标的项目的招标人不按照规定组建评标委员会,或者确定、更换评标委员会成员违反招标投标法和本条例规定的,由有关行政监督部门责令改正,可以处 10 万元以下的罚款,对单位直接负责的主管人员和其他直接责任人员依法给予处分;违法确定或者更换的评标委员会成员作出的评审结论无效,依法重新进行评审。"	1. 有关行政监督部门责令改正。2. 处 10 万元以下的罚款。3. 对单位直接负责的主管人员和其他直接责任人员依法给予处分。4. 违法确定或者更换的评标委员会成员作出的评审结论无效,依法重新进行评审。

表 6-2 展示的是某建筑企业国内招投标阶段的法律风险及其风险原因和法律依据。为更好地提示企业管理者和员工,单列一列法律风险后果。法律风险识别团队也可以在此表中添加其他内容,如法律风险相关案例和应对建议等,从而更好地充实法律风险清单内容,满足企业法律风险识别结果全面性的要求。

（四）法律风险等级排序

企业的法律风险总有轻重缓急。在有限的管理资源下,企业需要用最少的资源来化解最大的企业危机。由此,对企业的法律风险进行识别和评估过程中,应当体现法律风险的不同级别,反映法律风险发生的概率和致害程度。这样,企业对可能引发最大损失或者最迫切需要解决的法律风险可优先处理。相反,法律风险相对较低或者暂时不会发生的法律风险,可以观察并视情况来逐步处理。由此,在法律风险识别的过程中,风险识别者应当有意识地对法律风险进行优先次序的权衡和排列,并反映在企业法律风险清单中。对法律风险等级排序,可以根据法律风险事件的严重程度来划分不同等级,如可将风险损害后果小、暂时忽略或略微关注的法律风险定义为五级风险,不立即采取主动应对措施。对于随时可能发生并可能产生对企业根本性损害后果的法律风险,将其定义为一级风险,企业应立即采取措施来排除或者解决。

法律风险识别团队可在没有开展任何企业现场调查前,列出初步的法律风险清单,并经过多次调查与结果分析,不断修改、充实和完善法律风险清单。通过运用不同法律风险识别方法得出的风险识别结果的比对和不断调整,企业的初步法律风险清单与最终的法律风险识别清单可能存在较大差异。这种差异正是法律风险识别团队识别成果的体现,是海外企业法律风险识别结果的最准确表达。

第二节 海外投资企业法律风险识别报告

如果说法律风险识别清单是以表格形式呈现海外企业的法律风险状况,那么法律风险识别报告就是以文字形式呈现的风险识别结论。

作为法律风险识别工作的又一重要的成果体现,法律风险识别报告集中反映了企业法律风险识别团队全部法律风险识别工作情况与识别结果。法律风险识别报告通过对法律风险识别实施步骤、实施方法、实施路径的描述,总结法律风险识别过程和识别内容,用文字形式表述法律风险的分类、产生原因和后果,总结企业前期法律风险管理工作的不足,确立进一步努力的方向。

科学合理的法律风险识别报告,可以让企业全体成员全面了解企业法律风险状况、法律风险源及可能发生风险的频率和损害大小,增强海外企业全员法律风险意识,使全体员工体会到这项工作对全面认识企业海外投资法律风险总体状况的意义与价值。

法律风险识别报告的识别结论是开启企业进一步法律风险评估和管理活动的基础,它为企业法律风险管理提供客观实施依据,也为企业全面经营管理决策提供指导。随着海外企业风险管理体系与合规管理体系的不断完善，以及企业全员法律风险管理与合规管理理念的逐步提升，法律风险识别报告对企业各项决策的参考作用越来越明显。

综上，法律风险识别报告承担着法律风险识别到法律风险评估乃至法律风险管理的承上启下作用。对法律风险识别报告的准确定位，有助于后续各项工作的顺利开展。

一、法律风险识别报告的功能定位

撰写法律风险识别报告是企业法律风险识别工作的重要一环。正确认识法律风险识别报告的作用和价值，有助于提高法律风险识别团队对此项工作的重视程度。法律风险识别报告的发布将全面展示法律在企业经营管理中的作用，提升法律工作的影响力。

（一）对海外企业法律风险的全面"盘点"

法律风险识别报告有助于企业认识国际化经营下的法律风险状况。伴随着国际化经营目标和生产经营及管理各环节要求的变化，企业会面临一系列完全不同于国内经营的法律风险。通过法律风险识别与分析工作，企业有机会构建功能不同的法律数据库和风险库。企业管理者将能通过对信息的统计分析，"盘点"法律风险点数量、法律风险类型、法律风险性质、法律风险分布领域和涉及部门与岗位、法律风险等级与损失度等，做到"心中有数"。若通过量化测评，企业还能够提前预测重大法律风险发生的概率等，促使企业提前做好相关应急管理准备。

（二）全员法律风险防范警示教育的范本

企业是否存在合理的法律风险管理与合规管理的价值认同，决定着法律风险管理机制与合规管理机制的规划和效果的发挥。大多数企业的主营业务非以提供法律服务为核心，企业的法律部门常常被视为不创造价值的部门，法律事务也多为企业服务的辅助环节，法律及其法律风险不容易被企业管理层与全体员工关注。特别是在那些法律事务仍以传统事务为主的企业内，法律风险管理的价值更容易被淹没在企业的日常经营中，或者只在某些业务层面上被直接或间接地体现。企业的法律风险识别活动是对企业全员开展法律风险警示和教育的最好形式。首先，企业从法律风险识别框架体系的设计就要考虑到提升全员法律风险意识。其次，法律风险识别活动由企业不同部门和人员参与，实施包括填写调查问卷、接受访谈、确认风险清单、参与风险测评、提出风险控制措施等在内的各种形式的法律风险辨识活动，这些活动能令员工切实感受身边的法律风险。再次，通过法律风险清单表，企业将每个风险行为细化到若干个法律风险点，使企业全员能够知晓企业法律风险的数量和分布情况,也便于部门和员工对号入座,了解本职工作中可能存在的法律风险。最后,法律风险识别报告以更加专业、全面的视角,让所有员工更加明晰法律风险的内涵、成因、后果等,进一步增强企业全员法律风险意识。经过以上各项活动,企业将达到提示员工关注法律风险的目的,使全体员工将法律风险防范意识内化到日常行为规范中。

(三)为海外企业法律风险识别查漏补缺

海外企业法律风险识别报告是对企业法律风险识别团队前期工作的全面展示。虽然法律风险识别团队是外部法律专家和企业内部专业人士共同组建的团队,但是其对企业法律风险识别的范围和内容仍然可能有"视觉盲区",存在识别错漏的可能。风险识别报告的公开,将使企业的法律风险状况有机会接受全体员工的"审视",并通过各方意见、建议,完善报告的最终质量。另一方面,法律风险识别团队对海外企业的法律风险也有认识的过程,其在撰写法律风险识别报告的过程中,能够不断总结与识别工作中的问题,积累经验,实现对法律风险识别工作的查漏补缺。

(四)培养法律风险识别人员技能

法律风险识别工作量大、对专业知识要求高,对风险识别人员的沟通协调能力也是极大考验。风险识别人员通过深度参与此项活动,既有助于增强对企业各个岗位的熟悉和了解,提升行业业务素质、专业法律水平及法律风险管理水平,也有助于锻炼对企业的法律管理能力。

不管作为企业年度风险管理报告、法律风险管理报告的组成部分,还是作为企业法律风险识别工作的终结报告,又或是作为企业国际化投资经营决策前的重要参考文件之一,企业管理层一般都会要求相关风险识别人员提交完整的法律风险识别报告。因此,法律风险识别报告的撰写是法律风险识别人员应当掌握的一项基本技能。撰写法律风险识别报告将进一步锻炼企业法律风险识别人才。撰写高质量的法律风险识别报告,既是对前期所有法律风险识别工作的总结,也是对法律风险识别人员工作能力的一项重要考验。

二、法律风险识别报告的类型

海外企业开展法律风险识别的目的和意图不同,法律风险识别的侧重点、识别方法和识别所要实现的目标也会有所差异。为此,法律风险识别报告也会在形式和内容上有所不同。

(一)不同阶段的法律风险识别报告

按照海外投资项目所处的不同阶段完成的法律风险识别报告,可分为项目前法律风险识别报告、投资经营阶段的法律风险识别报告和重大项目法律风险识别报告。

项目前法律风险识别报告与许多律师事务所、中介服务机构提供的法律风险尽职调查报告（Due Diligence Report）类似。企业海外投资前，需要对目标市场国的各项情况，包括法律风险环境状况，进行调查，完成法律风险识别报告。该报告具有投资项目事前评估的作用，应从是否可以从事此项投资视角为决策者提出建议。

海外企业投资经营阶段的法律风险识别报告又可以区分为两类：一类是企业首次开展法律风险识别工作后完成的法律风险识别报告；另一类是年度法律风险识别报告。二者都应当对企业国际化经营中的法律风险状况进行全面、系统的梳理，并提出合理可行的应对建议。后者区别于前者的识别重点在于，后者应修正已经识别出的法律风险，并突出新出现的法律风险，从而引起企业全体成员的注意，分析产生原因及提出应对建议。

海外企业法律风险识别报告还有一种是针对临时事项作出的。例如，企业开展跨国并购、证券发行、投融资等重大项目前，由专家或企业内法律风险识别团队对与项目密切相关的公司及关联企业的各方面情况开展的一系列资料和信息收集及项目法律风险分析。这类报告的重点在于被调查主体的设立情况、主体资质、资产和负债情况、对外担保情况、企业声誉、缴税情况、劳动用工情况等背景调查，以及企业开展此项目可能引发的风险。此类报告的全面性侧重于对目标项目的法律风险识别的全面性分析，而非海外企业本身。

（二）全面和专项法律风险识别报告

我国企业风险管理和法律风险管理的体系建设，要求各部门、各层面通力合作、共同推进。为此，法律风险识别活动应考虑有利于后期法律风险管理与合规管理的开展。为实现上述目标，法律风险识别报告应为法律风险管理体系在制度体系、标准建设、企业宣传培训、组织实施、监督检查等方面奠定基础，为构建良好的沟通协作机制做好准备。因此，常规的企业法律风险识别报告都应该是全面、全过程的识别，避免单纯从某一局部、某一部门或者某一方面入手，从而可能导致后续法律风险管理工作的局限和被动。

与全面法律风险识别报告相比，企业专类或者专项法律风险识别报告是基于专门领域或各个部门的法律风险识别工作而形成的法律风险识别报告。前者适用于专门性法律风险识别项目，如企业合同法律风险识别报告、企业税务法律风险识别报告、企业知识产权风险识别报告、企业劳动人事风险识别报告、企业环境法律风险识别报告等；后者如市场营销部门、技术研发部门、生产部门等的部门法律风险识别报告。随着法学、合规学等的专业化、领域化的发展趋势日益明显，以及特定领域政府主管部门对企业的合规管理要求，专项、深入的法律风险识别逐步成为企业风险管理与合规管理的内在需要。例如，企业是否进行知识产权法律风险管理，是国家知识产权行政部门衡量企业知识产权管理水平的重要评价指标之一。按照监管部门来组织法律风险识别工作并出具相应报告，容易立足于本部门工作职责要求和工作内容视角，后期也能更好地将各项法律风险应对建议落实至各岗位人员。

（三）不同风险识别方法下的法律风险识别报告

企业应用不同法律风险识别方法会收集不同类型的法律风险信息与资料，从而产生不同的结果，形成不同的法律风险识别报告。例如，企业基于专家调查法形成的法律风险识别报告，与基于问卷调查法、影随法等形成的风险识别报告，内容会各有侧重。应用不同法律风险识别方法获得的报告，仅仅是法律风险识别阶段性的研究成果。这些报告的结果需要相互比对、印证，才能将过滤后的信息或者结论汇入企业全面法律风险识别报告。

三、法律风险识别报告的内容

法律风险识别意图不同，生成的识别报告会种类各异，在内容、形式、详略程度、复杂程度等方面也各有不同。通常，一份完整的法律风险识别报告应包括以下内容：

（一）总结法律风险识别的背景与意义

完整的法律风险识别报告需要开宗明义地体现企业开展法律风险识别的目的和意义，让企业全体员工知晓这项工作能为企业带来哪些价值。这个部分具体需要体现下列内容：

（1）基本信息部分。基本信息部分可简单描述被识别企业或者识别对象的基本情况，如企业海外投资项目基本情况、投资规模、建设工期、人员和设备情况、所需原材料与生产产品情况、安全生产管理情况、投资东道国家基本情况、与项目有关的法律法规情况等。

（2）企业法律风险定义与范围、开展法律风险识别的意义和价值等。企业应根据所处行业、投资目的地等，明确本企业法律风险识别和管理中的相关概念，归纳企业面临的法律风险的特点、属性、分布和暴露情况，以及风险识别的范围和风险识别对象。

　　企业开展法律风险识别的目的和意义一般都会比较明确,如从可能给投资或管理带来负面效应出发,寻找法律风险点,探明法律风险发生的原因、损失和伤害的可能性、影响范围,以最小的法律风险应对成本来获得最优的海外投资安全和投资效益等。企业应围绕战略目标,分解细化法律风险管理与风险识别的目标,明确法律风险管理的价值和定位;企业也可以从全社会公众风险意识的增强对企业法律风险管理要求的提高角度,探讨这项工作的意义。法律风险识别报告阐述开展此项工作的目的和意义,不仅有利于法律风险识别团队把握法律风险识别工作的重点和方向,而且有助于在企业内开展此项工作。

　　(二)回顾和评价法律风险识别的实施

　　法律风险识别报告是对整个法律风险识别工作的内容、实施过程与结果的综合反映,是记载法律风险识别成果的书面材料之一。一份内容详实、高质量的法律风险识别报告,需要撰写人熟悉企业开展法律风险识别的意图、各项识别活动要实现的目标、风险识别方法的选择和原因、流程安排合理与否、是否实现法律风险识别的目的和要求等。为此,法律风险识别报告应当如实记录法律风险识别活动开展的全过程,包括法律风险识别团队的产生及人员组成情况、法律风险识别方法选择和实施步骤、法律风险识别各项活动的安排,以及解释上述活动开展的原因并评估其是否实现预期效果等。

　　法律风险识别报告是对法律风险识别活动的如实记录和回顾。一方面,法律风险识别报告有助于企业总结法律风险识别活动的经验和不足,为后续开展类似风险识别提供借鉴;另一方面,法律风险识别报告也是对法律风险识别团队活动的集中展示。

　　法律风险识别报告同样具有解释法律风险识别活动意图的作用。通过报告,海外企业法律风险识别的方针、组织职能、资源配置、风险信息等被明确传递给企业各岗位和全体员工,法律风险识别各阶段的工作内容与工作重点得到总结和评价,法律风险命名和归类、法律风险衡量、法律风险结论等都以书面形式完整、全面呈现,为企业后期法律风险管理与合规管理指明方向、突出重点。

　　(三)法律风险识别的方法和识别结果

　　不同类型的法律风险识别报告决定了企业选择不同的法律风险识别方法,在法律风险识别内容与结果上也会有所差异。本书第五章所述法律风险识别方法,可以成为海外企业法律风险识别的主要方法参考,但企业也可以根据情况,尝试其他不同识别方法。

企业法律风险识别团队在广泛收集、调查各类书面与口头信息,汇总相关法律法规和企业内相关风险事件或案例,听取技术专家、法律专家、风险管理专家意见建议后,可着手对企业面临的法律风险进行风险描述。风险描述包括各法律风险点的定义、法律风险归类、风险性质判断,以及发生风险的条件与原因分析。这种描述可以将法律风险清单包含在报告内,成为报告的组成部分,也可以根据报告所要实现的目标,以其他合适的形式展现。

法律风险识别的结果描述非常重要,它对开展法律风险管理具有警示和方向指引作用,也是企业构建法律风险预警系统中的评价指标体系之基础,能为评价指标体系的预警区间灯号显示提供设计条件。同时,持续动态的法律风险识别结果,是法律风险警报是否发出及警报级别预告的客观数据和基础。

(四)对海外企业投资经营和管理建议

企业法律风险点往往是法律风险识别团队将企业情况与法律、制度、政策进行比对与评估的结果。由此,相应的风险应对建议就成为法律风险识别报告非常重要的组成部分。企业法律风险应对建议应参考企业财务状况、法律风险承受能力等因素,包括法律风险回避、法律风险预防、法律风险抑制、法律风险转移等法律风险应对措施。法律风险应对建议不能脱离企业海外投资经营管理的大背景,必须满足企业后续法律风险管理与合规管理需求。在内容上,法律风险识别报告甚至可能是一整套个性化的法律风险管理方案,以及各项风险管理制度与落实措施的集合。

四、法律风险识别报告的常见问题

法律风险识别工作开展的好坏,直接影响法律风险识别团队出具报告的质量。没有理论基础扎实和全面细致的风险识别工作,法律风险识别团队无法完成一份能为企业法律风险评估和管理提供参考的内容详实、形式完整的法律风险识别报告。由于海外企业面临的投资项目本身存在错综复杂的项目风险,加上复杂的海外投资法律风险环境,法律风险识别团队承担这项工作本身就极具挑战性,甚至存在"识别法律风险的法律风险"。

同时,法律风险识别团队在深入细致地开展识别工作后,若不重视法律风险识别报告的撰写,同样无法体现法律风险识别工作的价值,从而减损了这项工作开展的意义。本章在此讨论的问题,仅局限于后者。现阶段,很多企业的法律风险识别人员对此项工作的重视不够,或者缺少撰写此类报告的相关经验,常常在风险识别报告撰写中存在以下问题:

（一）与报告类型不符或缺乏针对性

法律风险识别报告应当首先符合报告的类型，详略得当、重点突出，具有针对性。在不同企业的不同投资目的地和不同的投资阶段，企业的法律风险表现、类型等都有一定的特殊性。例如，企业投资缅甸的木材加工项目和缅甸的水稻种植项目，法律风险识别的范围和对象就存在明显差异，面临的主要风险表现也会不同。因而，法律风险识别报告不能生搬硬套、缺乏针对性，而应反映企业个性化的法律风险及法律风险环境，包括相应的法律风险要素。

（二）法律风险识别方法不足或使用不当

法律风险识别方法应根据企业现实情况和需要来选择与实施。风险识别团队在某些方法实施后，若无法实现法律风险识别目的，则应尽快调整风险实施方案，换用其他识别方法，如在文献研究不足的情况下，加大法律与法规政策的文本分析，以及投资目标国的相关案例研究，或者通过实地观察法来获得一手资料，丰富识别信息和材料。

法律风险识别人员较为擅长定性研究方法，习惯于经验分析。这种认识本身就存在着识别偏见，影响法律风险识别方向和识别重点的确定。在法律文化和法律制度迥异的国际法律风险环境下，若风险识别人员存在识别上的偏见，可能会为企业海外投资的法律风险识别埋下重大隐患。风险识别理论的发展，为法律风险识别人员提供了多种风险识别方法选择。识别人员应当学习不同识别和评估方法，重视法律风险识别领域的定量研究、数据分析，增加衡量法律风险发生概率与损害程度的数据，以及"最大可能损失""最大可预见损失"等重要参数。法律风险识别人员也可多借鉴社会学研究方法，注重从社会、文化视角来识别与评估隐性法律风险。

（三）识别依据不准确或不全面

法律风险点识别的结论建立在大量国际条约，以及东道国与投资母国政策、法律法规甚至技术标准之上。不知晓、不了解或者遗漏重要领域的规定或实务操作，本身就是重大法律风险。由此，在海外企业法律风险识别的过程中，风险识别者应注重对相关法律法规的收集、整理，并且应关注法律法规的更新。若法律依据变更，相应的法律风险点应适时调整。为此，法律数据库可以与法律风险识别步调一致，保持同步更新。法律风险识别报告若需提示重要法律法规，可按照法律效力高低排列，技术标准与规定按照适用范围大小排列。

法律风险识别的原则之一是全面性，这就要求法律风险识别报告也应尽可能体现法律风险识别工作的完整性和识别内容的全面性。挂一漏万，可能会导致对重要法律风险源的忽视。法律风险识别的全面性还体现为不能遗漏潜在法律风险。海外投资中,许多政治风险或社会风险会转化为法律风险,或者其本身就是法律风险。这类风险尚未转化或者法律风险表现不明显的情况时有发生,不仅考验风险识别人员的预判力,而且对企业是否将此类风险纳入监管及如何监管提出挑战。

法律风险识别报告并不要求一定冗长、繁复,而是应根据识别目的有所侧重。法律风险识别报告的全面性原则,并不意味着报告不放过每一个风险细节,也不意味着报告对所有风险不加区分地平均使用"笔墨"。海外企业不同发展时期的法律风险识别和调查,本身就应当有所侧重。同时,不同行业企业的法律风险识别调查的重点也会有所不同。由此,不论何种形式的法律风险识别报告,都应当遵循法律文书的基本写作要求,如主题明确、内容突出、材料翔实有力、结构严谨、语言准确规范等。在完成报告的过程中,风险识别人员还应体现重点,有所侧重。例如,企业农业种植业的海外投资应重点关注外国人农业用地风险、农业用水风险和环境保护风险;农业科技类项目海外投资应多关注东道国投资安全审查风险、数据风险、知识产权风险、高科技人才用工和签证风险等。

(四)法律风险识别结论不准确

法律风险识别结论往往是法律风险管理方案制定的重要参考。企业依据一个错误的识别结论出台的应对措施,可能会为企业后期发展埋下重大隐患。这种情况也可以被视为"法律风险识别风险"。企业常见的识别结论不准确的表现形式多样,如遗漏重大法律风险,缺少有效的风险应对建议;或者风险应对建议的针对性不足,无法从本质上达到减少企业法律风险的目的等。法律风险识别结论不准确所引发的严重后果,可能会直接导致企业全员,尤其是管理层,对法律风险识别和管理的信任度降低,或者对法律风险识别团队的信赖与认可程度下降,从而最终影响法律风险管理的实施和推进。

参考文献

期刊文章类

［1］龚志刚.中国企业海外投资控股架构税务考量[J].纳税,2019,(12):9-10,12.

［2］王贤梅,刘荣,杜盈.资源型企业海外投资的退出机制选择——以 ECE 投资澳 ARU 公司为例[J].中国国土资源经济,2013,(2):33-36.

［3］李猛."一带一路"中我国企业海外投资风险的法律防范及争端解决[J].中国流通经济,2018,32(8):109-118.

［4］张庆雪.我国企业海外投资基建项目涉税问题研究[J].中国物价,2016,(10):59-61.

［5］汪巍.中国企业赴海外投资规避风险应注意的问题[J].经济研究参考,2014,(18):39-39.

［6］张尔婳.论我国风电企业海外投资的法律风险及其防范——以金风科技海外并购案为例[J].中外能源,2018,23(9):8-17.

［7］赵峰,刘文婧,张建军.中国海外投资企业的风险对冲绩效评估方法探析——基于274 家中国海外企业的结构方程模型分析[J].经济研究参考,2018,(14):23-34.

［8］张锐连,施国庆."一带一路"倡议下海外投资社会风险管控研究[J].理论月刊,2017,(2):135-143.

［9］张美红.我国企业海外投资涉税风险及其应对[J].税务研究,2017,(1):79-82.

［10］唐礼智,刘玉."一带一路"中我国企业海外投资政治风险的邻国效应[J].经济管理,2017,(11):6-20.

［11］何宁宁.海外投资财务风险防范[J].财务与会计,2017,(13):23-24.

［12］李武健."一带一路"战略中我国海外投资法律风险研究[J].江西社会科学,2017,37,(5):25-31.

［13］卢文超."一带一路"企业海外投资腐败风险防控研究[J].人民论坛·学术前沿,2017,(20):66-69.

［14］吴艳文."一带一路"倡议下我国企业海外投资的风险及防范[J].西安财经学院学报,2017,30(4):75-80.

［15］祝宁波,李新广.中国海外投资利益、风险与保护状况分析[J].东岳论丛,2016,(4):187-192.

［16］黄河,Starostin Nikita.中国企业海外投资的政治风险及其管控——以"一带一路"沿线国家为例[J].深圳大学学报:人文社会科学版,2016,33(1):93-100.

［17］施淑蓉,李建军.我国企业海外投资宏观环境风险预警研究[J].经济纵横,2015,

（8）：101 - 106.

[18] 李锋. 中央企业海外投资的风险与对策[J]. 开放导报，2015，(5)：47 - 50.

[19] 陈明，王长明，郑静. 海外投资项目环境风险评估研究[J]. 国际经济合作，2014，
(5)：70 - 75.

[20] 张文君，任荣明. 中国企业海外投资的政治风险及应对策略[J]. 现代管理科学，
2014，2(12)：97 - 99.

[21] 李聪，陈建宏. 基于 VIKOR 法的铀资源海外投资项目风险评价研究[J]. 黄金科学
技术，2014，22(6)：60 - 64.

[22] 梁静波. 中国企业海外投资的政治风险与对策[J]. 求实，2013，(4)：40 - 44.

[23] 宋丽丽. 企业海外投资政治性风险研究述评与展望[J]. 经济问题探索，2013，
(12)：169 - 176.

[24] 祝宁波. 中国企业海外投资的法律风险与法律风险管理探索[J]. 华东理工大学学
报：社会科学版，2013，28(3)：85 - 94.

[25] 赵国华，陈岩. 关注东道国政府与利益相关者引致的海外投资风险[J]. 对外经贸
实务，2015，(5)：23 - 26.

[26] 李晓鹏. 山东海外投资风险防范研究[J]. 东岳论丛，2014，(4)：116 - 120.

[27] 李建军. 企业海外投资风险预警与防范研究述评[J]. 经济纵横，2014，(10)：114 -
117.

[28] 施淑蓉. 我国企业海外投资风险防范系统构建研究[J]. 经济纵横，2014，(11)：
38 - 41.

[29] 李一文，李良新. 中国企业海外投资风险与预警研究——基于中国非金融对外直
接投资案例调查[J]. 首都经济贸易大学学报，2014，(3)：99 - 103.

[30] 潘雅琼，赵婷婷. 企业海外投资风险评估研究[J]. 财会通讯：综合（中），2013，
(3)：116 - 117.

[31] 刘晶. 双边投资协定与 FDI：研究进展述评及展望[J]. 中南财经政法大学学报，
2017，(1)：123 - 131.

[32] 黄翔，刘艳. 投资规则重构下的海外投资非经济风险管控[J]. 国际经济合作，
2017，(3)：53 - 56.

[33] 辜胜阻，吴沁沁，庄芹芹. 推动“一带一路”建设与企业“走出去”的对策思考[J]. 经
济纵横，2017，(2)：1 - 9.

[34] 李锋. “一带一路”沿线国家的投资风险与应对策略[J]. 中国流通经济，2016，30
(2)：115 - 121.

[35] 王昱睿. 海外基础设施投资的风险管理[J]. 企业管理，2016，(4)：119 - 121.

[36] 陈曦，武力超. 中国能源资源类 OFDI 发展路径实证分析[J]. 中国人口资源与环
境，2013，(S2)：161 - 164.

[37] 邓瑞平，董威颉. 中国海外投资安全风险国家层面法律防范研究[J]. 河北法学，
2019，37(2)：29 - 48.

[38] 何金花，田志龙. 中国海外投资项目政治风险的演化：基于合法性视角的案例研
究[J]. 管理评论，2019，(6)：277 - 288.

[39] 徐卫东，闫泓汀. “一带一路”倡议下的海外投资法律风险对策[J]. 东北亚论坛，
2018，27(4)：26 - 38.

[40] 刘杰. 中国企业海外投资税收风险及对策研究——基于 BEPS 行动计划及双边税
收协定视角[J]. 国际贸易，2018，(9)：44 - 47.

[41] 钞鹏. 中国资源类企业海外投资的政治风险分析[J]. 河南社会科学, 2018, 26(11): 53 - 59.

[42] 何金花, 田志龙. 多重反对型利益相关者行为视角下的政治敏感型海外投资微观政治风险研究[J]. 管理学报, 2018, 15(12): 1772 - 1780.

[43] 刘俊霞. 海外投资的腐败风险及应对——基于中亚五国投资条约仲裁案件的实证研究[J]. 国际经贸探索, 2018, 34(12): 81 - 94.

[44] 李锋. 科技行业海外投资的风险与对策[J]. 开放导报, 2018, (3): 60 - 63.

[45] 刘涵. 我国海外投资风险的法律防控[J]. 人民论坛, 2018, (3): 122 - 123.

[46] 韩萍. "一带一路"倡议下中国企业海外投资风险评估与对策研究[J]. 价格月刊, 2018, (2): 83 - 88.

[47] 曹伟. 防范国企海外投资风险建立粤港澳大湾区发展协调机制——访全国政协委员、广东省深圳市审计局局长陈倩雯[J]. 中国审计, 2018, (6): 8 - 9.

[48] 刘乃郗, 韩一军, 刘邦凡. 逆全球化背景下中国农业海外投资风险与对策[J]. 哈尔滨工业大学学报: 社会科学版, 2018, 20(1): 127 - 132.

[49] 吴志敏. 中国企业海外投资风险规避及绩效分析[J]. 河南社会科学, 2017, (7): 71 - 78.

[50] 杨淑霞, 李键. "一带一路"背景下企业海外投资风险评估模型研究[J]. 宁夏社会科学, 2017, (4): 108 - 112.

[51] 齐晓凡, 丁新举. "一带一路"倡议下中国企业海外投资风险应对[J]. 企业管理, 2017, (1): 85 - 87.

[52] 叶建木, 潘肖瑶. "一带一路"背景下中国企业海外投资风险传导及控制——以中国铁建沙特轻轨项目为例[J]. 财会月刊(下), 2017, (11): 96 - 102.

[53] 王燊良. 从巴基斯坦第一风电项目看海外投资风险管理[J]. 玻璃钢/复合材料, 2016, (5): 114 - 116.

[54] 李一文. 我国海外投资风险预警研究[J]. 管理世界, 2016, (9): 178 - 179.

[55] 李锋. 中国企业海外投资风险: 现状、成因与对策[J]. 现代管理科学, 2016, (3): 58 - 60.

[56] 米家龙, 李一文. 我国企业海外投资风险影响因素与防范策略[J]. 求索, 2015, (5): 33 - 36.

[57] 谭畅. "一带一路"倡议下中国企业海外投资风险及对策[J]. 中国流通经济, 2015, 29(7): 114 - 118.

[58] 翟玉胜. 中国能源海外投资风险管理实证研究——以南苏丹石油投资为例[J]. 财经理论与实践, 2015, 36(4): 74 - 79.

[59] 陶斌智, 陈丽平. 投资、风险与保护专题研究——海外投资风险规避: 国际比较与借鉴[J]. 河南社会科学, 2015, (8): 16 - 21.

[60] 米家龙. 中国企业海外投资风险防范体系研究[J]. 财会通讯: 综合(中), 2015, (1): 110 - 113.

[61] 尹晨, 周薪吉, 王祎馨. "一带一路"海外投资风险及其管理——兼论在上海自贸区设立国家级风险管理中心[J]. 复旦学报: 社会科学版, 2018, 60(2): 139 - 147.

[62] 曾芬钰, 李格格. 我国电力项目海外投资风险评价研究[J]. 上海电力学院学报, 2019, 35(3): 277 - 283.

[63] 韩叶. 非政府组织、地方治理与海外投资风险——以湄公河下游水电开发为例[J]. 外交评论: 外交学院学报, 2019, (1): 81 - 112.

［64］集团企业税收风险管理问题研究［J］.税务研究,2017,(1)：106－112.

［65］邹长胜,王萍."一带一路"视角下石油装备制造企业"海外建厂"风险识别与防范——以哈萨克斯坦为背景［J］.改革与战略,2015,(5)：168－172.

［66］胡忆楠,丁一兵,王铁山."一带一路"沿线国家 PPP 项目风险识别及应对［J］.国际经济合作,2019,(3)：132－140.

［67］杨朝慧,文晓巍.食品安全风险识别、评估与管理研究综述［J］.食品工业,2019,40(1)：224－227.

［68］林嘉.我国资源型企业跨国并购的风险识别［J］.中国管理信息化,2014,(2)：85－86.

［69］邓小鹏,Low Sui Pheng,纪沿光.政治风险视域下国际工程项目系统的脆弱性研究［J］.北京理工大学学报：社会科学版,2015,(1)：78－82.

［70］王永中,王碧珺.中国海外投资高政治风险的成因与对策［J］.全球化,2015,(5)：58－67.

［71］俞妙言,杨高升.基于观察指标的国际工程政治风险 TBS-RBS 评价［J］.水力发电,2015,41(8)：105－108.

［72］张兴.综合国际能源公司海外投资项目风险识别与规避［J］.北京石油管理干部学院学报,2016,(4)：57－63.

［73］朱念.投资东盟的"国家风险"识别因素分析——基于桂籍华商的调查［J］.创新,2017,11(1)：41－48.

［74］郭凯,孙慧.我国 PPP 项目的风险识别——基于因子分析方法［J］.地方财政研究,2017,(10)：42－46.

［75］王清黎.海外工程总承包项目政治环境风险可能性估计方法［J］.项目管理技术,2017,15(3)：88－92.

［76］常腾原,邓小鹏,纪沿光.国际工程项目的脆弱性与政治风险的相关性研究［J］.北京理工大学学报：社会科学版,2017,19(4)：50－56.

［77］丁义戬.国际工程投标风险识别及应对研究［J］.工程经济,2017,27(7)：35－38.

［78］田英,姜蓓蕾,黄火键,沈福新.跨界河流安全的风险因子识别及风险控制研究［J］.水利水电技术,2018,49(5)：9－15.

［79］任文.新国别市场风险识别及进入模式［J］.施工企业管理,2018,(6)：39－42.

［80］陈燕娟,邓岩,叶威,王强.我国种业"走出去"风险识别与评价［J］.江苏农业科学,2019,47(7)：333－336.

［81］马斌."丝绸之路经济带"政治风险的识别与应对：以中亚为例［J］.国际论坛,2015,(6)：20－24.

［82］冯珂,刘婷,王守清.海外公私合营(PPP)项目政治风险的识别与应对［J］.海外投资与出口信贷,2016,(4)：10－13.

［83］黄咏烨.海外工程项目实施中政治风险的识别与应对［J］.水运工程,2019,(10)：50－53.

［84］钞鹏.对外投资的政治风险识别研究［J］.西华大学学报：哲学社会科学版,2012,(4)：80－84.

［85］王平.中国企业海外投资的政治风险识别与管理［J］.唯实,2012,(10)：53－57.

［86］于鹏,李丽.中国企业海外直接投资：社会责任风险管理与利益相关方参与［J］.国际经济合作,2016,(7)：49－53.

［87］金肖."一带一路"背景下滇桂地区环境社会风险及调控［J］.湖北农业科学,2017,56(22)：4367－4373.

［88］ 刘秦民. 大数据时代的社会风险治理研究［J］. 学术研究,2017,(8)：23 - 28.

［89］ 姜艳文,程兵. 我国水电企业海外投资趋势与社会风险［J］. 水力发电,2017,43
(9)：101 - 105.

［90］ 张诗雨. 基于平衡计分卡的企业社会责任风险管理研究［J］. 中国乡镇企业会计,
2018,(4)：174 - 175.

［91］ 郭莉,王朋,方向,张旺. 电网项目海外投资案例研究与风险识别［J］. 科技管理研
究,2018,38(18)：249 - 255.

［92］ 陈志鼎,王优. PPP 项目社会风险事故树分析［J］. 工程研究：跨学科视野中的工
程,2018,10(2)：159 - 167.

［93］ 唐钧. 社会公共安全风险防控机制：困境剖析和集成建议［J］. 中国行政管理,
2018,(1)：116 - 121.

［94］ 殷红,张静文,邱牧远,冯乾,陈怡瑾,崔礼兵,陈醒. 法国巴黎银行环境与社会风
险分析案例［J］. 国际融资,2018,(10)：45 - 46.

［95］ 陈玲玲. 基于大数据的社会风险防控创新及建构策略［J］. 理论界,2018,(12)：
76 - 80.

［96］ 李琼,吴姿怡. 重大工程社会稳定风险评估量表的构建与应用分析［J］. 广州大学
学报：社会科学版,2018,17(8)：20 - 28.

［97］ 郭建华,梁运吉. 跨国经营财务风险的识别与控制问题研究［J］. 对外经贸,2019,
(6)：38 - 40.

［98］ 徐文科. 企业合同管理法律风险的识别与控制［J］. 经济师,2019,(2)：70 - 71.

［99］ 张栋,许燕,张舒媛. "一带一路"沿线主要国家投资风险识别与对策研究［J］. 东
北亚论坛,2019,(3)：68 - 89.

［100］ 柏传东,刘伟峰. 社会安全风险评估与预警体系建设［J］. 国际工程与劳务,2019,
(5)：61 - 63.

［101］ 侯海军. 社会稳定风险评估及其流程研究［J］. 管理观察,2019,(17)：41 - 43.

［102］ 阎耀军,罗批. 社会风险规避与社会稳定风险模拟器的构建［J］. 未来与发展,
2019,(1)：1 - 7.

［103］ 张苓荣,王冰妍,程红光,张璇,王晓. "一带一路"视角下孟中印缅经济走廊环境
社会风险识别［J］. 环境影响评价,2018,40(4)：22 - 26.

［104］ 张映斌,王震. 哈萨克斯坦管道堆场 HSE 风险识别与体系管理［J］. 中国安全生
产科学技术,2010,(S1)：7 - 11.

［105］ 任伊珊,周悦丽. 谈我国企业法律风险管理及其体系构建［J］. 北京行政学院学
报,2012,(2)：94 - 100.

［106］ 俞锋,池仁勇. 中国企业跨国并购法律风险评价及"浙江模式"总结［J］. 技术经
济,2015,34(5)：86 - 93.

［107］ 李仲平. "一带一路"倡议下中国对外投资基础设施的法律风险与对策——基于
《补贴与反补贴措施协议》的视角［J］. 中国软科学,2017,(5)：1 - 8.

［108］ 宣增益,郑一争. 对外铁路工程总承包的法律风险应对［J］. 中州学刊,2017,(4)：
66 - 70.

［109］ 张光毫. 境外安全风险识别与安保体系建设——以沙特阿美石油公司项目为例
［J］. 国际工程与劳务,2018,(6)：73 - 74.

［110］ 郑一争,宣增益. "一带一路"建设中对外工程承包的法律风险及应对［J］. 河南大
学学报：社会科学版,2018,58(2)：61 - 67.

[111] 祝宁波.中国海外投资利益保护的法律风险管理模式探讨[J].理论导刊,2018,(3):74-79.

[112] 苏小莉,马亭,邓彦伶.中央企业国际化经营风险识别与防控措施研究[J].现代管理科学,2019,(4):118-120.

[113] 刘珊,沈佳鹏,余翔.中美合作创新中专利共有法律风险及对策[J].科研管理,2019,(2):54-64.

[114] 郑冰洁.基于AHP-GRAM模型的企业跨国并购法律风险评价[J].统计与决策,2019,(11):179-182.

[115] 张颖.论企业合同管理法律风险的识别与控制[J].中国集体经济,2016,(31):98-99.

[116] 张冬,宋晓阳.专利运营法律风险的识别路径[J].学术交流,2017,(10):95-102.

[117] 梁松.论金融市场中法律风险的识别与控制——基于FLP法律风险分类[J].人民论坛·学术前沿,2017,(8):92-95.

[118] 王兆忠,孙晨."一带一路"倡议下我国涉外企业商业贿赂法律风险的识别与防控[J].长江论坛,2019,(3):76-81.

[119] 战飞.浅谈国有企业法律风险防范体系的建立[J].经济师,2014,(11):86-88.

[120] 王兰."一带一路"建设中的法律风险识别[J].民主与法制,2017,(21):43-43.

[121] 祝宁波,黄雷.论法律风险识别的方法[J].西部法学评论,2013,(3):23-31.

[122] 王中原,魏法杰.基于IFAHP—DEMATEL的军工企业法律风险识别研究[J].管理评论,2015,(6):68-77.

[123] 李景国.海外项目施工法律风险识别与防范[J].交通企业管理,2015,(7):62-64.

[124] 汪治兴,付钦伟,杜启杰.基于德尔菲法的专利强度评估模型构建[J].企业科技与发展,2019,(6):132-133.

[125] 郑明贵,谢为,陈祺勋.海外铁矿资源开发的政治投资环境评价研究[J].江西理工大学学报,2015,36(2):38-43.

[126] 陈珊丽.运用"初始风险清单法"识别当前项目中承包商面临的风险[J].陕西建筑,2008,(9):76-79.

[127] 刘亚昆,李欣蓬.国际水电工程EPC项目初始风险清单构建研究[J].项目管理技术,2013,(12):49-54.

[128] 于丰,谭丽莎,高春阳,刘威.国际建筑工程承包风险清单构建[J].财经问题研究,2016,(S1):30-32.

[129] 陈拥军.我国海外投资管理现状及法律对策分析[J].地质技术经济管理,2004,(4):47-49.

[130] 王晨光,李峥,李瑞民.如何对境外投资项目进行政治风险管理[J].国际融资,2011,(6):48-52.

[131] 张英达,葛顺奇.跨国经营的政治风险:结构、趋势与对策[J].国际经济合作,2011,(11):4-8.

[132] 熊国文.我国境外投资政治风险的识别与应对措施[J].时代金融,2012,(12):92.

[133] 沈四宝,郑杭斌.构建我国国有企业境外直接投资法律监管的若干思考[J].西部法学评论,2009,(2):41-48.

[134] 常虹,高云莉.风险矩阵方法在工程项目风险管理中的应用[J].工业技术经济,2007,(11):134-137.

[135] 何力.中国海外资源投资的法律问题及对策[J].上海财经大学学报,2010,12(1):19-26.

[136] 汪忠,黄瑞华.国外风险管理研究的理论、方法及其进展[J].外国经济与管理,2005,27(2):25-31.

[137] 曹冰,关于企业法律风险管理的认识[J].科技视界,2015,3(15):214+241.

[138] 孟艳超.北京烟草法律风险管理研究[J].法制博览,2015,2(25):218-219.

[139] 朱喆.法律风险管控是企业发展的必要抉择[J].企业文明,2015,01(15):35-38.

[140] 杨大可.论风险管理体系概念在法律层面的引入——以监事会的完善为目标[J].当代法学,2015,1(10):94-102.

[141] 何湘玲,郭红霞.企业风险及风险识别研究综述[J].现代经济信息,2009,(20):122.

[142] 吴建功,米家龙.对外贸易风险识别问题探讨[J].商业时代,2008,(5):32-34.

[143] 傅元略,曾爱民.调查研究法在我国审计和会计研究中的应用现状研究—来自73篇样本文章的文献内容分析[J].审计研究,2009,(4):35-41.

[144] 赵选民,张继伟.基于风险坐标法的风险识别实证分析[J].财会通讯,2011,(1):153-154.

[145] 郁滨,钟汉如.智能消除注塑制品缺陷的研究[J].中国机械工程,2001,(6):24-28.

[146] 金新明,朱学峰.一种用于注塑过程参数设定的智能方法[J].中国机械工程,2001,(10):82-84.

[147] 高晓康,张今渡,施雨辰.粗糙集理论在注射成型中的应用[J].模具工业,2007,(5):5-7.

[148] 田军,张朋柱.基于德尔菲法的专家意见集成模型研究[J].系统工程理论与实践,2004,(1):57-62.

[149] 李旻然.BT项目供应链体系风险管理评价[J].现代商贸工业,2011,(15):45-46.

[150] 林逢春,陆雍森.幕景分析法在累积影响评价中的实例应用研究[J].上海环境科学,2001,(6):288-291,306.

[151] 张金岩,陈阳.什么是商业风险？如何减少和规避商业风险[J].世界机电经贸信息,1997,5(23):5-6.

[152] 鲁桂华,王笑宇.商业风险、财务风险与公司价值：原理与应用[J].财务与会计,2008,10(1):31-33.

[153] 查道炯."一带一路"中不可忽视的非商业风险[J].中国电力企业管理,2015,(13):20-22.

[154] 查道炯.中资基建企业走向海外需加强非商业风险管理[J].世界知识,2015,7(1):63.

[155] 刘澄,王大鹏.中国企业对外投资风险管理研究[J].特区经济,2011,6(25):286-288.

[156] 戎君,王海军,孙晓龙.中资企业莫桑比克电力投资风险分析[J].中国石油大学学报(社会科学版),2013,11(15):8-13.

［157］白远.中国企业对外投资的风险管理［J］.国际经济合作,2005,12(20)：7－11.

［158］杨化宝.海外投资项目面临的独特性风险及规避［J］.中国高新技术企业,2009,8(1)：125－127.

［159］陈琳.我国企业海外投资的非常规风险分析［J］.广东行政学院学报,2012,8(10)：83－86.

［160］何灵,黄泽海.中国对外直接投资的非商业风险及防范［J］.福建金融管理干部学院学报,2012,6(1)：16－20.

［161］刘昕.我国海外投资非商业风险防范的困境及其应对——以江苏省为例［J］.南京财经大学学报,2014,11(20)：30－35.

［162］韩秀丽.中国海外投资中的环境保护问题［J］.国际问题研究,2013,(5)：103－115.

［163］陈根.中国海外投资中的环境问题及其对策研究［J］.青年与社会,2014,(6)：225－227.

［164］王妍娉.海外投资须防范政治风险［J］.中国石油石化,2007,(2)：45.

［165］王妍娉.石油企业海外投资的政治风险分析［J］.国际经济合作,2006,(12)：12－14.

［166］吕景胜.我国中小企业法律风险实证研究［J］.中国软科学,2007,(5)：106.

［167］程福德.浅议风险识别方法及在境外建设项目投资中的应用［J］.中国总会计师,2013,(4)：61－63.

［168］张骐.法律实施的概念、评价标准及影响因素分析［J］.法律科学,1999,(1)：40－46

［169］罗杰·麦克米克,刘轶,蔺捷.法律风险管理——风险信号和风险情景分析［J］.金融法苑,2008,(3)：8－27.

［170］徐永前,张建民.《企业法律风险管理指南》出台与律师实务新空间(上)［J］.中国律师,2012,(4)：64－66.

专著类

［171］陈宏义.完美的风险防范——企业常见法律风险识别与控制［M］.北京：法律出版社,2017.

［172］宋维佳.海外并购风险的识别、测度及防范机制研究：基于我国资源型企业的分析［M］.大连：东北财经大学出版社,2014.

［173］侯鲜明.民营企业法律风险的识别与防范［M］.济南：山东人民出版社,2017.

［174］王威然.企业税务风险的成因、识别与评估研究［M］.北京：北京理工大学出版社,2017.

［175］侯江玲.企业所得税重大税收风险识别与防范［M］.沈阳：东北财经大学出版社,2017.

［176］姜敏.主要行业风险识别与案头评估分析［M］.沈阳：东北财经大学出版社,2015.

［177］蔺琛.企业风险管理研究［M］.北京：希望电子出版社,2019.

［178］冯巧根.风险管理与内部控制［M］.北京：人民邮电出版社,2019.

［179］牟桂玲.公司战略与风险管理［M］.北京：人民邮电出版社,2019.

［180］罗爱林,程岩,吴霞.风险管理实训［M］.成都：西南交通大学出版社,2019.

［181］粟芳.风险管理与保险［M］.上海：上海财经大学出版社,2019.

［182］罗威.中小企业税务风险管理研究及应用［M］.广州：暨南大学出版社,2019.

［183］张燕,李健.风险管理和内部控制理论与实践［M］.北京：经济科学出版社,2019.

［184］余江波著.企业风险管理理论研究与案例分析［M］.北京：新华出版社.2019.

［185］刘俊颖.国际工程 EPC 项目风险管理［M］.北京：中国建筑工业出版社,2019.

［186］何君.跨国农业投资风险管理理论与实务［M］.北京：中国农业出版社,2019.

［187］张峭.农业风险评估与管理概论［M］.天津：南开大学出版社,2019.

［188］董小林.建设项目风险评价与管理［M］.北京：中国社会科学出版社,2019.

［189］李斌,宋娟.建设工程合同管理的风险防范与控制［M］.长春：吉林科学技术出版社,2019.

［190］李亚华,阙方平.风险管理［M］.北京：中国金融出版社,2018.

［191］Treadway 委员会发起组织委员会(COSO).企业风险管理［M］.北京：中国财政经济出版社,2018.

［192］林存吉.风险管理哲学［M］.北京：中国商务出版社,2018.

［193］莫春雷主编.风险管理体系建设［M］.北京：经济管理出版社,2018.

［194］向华友.企业法律风险管理［M］.广州：广东旅游出版社,2018.

［195］(美)达瑞尔·吉布森著;徐一帆,吕建伟,史跃东译.信息系统中的风险管理(第2版)［M］.北京：电子工业出版社,2018.

［196］王丽娜著.企业劳动关系风险管理与控制［M］.北京：九州出版社,2018.

［197］沈华,史为夷著.中国企业海外投资的风险管理和政策研究［M］.北京：商务印书馆,2017.

［198］郑明贵.海外矿业投资经营管理风险评估与预警系统［M］.北京：中国社会科学出版社,2018.

［199］翟玉胜,周文娟著.中国能源企业海外投资研究［M］.武汉：武汉大学出版社,2016.

［200］李一文.中国企业海外投资经营风险预警与防范综合系统对策研究［M］.北京：中国商务出版社,2015.

［201］桑百川,靳朝晖.国际直接投资规则变迁与对策［M］.北京：对外经济贸易大学出版社,2015.

［202］仇立平.社会研究方法［M］.重庆：重庆大学出版社,2015.

［203］张彦,刘长喜,吴淑凤.社会研究方法(第3版)［M］.上海：上海财经大学出版社,2019.

［204］钟伦纳著.研究社会的方法［M］.重庆：重庆大学出版社,2019.

［205］时显群.社会学法律解释方法研究［M］.北京：知识产权出版社,2019.

［206］陈健.社会科学定量研究 原理、方法与应用［M］.南京：东南大学出版社,2019.

［207］马经标译,刘军责任编辑,(美)朱迪思·贝尔.学术规范与研究方法丛书 社会科学研究的基本规则(第4版)［M］.北京：北京大学出版社,2019.

［208］郝大海.新编21世纪社会学系列教材"十二五"普通高等教育本科国家级规划教材 社会调查研究方法(第4版)［M］.北京：中国人民大学出版社,2019.

［209］孙国强.管理研究方法(第3版)［M］.上海：上海人民出版社,2019.

［210］尹保华.社会科学研究方法［M］.徐州：中国矿业大学出版社,2017.

［211］(美)艾尔·巴比著.社会研究方法 第11版［M］.北京：华夏出版社,2018.

［212］王新利.人文社会科学研究方法与技巧［M］.北京：高等教育出版社,2018.

［213］陈健.社会科学定量研究：原理、方法与应用［M］.南京：东南大学出版社,2018.

［214］蒋志辉，朱哲，马爱艳主编. 社会调查研究方法［M］. 北京：北京邮电大学出版社，2017.

［215］（美）米歇尔·刘易斯·伯克，（美）艾伦·布里曼，（美）廖福挺主编；沈崇麟，赵锋，高勇主译. 社会科学研究方法百科全书 第 1 卷［M］. 重庆：重庆大学出版社，2017.

［216］张巍著. 法学定量研究方法［M］. 北京：中国经济出版社，2019.

［217］李胜兰，周林彬. 民营企业公司治理中风险管控的理论与实务 以 L 集团公司的"建章立制"为例［M］. 广州：中山大学出版社，2018.

［218］陈瑞华. 论法学研究方法［M］. 北京：法律出版社，2017.

［219］王晨. 法学研究的理论与方法［M］. 长春：吉林大学出版社，2017.

［220］（美）汤姆·肯德里克著；刘悦，王丽译. 识别和管理项目风险 预防项目失败的基本方法 第 3 版［M］. 北京：电子工业出版社，2017.

［221］宋永会，彭剑峰，袁鹏. 环境风险源识别与监控［M］. 北京：科学出版社，2015.

［222］重庆烟草商业企业法律风险研究项目组编. 重庆烟草商业企业法律风险识别清单（下）［M］. 重庆：重庆大学出版社，2015.

［223］重庆烟草商业企业法律风险研究项目组编. 重庆烟草商业企业法律风险识别清单（上）［M］. 重庆：重庆大学出版社，2015.

［224］高晓红，吕多加等.《企业法律风险管理指南》国家标准深度解读与最佳实践［M］. 北京：中国标准出版社，2014.

［225］叶小忠主编. 中国企业法律风险管理发展报告［M］. 北京：法律出版社，2013.

［226］吴江水. 完美的防范—法律风险管理中的识别评估与解决方案［M］. 北京：北京大学出版社，2010.

［227］向飞，陈友春. 企业法律风险评估：企业识别、评估、防范法律风险指南［M］. 北京：法律出版社，2006.

［228］陈丽洁. 企业法律风险管理的创新与实践—用管理的方法解决法律问题［M］. 北京：法律出版社，2009.

［229］王辉耀主编. 中国企业国际化报告［M］. 北京：社会科学文献出版社，2014.

［230］郭小明，郭建军. 中国海外投资法律风险指引［M］. 北京：法律出版社，2012.

［231］贾辉，张帆. 三思而后行：中国企业境外投资并购法律风险［M］. 北京：法律出版社，2013.

［232］中国出口信用保险公司资信评估中心主编. 中国企业境外投资和对外承包工程风险管控及案例分析［M］. 北京：中国经济出版社，2015.

［233］叶小忠. 中国企业法务管理研究中心编. 中国企业法务观察［M］. 北京：法律出版社，2014.

［234］卡罗尔-巴斯里，欧文-卡根. 公司法律部［M］. 北京：法律出版社，2010.

［235］查道炳，李福胜，蒋媗. 中国境外投资环境与社会风险案例研究［M］. 北京：北京大学出版社，2014.

［236］张友棠. 中国企业海外投资的风险辨识模式与预警防控体系研究［M］. 北京：中国人民大学出版社，2013.

［237］张明，王永中等. 中国海外投资国家风险评级报告（2015 中国智库报告）［M］. 北京：中国社会科学出版社，2015.

［238］张明，王永中等. 中国海外投资国家风险评级报告（2014 中国智库报告）［M］. 北京：中国社会科学出版社，2014.

[239] 林芳竹,李孟刚,季自力.中国海外投资风险防控体系研究[M],北京:经济科学出版社,2014.

[240] 程利民.抢滩海外:中国企业海外投资操作技巧与风险管控[M].北京:中国经济出版社,2014.

[241] 王梅.中国投资海外:质疑、事实和分析[M].北京:中信出版社,2014.

[242] 蒋姮.走出海外投资安全的雷区:冲突风险评估与管理[M].北京:中国经济出版社,2013.

[243] 常玉春.中国国有企业对外直接投资的微观效应研究[M].北京:经济管理出版社,2014.

[244] 王海军.中国企业对外直接投资的国家经济风险[M].北京:中国经济出版社,2014.

[245] 梁咏.中国投资者海外投资法律保障与风险防范[M].北京:法律出版社,2010.

[246] 李浩然.煤炭企业法律风险控制与管理规章指南[M].北京:中国法制出版社,2012.

[247] 高晓红.《企业法律风险管理指南》国家标准深度解读与实践[M].北京:中国计量出版社,2014.

[248] 董茂云.比较法律文化:法典法与判例法[M].北京:中国人民公安大学出版社,2000.

[249] 尹美群."一带一路"背景下海外投资风险[M].北京:经济管理出版社,2018.

[250] 尹美群."一带一路"背景下海外投资风险分析[M].北京:经济管理出版社,2017.

[251] 李俊,文秀,曹洋."一带一路"背景下海外投资风险 在东南亚国家投资案例分析[M].北京:经济管理出版社,2018.

[252] 徐绍史.一带一路双向投资研究与案例分析[M].北京:机械工业出版社,2016.

[253] 文川,刘英."一带一路"战略与企业"走出去"法律风险应对研究以广东为例[M].昆明:云南大学出版社,2017.

[254] 李寿双.中国外商投资法律环境与风险.北京:中国法制出版社,2007.

[255] 李英,于迪著.国际投资政治风险的防范与救济[M].北京:知识产权出版社,2014.

[256] 张萍编.中国企业对外投资的政治风险及管理研究[M].北京:上海社会科学院出版社,2012.

[257] 黄河著.中国企业跨国经营的国外政治风险及对策研究[M].上海:上海人民出版社,2016.

[258] 钟志勇著.跨国银行总行与海外分行法律关系论政治风险之下的责任承担机制研究[M].北京:中国方正出版社,2005.

[259] 翟昆,周强,胡然."一带一路"案例实践与风险防范政治安全篇[M].北京:海洋出版社,2017.

[260] 张明.2018中国海外投资国家风险评级报告[M].北京:中国社会科学出版社,2018.

[261] 栗亮著.跨境投资风险控制和政治风险保险[M].北京:中国经济出版社,2018.

[262] 宋海啸.中国海外利益风险分析基于中国"走出去"战略的全球视角[M].北京:时事出版社,2018.

[263] 智宇琛,马文玮,杨玉鑫."一带一路"视野下中国在印度洋四大经济走廊的发展

[M].北京：中国社会科学出版社,2017.

[264] 崔喜群著.中国企业境外安防实务[M].北京：中国经济出版社,2017.

[265] 沈开涛.2017中国企业"走出去"风险发布会记录[M].北京：对外经济贸易大学出版社,2017.

[266] 李启明,贾若愚,邓小鹏.国际工程政治风险的智能预测与对策选择[M].南京：东南大学出版社,2017.

[267] 邓小鹏.国际工程政治风险评价与控制[M].南京：东南大学出版社,2017.

[268] 陈波编著.中亚投资法律风险与典型案例[M].北京：中国法制出版社,2016.

[269] 王淑敏.地缘政治视阈下中国海外投资法律保护理论研究[M].北京：知识产权出版社,2016.

[270] 孙小波.投资加拿大[M].北京：中国政法大学出版社,2016.

[271] 洪雁,杨金凤主编.企业战略与风险管理[M].北京：清华大学出版社,2016.

[272] 孙睦优.国际投资[M].北京：清华大学出版社,2016.

[273] 高世宪,朱跃中著.依托"一带一路"深化国际能源合作[M].北京：中国经济出版社,2016.

[274] 刘静著.中国海外利益保护海外风险类别与保护手段[M].北京：中国社会科学出版社,2016.

[275] 陈波编著.西亚投资法律风险与典型案例[M].北京：中国法制出版社,2016.

[276] 高志宏,党存红著.企业法律风险管理导论[M].南京：东南大学出版社,2014.

[277] 江泽利,姜河.企业法律风险管理体系研究[M].北京：北京交通大学出版社,2017.

[278] 文川著.中小微企业法律风险管理理论与实务[M].昆明：云南大学出版社,2015.

[279] 翟继光著.中央企业法律风险管理报告2011[M].北京：中国经济出版社,2011.

[280] 徐永前主编.企业法律风险管理基础实务[M].北京：中国人民大学出版社,2014.

[281] 叶小忠主编.中国企业对外承包工程法律风险管理操作指引[M].北京：法律出版社,2015.

[282] 陈晓峰编著.知识产权法律风险管理策略[M].北京：法律出版社,2011.

[283] 吴荣良,万美,杜梦著.企业环境法律风险管理实务[M].上海：上海交通大学出版社,2016.

[284] 谢仁海编.企业法律风险管理的理论与实务[M].镇江：江苏大学出版社,2012.

[285] 蒋云贵著.企业法律风险管理论[M].北京：光明日报出版社,2013.

[286] 重庆烟草商业企业法律风险研究项目组编.重庆烟草商业企业法律风险识别清单上[M].重庆：重庆大学出版社,2015.

[287] 重庆烟草商业企业法律风险研究项目组编.重庆烟草商业企业法律风险识别清单下[M].重庆：重庆大学出版社,2015.

[288] 赵红魁编著.步步为赢房地产开发全程法律风险识别与防范[M].北京：中国法制出版社,2010.

[289] 饶璟,凤四海著.民航乘客行为识别技术的法律风险控制及策略优化[M].北京：光明日报出版社,2016.

[290] 喻红主编.制造业的法律风险与防控[M].杭州：浙江大学出版社,2014.

[291] 蓝庆新,夏占友主编.中国企业"走出去"[M].北京：对外经济贸易大学出版

社,2007.

[292] 陈菲琼著.国际投资[M].杭州:浙江大学出版社,2006.

[293] 张晓虹,郭波,施小蕾编著.新编国际投资学[M].沈阳:东北财经大学出版社,2005.

[294] 杜奇华著.国际投资第2版[M].北京:对外经济贸易大学出版社,2014.

[295] 陈秉正编著.公司整体化风险管理[M].北京:清华大学出版社,2003.

[296] 王秀卫著.人工影响天气法律制度研究[M].北京:法律出版社,2010.

[297] 中国21世纪议程管理中心著.暴雨极端天气事件应急管理[M].北京:科学技术文献出版社,2017.

[298] (英)罗吉·弗兰根,(英)乔治·诺曼著;李世蓉,徐波译.工程建设风险管理[M].北京:中国建筑工业出版社,2000.

[299] 王劲松等译.恶劣空间天气事件解读其对社会与经济的影响[M].北京:气象出版社,2011.

[300] 祝燕德等.经济发展与天气风险管理[M].北京:中国财政经济出版社,2006.

[301] (美)埃里克·班克斯(ERIK BANKS)编;李国华译.天气风险管理市场、产品和应用[M].北京:经济管理出版社,2011.

[302] 陈观福主编.国际风电EPC总承包项目管理埃塞俄比亚ADAMA风电EPC总承包项目管理实践[M],北京:机械工业出版社,2015.

[303] 胡志军.中国民营企业海外直接投资[M].北京:对外经济贸易大学出版社,2015.

[304] 薛军.中国民营企业海外直接投资指数2017年度报告[M].北京:人民出版社,2018.

[305] 邓婷婷.国际投资协定中的公平与公正待遇研究[M].北京:法律出版社,2017.

[306] 白中红.《能源宪章条约》争端解决机制研究[M].武汉:武汉大学出版社,2012.

[307] 马迅.《能源宪章条约》投资规则研究[M].武汉:武汉大学出版社,2012.

[308] 李英,罗维昱.中国对外能源投资争议解决研究[M].北京:知识产权出版社,2016.

[309] 刘宪,王霖.国际经贸案例分析[M].北京:清华大学出版社,2012.

[310] 单文华主编.中国对外能源投资的国际法保护基于实证和区域的制度研究[M].北京:清华大学出版社,2014.

[311] 陈瑞华著.企业合规基本理论[M].北京:法律出版社,2020.

[312] 王志乐著.合规建立有效的合规管理体系[M].北京:中国经济出版社,2016.

外文类

[313] Julie Macfarlane、John Manwaring. Symposium:Reconciling Professional Legal Education with the Evolving (Trial-less)Reality of Legal Practice. 2006 J. Disp. Resol. 253.

[314] Lloyd Burton、M Jude Egan. Courting Disaster:Systemic Failures and Reactive Responses in Railway Safety Regulation. 20 Cornell J. L. &Pub. Pol'y 533.

[315] William J. Aceves. Predicting Chaos? Using Scenarios to Inform Theory and Guide Practice. 45 Va. J. Intl L. 585.

[316] Donald C. Langevoort、Robert K. Rasmussen. Skewing the result:the role of lawyers in transmitting legal rules [J]. 5 S.Cal. Interdis. L. J. 375.

学位论文类

[317] 袁海勇. 中国海外投资风险应对法律问题研究[D]. 华东政法大学博士
论文,2012.

[318] 李琛. 跨国经营政治风险及其管理研究[D]. 复旦大学博士论文,2005.

[319] 林莎. 我国企业海外并购的法律风险研究[D]. 中南大学博士论文,2010.

[320] 陶斌智. 中国海外劳工权利法律保护研究[D]. 华中师范大学博士论文,2015.

报纸类

[321] 查道炯.《合理管控"一带一路"投资的非商业风险》,《中国石油》,2015 - 07 - 23.

[322] 张利宾.《商业风险及其对策》,《中国企业》,2010 - 05 - 20.

网页类

[323] 张媛媛. 论中国海外投资问题的法律缺失与影响——兼评海外投资失败的"三大
典型案例". http://www. 110. com/ziliao/article-221634. html.

[324] 叶晓忠. 企业法律风险管理发展 10 大趋势. http://blog. sina. com. cn/s/blog_
6839aa9f0100k85k. html.

[325] 巩其云. 企业经营中的法律风险及其防范. https://www. doc88. com/p-
3874510885777. html.

[326] 深圳市属国企健全法律风险防范机制保障企业改革发展. http://www. senior-
rm. com/detail. aspx? nid=16&id=12961.

[327] 胡涛. 中国企业海外投资的环境和社会风险报告. http://www. wwfchina. org/
news-detail? type=3&id=1626.

[328] 国资委宣传工作局. 国有重点企业法律风险防范国际论坛在京举办. http://
www. sasac. gov. cn/n2588025/n2588119/c2690616/content. html.

[329] 王思鲁. 贴位的大型企业法律风险管理机制构建. http://pkulaw. cn/fulltext_
form. aspx? Gid=335602393&Db=art.

[330] 法制网. 企业法律风险管理首次有了国家标准. http://www. lawyers. org. cn/
info/b674c588f7f761be05a97896aef7b281.

[331] 新华网. "为科学发展奠定坚实体制基础"——近十年来我国经济体制改革重大
进展盘点. http://www. gov. cn/jrzg/2012-04/27/content_2124962. htm.

[332] 民建中央. 后危机时代中小企业转型与创新的调查与建议. http://lib. sgu. edu.
cn/development/zxqy/201102/7117. shtml.

[333] 中国中小企业协会. 中小企业每周要闻 2012 年第 12 期. http://www. ca-sme.
org/content/Content/index/id/1080.

[334] 王永中,王碧珺. 中国海外投资高政治风险的成因与对策. http://www. cssn.
cn/jjx/jjx_gzf/201502/t20150227_1526229. shtml.

[335] 高鸿钧. 伊斯兰法系:法律现代化的艰难抉择. http://www. pacilution. com/
ShowArticle. asp? ArticleID=3229.

附录　海外投资法律风险管理
相关法律规范及标准

法律与法规及规范性文件		
序号	名称	发布日期
1.	《证券公司内部控制指引》	2003.12.15
2.	《商业银行房地产贷款风险管理指引》	2004.08.30
3.	《商业银行市场风险管理指引》	2004.12.29
4.	《关于加强境外中资企业机构与人员安全保护工作意见》	2005.09.28
5.	《中华人民共和国审计法》	2006.02.28
6.	《中央企业全面风险管理指引》	2006.06.06
7.	《商业银行合规风险管理指引》	2006.10.20
8.	《保险公司风险管理指引(试行)》	2007.04.06
9.	《商业银行操作风险管理指引》	2007.05.14
10.	《证券投资基金销售机构内部控制指导意见》	2007.10.12
11.	《企业内部控制基本规范》	2008.05.22
12.	《商业银行信息科技风险管理指引》	2009.03.03
13.	《商业银行声誉风险管理指引》	2009.08.25
14.	《企业内部控制应用指引》	2010.04.15
15.	《企业内部控制评价指引》	2010.04.15
16.	《企业内部控制审计指引》	2010.04.15
17.	《关于进一步推进国有企业贯彻落实"三重一大"决策制度的意见》	2010.06.05
18.	《保险公司内部控制基本准则》	2010.08.10
19.	《人身保险公司全面风险管理实施指引》	2010.10.24
20.	《融资性担保公司内部控制指引》	2010.11.25
21.	《中华人民共和国国家审计准则》	2010.09.01
22.	《中华人民共和国审计法实施条例》	2010.02.11
23.	《中央企业境外国有资产监督管理暂行办法》	2011.06.14
24.	《中央企业境外国有产权管理暂行办法》	2011.06.14

法律与法规及规范性文件		
序号	名称	发布日期
25.	《商业银行业务连续性监管指引》	2011.12.28
26.	《企业内部控制规范体系实施中相关问题解释第 1 号》	2012.02.23
27.	《企业内部控制规范体系实施中相关问题解释第 2 号》	2012.02.23
28.	《中央企业境外投资监督管理暂行办法》	2012.03.18
29.	《关于加快构建中央企业内部控制体系有关事项的通知》	2012.05.07
30.	《关于加强中央企业廉洁风险防控工作的指导意见》	2012.06.21
31.	《关于 2012 年主板上市公司分类分批实施企业内部控制规范体系的通知》	2012.08.14
32.	《行政事业单位内部控制规范(试行)》	2012.11.29
33.	《关于改进工作作风、密切联系群众的八项规定》	2012.12.04
34.	《关于加强中央企业国际化经营中法律风险防范的指导意见》	2013.10.25
35.	《石油石化行业内部控制操作指南》	2013.12.28
36.	《保险公司声誉风险管理指引》	2014.02.19
37.	《国务院办公厅关于进一步加强贸易政策合规工作的通知》	2014.06.09
38.	《境外投资管理办法》	2014.09.06
39.	《商业银行内部控制指引》	2014.09.12
40.	《电力行业内部控制操作指南》	2014.12.23
41.	《商业银行并购贷款风险管理指引》	2015.02.10
42.	《保险公司偿付能力监管规则第 10 号:风险综合评级(分类监管)》	2015.02.13
43.	《银行业金融机构全面风险管理指引》	2016.09.27
44.	《关于进一步加强信用风险管理的通知》	2016.09.14
45.	《保险公司合规管理办法》	2016.12.30
46.	《中央企业境外投资监督管理办法》	2017.01.07
47.	《关于中央企业境外投资项目负面清单(2017 年版)》	2017.01.19
48.	《国有企业境外投资财务管理办法》	2017.06.12
49.	《小企业内部控制规范(试行)》	2017.06.29
50.	《关于进一步引导和规范境外投资方向的指导意见》	2017.08.04
51.	《民营企业境外投资经营行为规范》	2017.12.06
52.	《企业境外投资管理办法》	2017.12.26
53.	《境外投资敏感行业目录》(2018 年版)	2018.01.31
54.	《关于内部审计工作的规定》	2018.01.12
55.	《中华人民共和国监察法》	2018.03.20
56.	《商业银行流动性风险管理办法》	2018.05.23
57.	《中央企业违规经营投资责任追究实施办法(试行)》	2018.07.13

续表

法律与法规及规范性文件		
序号	名称	发布日期
58.	《管理会计应用指引第 700 号——风险管理》	2018.08.17
59.	《管理会计应用指引第 701 号——风险矩阵》	2018.08.17
60.	《中央企业违规经营投资责任追究实施办法(试行)》	2018.08.30
61.	《中央企业合规管理指引(试行)》	2018.11.02
62.	《企业境外经营合规管理指引》	2018.12.26
63.	《证券交易所风险基金监管指引》	2019.09.12
64.	《关于加强中央企业内部控制体系建设与监督工作的实施意见》	2019.10.19
65.	《关于进一步推动构建国资监管大格局有关工作的通知》	2019.11.08
66.	《企业对外投资国别(地区)营商环境指南(2019)》	2019.12.08
67.	《会计监管风险提示第 9 号——上市公司控股股东资金占用及其审计》	2019.12.24
68.	《2020 年中央企业内部控制体系建设与监督工作有关事项》	2019.12.26
69.	《国资监管提示函工作规则》	2020.01.07
70.	《国资监管通报工作规则》	2020.01.07
71.	《关于做好 2020 年中央企业内部审计工作有关事项的通知》	2020.01.09
72.	《证券公司风险控制指标计算标准规定》	2020.01.23
73.	《证券公司风险控制指标管理办法》	2020.03.20
74.	《关于做好 2020 年中央企业违规经营投资责任追究工作体系建设有关事项的通知》	2020.03.26
75.	《中央企业控股上市公司实施股权激励工作指引》	2020.04.23
76.	《关于加强重大经营风险事件报告工作有关事项的通知》	2020.04.29
国家/国际标准		
序号	名称	发布日期
77.	《GB/T 24353－2009　风险管理　原则与实施指南》	2009.09.30
78.	《GB/T 26317－2010　公司治理风险管理　指南》	2011.01.14
79.	《GB/T 27921－2011　风险管理　风险评估技术》	2011.12.30
80.	《GB/T 27914－2011　企业法律风险管理　指南》	2011.12.30
81.	《GB/T 30146－2013　公共安全　业务连续性管理体系　要求》	2013.12.17
82.	《GB/T 23694－2013　风险管理　术语》	2013.12.31
83.	《ISO 19600:2014 合规管理体系 指南》	2014.12.15.
84.	《GB/T 31595－2015　业务连续性管理体系　指南》	2015.06.02
85.	《ISO 37001:2016　反贿赂管理体系　要求及使用指南》	2016.10.15
86.	《GB/T 35770－2017　合规管理体系　指南》	2017.12.29
87.	《GB/T 35625－2017　业务连续性管理体系业务影响分析　指南(BIA)》	2017.12.29

法律与法规及规范性文件		
序号	名称	发布日期
88.	《ISO31000：2018　风险管理国际标准》	2018.02.15
89.	《ISO 37301：2021　合规管理体系　要求及使用指南》	2021.04.13

后　记

本书的选题源于十多年前我以专家证人身份参与的一起国际商会仲裁院(ICC)的国际商事仲裁案件。被申请人是一家中国国有建筑企业,其与项目合作方在国际工程承包合同签订和履行中的不规范操作,导致合作方在项目履行完毕后发起一系列商事仲裁。虽然这家企业在我参与的这起国际商事仲裁案件中取得胜诉裁决,但是其也付出了高昂的时间和金钱代价——项目组留守新加坡整整两年,专门解决工程承包项目涉及的各类争议。在与企业负责人沟通的过程中,睿智的负责人多次提到一个设想,即法律能否在企业对外投资进程中发挥管理作用,以便用法律对企业境外经营活动进行过程把控。作为本案的专家证人,我在了解案情、提供法律意见的过程中,时时为这家企业在国际工程承包项目管理中的不规范操作扼腕叹息,也为项目负责人后期的坚守和控制风险的强烈愿望所触动、震撼。海外投资企业需要怎样的运行体系,才能更好地控制和管理法律风险? 这个想法在我脑海里萦绕许久,促使我将它作为最近十多年关注的重点和研究方向之一,也成为本书成型的源动力之一,并最终成稿。

对企业开展法律风险识别的研究,起步于我带领的课题组为前述建筑企业完成的一项课题。由于国内和海外迥然不同的法律风险环境,我建议企业先识别国内项目的法律风险。这既能集中力量针对性解决困扰企业多年的国内法律风险问题,缩短课题时间、降低课题实施成本,也可以将识别结果作为法律风险管理的阶段性成果,为后期法律风险管理奠定基础。在企业领导层大力推动和各部门积极配合下,课题取得了不菲“战绩”——不但凝练出令企业管理层和各工程项目部信服的法律风险识别清单,而且通过多种风险识别方法的运用,撰写完成指导企业法律风险管理的法律风险识别报告。在课题实施期间,课题组通过实地探访企业位于广东汕头的一个工程项目,识别项目中存在的关键法律风险和法律风险隐患,及时提供风险解决方案,化解了该项目的重大法律风险,为企业挽回近千万元的损失。

以上经历是本人多年致力于企业法律风险管理与合规管理研究的动

力源泉之一。在中国已经成为全球第一大海外投资国的背景下，中国企业面对的早已不是要不要对外投资的问题，而是如何在投资东道国合规经营及确保投资安全的问题。法律风险识别只是企业法律风险管理与合规管理中的一个环节，但这一环节却牵连着企业投资何国、投资什么产业、项目（海外企业）会面临什么障碍和法律风险考验、如何化解和应对风险等一系列重要决策与日常管理活动。

感谢上海市委宣传部理论处、上海市哲社规划办 2011 年提供研究支持，使本人主持的"中国建筑企业海外投资法律风险识别研究"（2011FFX002）专项课题得以深入开展。在相关评审专家的建议和鼓励下，我逐步将研究视野延伸到企业海外投资法律风险识别领域。本书的研究成果了却了本人当年意欲而未能开展的识别某建筑企业海外工程承包项目法律风险的部分遗憾。

感谢我的博士生导师丁伟教授对课题的举荐和爱护激励之师心。恩师虽事务繁忙，但仍笔耕不辍，年年均有新作面世。恩师之学问仰之弥高，钻之弥坚。恩师之努力和勤奋是我鞭驽策骞、不断前行的动力！

感谢全国哲学社会科学规划办领导和专家，使我有幸获得国家社科基金后期项目资助，并就此展开进一步思考和深入研究。同时，感谢农业农村部提供宝贵机会，聘任我为农业对外合作法律顾问专家组成员，使我将多年积累贡献于我国农业对外合作实践，并且在解决农业对外合作具体问题之余，不断思考海外投资企业法律风险识别的若干理论问题。感谢农业农村部对外经济合作中心信任，将"俄罗斯联邦农业外资政策法律梳理与研究"项目和"塔吉克斯坦农业外资政策法律梳理与研究"项目交由我主持完成。两项课题成果正是识别农业国别法律风险环境的应用研究。2020年 8 月底，中国农业出版社出版的《俄罗斯农业外资政策法律制度研究》及《塔吉克斯坦农业外资政策法律制度研究》得益于两项课题的研究成果，可以说是本书面世前的一次综合大考。毋庸置疑，本书也是两项课题研究的延续、提炼和总结。

感谢国家社科基金后期项目五位不具名专家对书稿的肯定和评价。在专家的修改意见和建议下，本书从框架和内容都进行了不断修改与完善。感谢农业农村部对外经济合作中心研究所许勇高级经济师、农业农村部对外经济合作中心政策咨询处刘志颐处长、新疆维吾尔自治区农业农村厅国际合作处原处长董伟先生给予本书写作思路和研究内容的无私帮助与启发。本书完成过程中，我曾有幸访谈华东师范大学俄罗斯研究中心万青松副研究员、肖辉忠博士，新疆师范大学王维然教授，伊犁师范大学刘国胜教授,得到他们从国际政治与国际投资视角的研究思路启发。同时,我也有幸与新疆维吾尔自治区农业农村厅、新疆生产建设兵团农业局等政府机关相关领导,新疆三宝实业集团有限公司、新疆利华棉业股份有限公司、新疆天业(集团)有限公司、新疆塔城市永利商贸有限责任公司、新疆竞天投资有限公司、霍尔果斯金亿国际贸易(集团)有限公司、新疆华源控股集团有限公司等企业负责人、行业专家,以及北京天驰君泰律师事务所上海分所、上海汉盛律师事务所的实务专家,就企业海外投资情况、企业境外投资法律风险防控与合规管理等交流思想、交换意见。实地走访调研给予我的是方寸书桌间无法获知的企业境外投资的鲜活案例、实际问题与困惑。在坚定此项研究对我国企业境外投资规避风险、开展合规经营的意义和价值之余,我也向所有给予课题研究精神财富的单位和个人表示深深的谢意。

　　本书写作完成于华东理工大学。华理人勤奋求实、励志明德之精神品格,时时影响着我、激励着我。感谢华东理工大学法学院领导、同事、同学一直以来的关心、支持和鼓励。感谢法学院丁灏书记、时任院长张昱教授、彭德雷院长对本课题寄予的殷切期望。感谢法学院同事们的支持和帮助,使我得以在完成教学任务之余,能投入更多时间和精力完成书稿。特别感谢亦师亦友的同事刘金祥、董溯战、孙晓东等教授的鼓励,使课题无论在写作框架还是内容安排上,都得到不断完善。置身于美丽静谧的华东理工大学法学院,窗外清香典雅的香橼树静静陪伴我度过课题研究的每一天。同时,我也要感谢我的学生上海交通大学医学院附属第九人民医院陈燕翔女士、上海朗迈医疗器械科技有限公司赵玲女士对本书文献整理、校对、目录英文翻译等工作的无私奉献和大力支持。

　　感谢上海三联书店的宋寅悦编辑团队对本书从内容到排版的细致工作。正是基于他们严谨的作风、专业的眼光和敬业精神,才使本书能以更为科学、规范和缜密的面目呈现给读者。

　　感谢这个日新月异的时代使我总能不断汲取新的信息,激荡思想火花。法律风险识别的重要性看似不及法律风险管理或者合规管理,在内涵和研究范围上相较于它们仿佛也要单薄得多,但多年深入探究、沉谋研虑后,这一论题的深邃和视域的广阔值得钩深索隐、刮摩淬励。奈何本人学识谫陋、才短思涩,书中谬误与疏漏之处恳请读者不吝赐教。书稿留下的遗憾和缺憾将鞭策我砥志研思、日就月将、日新又新!

祝宁波

乙巳年于上海

图书在版编目(CIP)数据

中国海外投资企业法律风险识别研究/祝宁波著. —上海：
上海三联书店,2025.4
ISBN 978－7－5426－7873－7

Ⅰ.①中…　Ⅱ.①祝…　Ⅲ.①企业－海外投资－涉外经济
法－研究－中国　Ⅳ.①D922.295

中国版本图书馆 CIP 数据核字(2022)第 179814 号

中国海外投资企业法律风险识别研究

著　　者 / 祝宁波

责任编辑 / 宋寅悦
装帧设计 / 一本好书
监　　制 / 姚　军
责任校对 / 王凌霄

出版发行 / 上海三联书店
　　　　　(200041)中国上海市静安区威海路 755 号 30 楼
邮　　箱 / sdxsanlian@sina.com
联系电话 / 编辑部：021－22895517
　　　　　发行部：021－22895559
印　　刷 / 上海颛辉印刷厂有限公司

版　　次 / 2025 年 4 月第 1 版
印　　次 / 2025 年 4 月第 1 次印刷
开　　本 / 710mm×1000mm　1/16
字　　数 / 300 千字
印　　张 / 17.75
书　　号 / ISBN 978－7－5426－7873－7/D・551
定　　价 / 95.00 元

敬启读者,如发现本书有印装质量问题,请与印刷厂联系 021－56152633